히틀러와 장애인

독일 제3제국 시대의 주요 정치 이념과 사회 정책 비판이 저서는 2018년도 부산교육대학교 교내 연구과제로 지원받아 수행된 연구임.

히틀러와 장애인: 독일 제3제국 시대의 주요 정치 이념과 사회 정책 비판

This Edition was published by Jipmoondang Publishing Co. in 2018, Seoul, Korea.

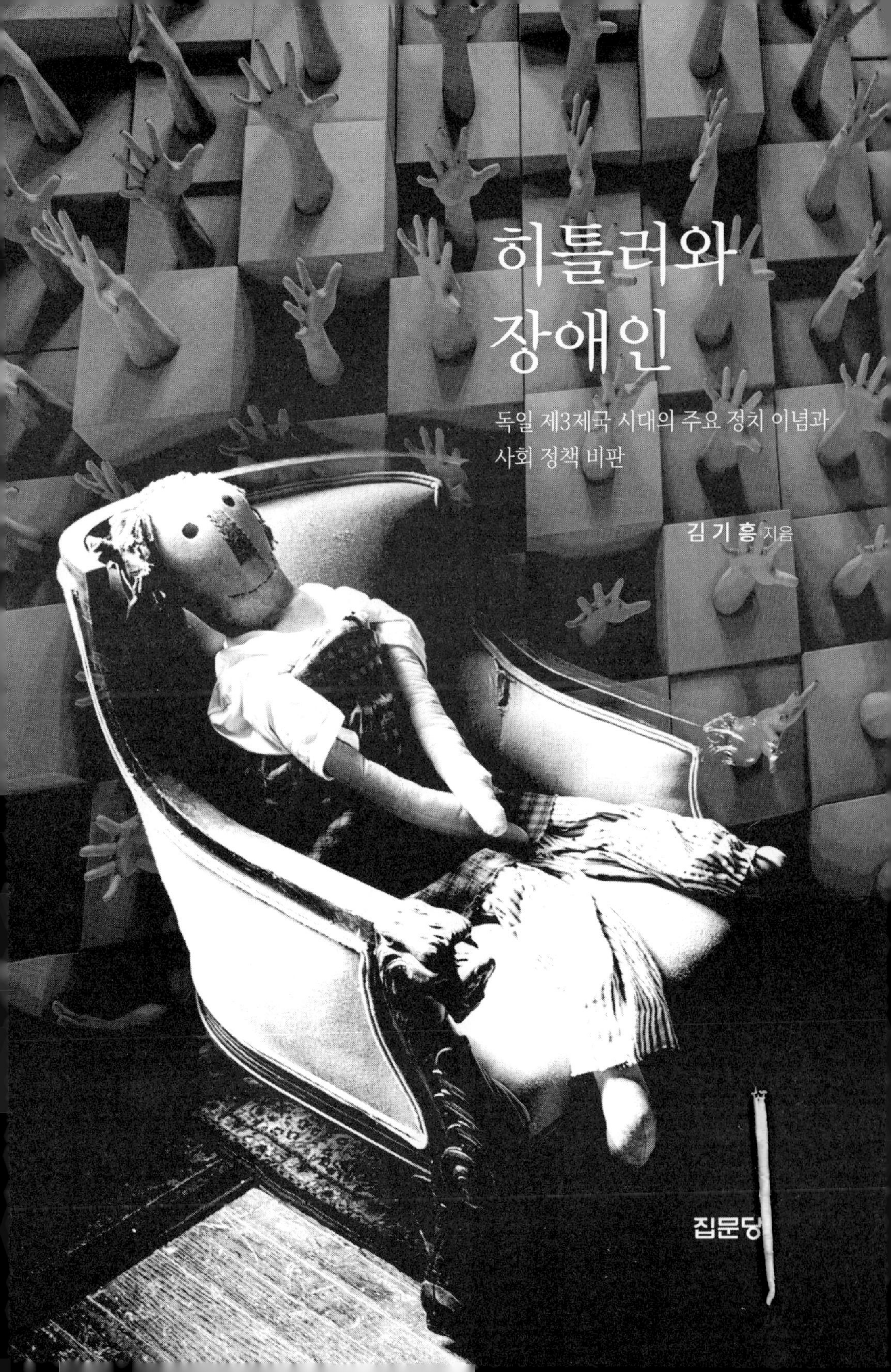

히틀러와 장애인

독일 제3제국 시대의 주요 정치 이념과
사회 정책 비판

김기흥 지음

집문당

히틀러와 장애인

독일 제3제국 시대의 주요 정치 이념과 사회 정책 비판

2018년 12월 20일 1판 1쇄

저 자 | 김기홍
발행인 | 임동규
발행처 | **집문당**
등 록 | 1971. 3. 23. 제300-2012-69호
주 소 | 03134 서울시 종로구 돈화문로 82 집문당빌딩 5층
영업부 | (02)743-3192~3 팩스(02)742-4657
sale@jipmoon.co.kr
편집부 | (02)743-3096~7 팩스(02)743-0227
edit@jipmoon.co.kr
홈페이지 | www.jipmoon.co.kr

ISBN 978-89-303-1801-3 93300

가격 15,000원

이 도서의 국립중앙도서관 출판시도서목록(CIP)은 e-CIP홈페이지(http://www.nl.go.kr/ecip)와 국가자료공동목록시스템(http://www.nl.go.kr/kolisnet)에서 이용하실 수 있습니다.
(CIP제어번호: CIP2018038509)

"자신의 과거를 기억하지 않는 사람은
그것을 되풀이할 운명에 처해 있다"

「George Santayana, 1863-1952, 스페인 철학자」

머리말

인간의 존엄성은 저촉될 수 없다.
이것을 지키고 보호하는 것이 모든 국가권력의 의무이다.
「독일연방공화국 헌법 제1조 제1항」

인류 역사의 흐름을 살펴보면 장애인에 대한 사회적 태도나 정책은 매우 다양하게 변화해 왔다. 먼저 생존권마저도 인정되지 않았던 멸절의 시대를 비롯하여 교육의 대상에서 전적으로 제외된 배제의 시대를 지나, 장애인들도 공교육권(公敎育圈)에 포함되었지만 주로 또래 비장애학생들과 격리된 교육환경인 특수학교에서 이루어진 분리교육의 시대로 이어져왔다. 이처럼 장애인에 대한 사회 정책은 비교적 점점 개선되는 듯했지만, 20세기 초에 접어들면서 특히 독일의 나치 정권(Nazis, 1933-1945)을 중심으로 불행하게도 소위 "제2의 멸절"의 시대가 재현되기에 이르렀다.

아돌프 히틀러와 민족사회주의자들은 우생학, 인종주의 및 사회적 다윈주의(social darwinism) 등을 주축으로 하는 정치이념을 바탕으로 특히 장애인들을 이른바 "살 가치가 없는 목숨(lebensunwertes Leben)"으로 분류하여 강제적인 불임수술과 안락사 등 국가적으로 끔찍한 범죄행위를 자행하였던 것이었다. 나치 정권이 수립된 후에 장애인 관련 사회 정책은 다음과 같이 조직적이고 체계적인 단계로 잔혹한 탄압과 학살이 이어졌다.

첫째, 1단계는 1933-1938년까지로, 이 시기에 히틀러와 민족사회주의자들은 먼저 야당 및 정적(政敵)에 대하여 재판을 거치지 않고 보호수감이나 강제노동수용소를 통한 억압과 혹은 테러 등의 제거 작업을 실시하였다.

아울러 이때 이른바 유전적 질환이 있는 환자나 장애인 등 약 30-35만여 명을 대상으로 국가에 의하여 강제적인 불임수술이 대대적으로 자행되기도 하였다.

둘째, 2단계는 1939-1941년까지이며, "Aktion T-4", 혹은 "Aktion 13f14" 등 강제적인 안락사 프로그램의 계획과 실행이 이루어진 시기였다. 이 기간 동안에는 군 인력으로 사용되거나 노동능력이 있는 자들은 이른바 "유용한 자"이며, 반면에 장애인, 노인, 만성질환자, 노동 무능력자 등 수십만 명 이상의 경우에는 그렇지 못한 자들로 분류되어 여러 가지 비인간적인 방법들을 통하여 목숨을 잃었다. 또한 이 시기에 히틀러가 1939년 8월 31일, 독일군에 9월 1일 새벽 4시 45분을 기하여 폴란드에 대한 기습공격 명령을 내림으로써 인류의 대재앙이었던 제2차 세계대전이 발발하였다.

셋째, 3단계는 1942-1945년까지이며, 히틀러는 1941년 8월에 공식적으로 안락사 행위를 일시적으로 금지하도록 지시하였다. 그러나 1941년 11월에 "Aktion T-4" 안락사 프로그램의 본부가 있는 베를린(Berlin)으로부터 다시 대량 학살에 대한 재개결정이 하달되었다. 지금까지는 히틀러와 민족사회주의자들이 중앙정부적인 차원에서 집단 살해를 자행했던 것과 달리 이 단계에서는 주로 지역적 혹은 개별적인 치료 및 요양시설에서 자체적으로 난치성 환자, 장애인 및 노동 불능인 사람 등을 대상으로 독가스, 기아사(飢餓死) 혹은 약물의 다량투여 등의 방법을 통하여 수십만 명의 인명이 살상되었다. 그뿐만 아니라 독일은 폴란드 및 소련 등 동부 유럽지역의 점령지에서도 마찬가지로 약 10만여 명 이상의 장애인 및 정신질환자 등 무고한 사람들을 대량 학살하는 등 국가적인 범죄는 계속되었다.

물론 이러한 끔찍했던 인류 역사의 한 장(章)은 이미 80년 이상의 과거 역사로 자리매김을 하고 있다. 그러나 다양한 사관(史觀)들 중에서 역사는 특히 규칙성이나 법칙성의 기초 위에서 반복된다는 순환론적 역사관에 따르면, 오늘날 통합 교육적 패러다임(paradigm)으로까지 거듭하여 발전하는 장애인에 대한 교육 정책이나 사회적 태도가 미래에도 계속 긍정적으로 이어지리라는 기대감과 더불어 극심한 염려와 불안감도 떨칠 수 없는 것이 사실이다. 더군다나 현대 사회가 과학화, 정보화를 더욱더 지향할수록 경제성이나 합리성 혹은 생산성 등 사회적 기대와 규범에 따라서 개인의 가치와 존엄성이 평가될 수 있는 위험성도 동시에 증가할 수 있다는 우려이다. 비록 이러한 인간에 대한 기본적인 인권이나 존엄성 침해에 대한 외현적인 위험성을 예방하고 제재할 수 있는 사회 법령이나 복지시스템이 무수하게 제정되고 강구된다 하더라도 인간의 내면에 깊이 자리 잡고 있는 이른바 사회적 소외계층에 대한 이질감이나 거부감 혹은 분리 본능 등 부정적인 인간의 본성까지 제어하기는 만만찮을 것이기 때문이다. 이에 본서는 독일 나치 시대의 정치적 이념과 이를 바탕으로 한 장애인 정책의 실태와 만행을 고발하고 이를 비판함으로써 다시는 이러한 반인륜적인 참혹한 망령의 역사가 재현되지 않도록, 오늘날 우리의 시대정신(Zeitgeist)을 재점검하고 동시에 편협하거나 왜곡되지 않도록 항상 경계하는 데 작은 기회가 되길 바라는 바이다.

끝으로 이 책이 출판되도록 도와주신 집문당 출판사의 임동규 대표님과 관계인 여러분께 진심으로 깊은 감사를 드린다.

2018년 11월

저자 김기홍

차 례

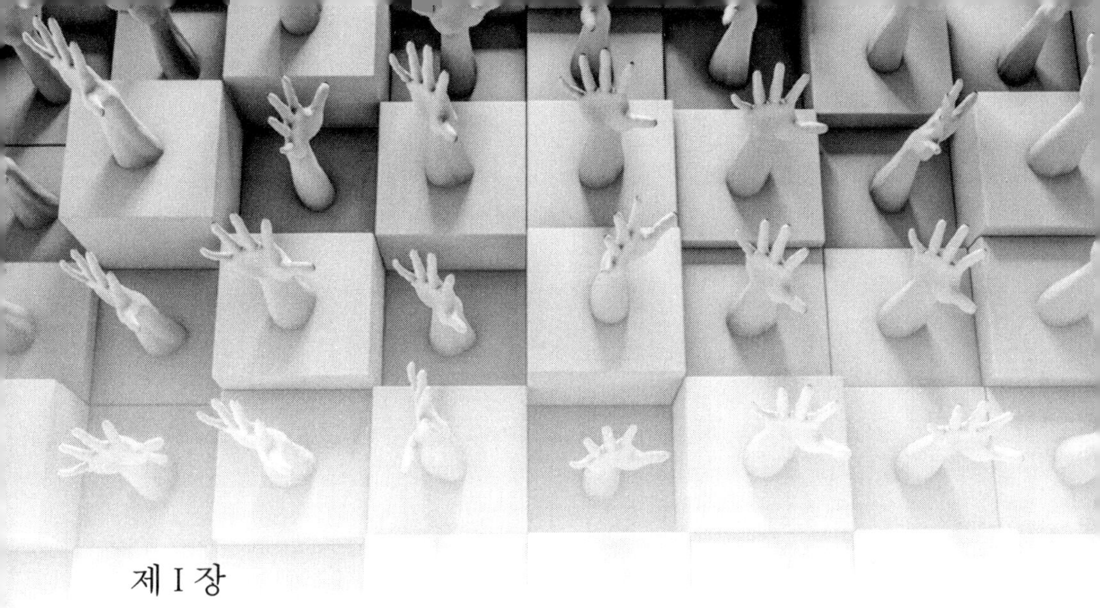

제 I 장

서론

1. 연구의 필요성과 목적
2. 연구문제
3. 연구방법

제 I 장
서론

1. 연구의 필요성과 목적

막말과 고성이 오가는 주민토론회에서 무릎을 꿇고 특수학교 설립을 위해 읍소했던 장민희 강서장애인부모회 사무국장이 '특수학교 논란' 이후 소회를 밝혔다. 13일 연합뉴스는 장 씨와의 인터뷰를 실었다. 무릎을 꿇을 정도로 투사를 자처했지만 장씨는 "나는 그렇게 고생한 편이 아니다"라며 "후배 엄마들은 꼭 아이들을 특수학교에 보낼 수 있게 되면 좋겠다"고 밝혔다. …(중략)… 장씨는 "특별한 능력을 갖춘 아이에 대해서는 외국어고등학교나 과학고등학교처럼 수월성 교육을 받을 수 있는 다양한 학교가 존재한다"면서 "대다수 국민이 교육에 관해 지대한 관심을 가졌지만, 장애학생 교육시설은 많지 않다"고 지적했다. 이어 "지적장애 학생들은 본인이 스스로 무언가를 찾아 배울 만한 능력이 부족하다 보니 고등학교를 졸업하면 더 배울 기회가 없어 이미 배운 것도 까먹는다"면서 "길어야 10여 년밖에 안 되는 정규교육과정에서 장애학생이 제대로 교육받을 수 있으려면 특수학교가 필요하다"고 말했다. …(중략)… 자신의 딸은 이미 고등학교까지 졸업했지만 강서구에 특수학교를 설립하기 위해 막말을 하는 주민들 앞에서 무릎까지 꿇은 이유는 무엇이었을까. …(중략)… 장씨는 "딸이 스무 살이 되고 학교도 졸업했다 보니 초연해져서 그럴지도 모르지만, 장애가 있는 자녀를 키우며 저보다 고생하는 사람이 많다"며 장애학생이 교육받을 기회가 많지 않다는 점을 누구보다 잘 알기에 무릎을 꿇게 된 점을 상기했다. …(중략)… 장씨는 "평소 장애학생 부모들과 자주 다니다 보니 이렇게 장애인을 싫어하는지 미처 몰랐다"면서 "'장애인은 시설에나 데려다 놓으면 되지 학교가 왜 필요하냐'고 했을 때는 정말 속상했다"고 안타까워했다. 그는 "특수학교가 기피시설이나 혐오시설이 아니라고 말하면서도 '내 집 앞'은 안 된다고 하더라"면서 "대체 부지를 마련해 지으라고 말하는 모습을 보면서 사회가 참 이율배반적이라고 생각했다"고 덧붙였다.

- 중앙일보(http://news.joins.com)

위의 신문 기사는 최근 서울의 강서지역 특수학교 설립을 둘러싸고 장애학생 부모들과 이를 반대하는 지역주민들 간의 첨예한 갈등을 다룬 기사로서 21세기 현재 우리사회가 가진 특수학교나 장애인에 대하여 여전히 부정적이고 거부적인 인식의 부끄러운 단면을 적나라하게 보여준 사건이라 할 수 있다.

흔히 역사(歷史, History, Geschichte)라는 개념 속에는 과거를 중심으로 현재와 미래까지 시제(時制)의 포괄성과 더불어 연속성이 있다. 또한 역사는 기본적으로는 사실이나 사건, 기록 및 이해 등의 의미를 내포하고 있을 뿐만 아니라, 역사에 대한 학습은 인간으로 하여금 판단력이나 비판력을 증진시키는 데 중요한 의미를 찾을 수 있다(김진웅 외, 1997). 사실 오랜 인류 역사의 흐름 가운데서 장애인에 대한 사회적 인식과 함께 교육 및 복지 정책은 시대별 혹은 국가별로 매우 다양한 모습을 보여 왔다.

먼저 고생물학적인 조사결과에 의하면, 약 4만 년 전 인간의 생활조건에서 특히 병자(病者)나 부상자 및 장애인들이 생존 혹은 장수(長壽)의 기회를 가지기 매우 어려운 환경이 오랫동안 지배했던 것으로 이해하고 있다. 그리고 당시의 무덤 발굴 결과, 무기나 그릇 혹은 각종 장식품 등 많은 부장품이 함께 있는 무덤과 초라하거나 부장품이 전혀 없는 무덤으로 구분되어 망자의 사회적 지위를 짐작할 수 있다. 또한 부자무덤에서 출토된 유골은 가난한 무덤의 것보다 치아나 뼈 혹은 척추 등의 건강 상태 면에서 질병이나 신체기관의 손상 등의 흔적이 훨씬 적은 것을 알 수 있는데 이를 통해 상위계층 구성원들의 영양 공급이나 생활환경이 그렇지 못한 집단에 비하여 유리했을 것이라 짐작할 수 있다(Greving/Ondracek, 2005).

이어서 그리스 시대(B.C. 1100년경)에서 로마시대(A.D. 476년경)까지 해당되는 고대시대는 선사시대에 비하여 사회적 약자, 병자, 장애인 등의 특수교육 혹은 사회복지적인 서비스를 필요로 하는 사람들에 관한 정보를 신화, 전설, 법령, 보고서 등의 자료들을 통하여 비교적 쉽게 파악할 수 있다(Moeckel, 1988).

먼저 슬라브 민족의 신화에 나오는 기괴한 존재나 귀신은 신체적, 도덕적으로 일탈된 사람들의 상징으로 여겼으며, 아이슬란드의 전설 속에 나오는 사람들의 이름도 주로 범상하지 않은 신체나 혹은 신체 기관들의 특성들이 반영된 것이었다. 또한 핀란드의 국민 서사시(敍事詩)인 칼레발라(Kalevala)에는 잘못된 교육의 결과로 탄생한 쿨레르보(Kullerva)라는 이름의 아이에 관한 전설이 전해지는데, 즉 잘못 양육되거나 비이성적으로 교육받은 아이는 나중에 성장하고 신체적으로 강해진다 하더라도 성숙된 이성적인 존재가 될 수 없는 것으로 보았다. 한편 바벨론의 설화인 '엔키(Enki, 지혜와 물의 신)와 닌마(Ninmach, 여신)'에 따르면 엔키는 닌마에게 신들을 위하여 봉사하고 일할 인간을 점토로 만들 것을 부탁하였고, 출산의 여신인 닌마는 다른 여신들의 도움을 통하여 인간을 만들었지만 불완전한 존재였다. 이에 엔키는 각 사람에게 역할을 수행할 수 있는 재능을 부여하였다. 예를 들어, 시각장애인에게는 가수(歌手), 손가락을 구부리지 못하는 사람은 왕의 종, 다리가 마비된 사람에게는 금속주조공, 지능이 낮은 사람은 왕실의 어릿광대, 생식기에 결함을 가진 사람은 내시(內侍), 오줌싸

개에게는 적합한 재능을 주지는 않았지만 살아갈 수 있도록 허용하고 관용을 베풀었다. 또한 이집트의 신화, 석비(石碑), 문헌 등에는 사회적 소외계층에 대한 많은 증거들을 제시해 주는데, 예를 들어 이집트 사람들은 죽음 이후에 죽음과 부활의 신이라 불리는 오시리스(Osiris)의 심판대 앞에서 좋은 결과를 얻기 위해서는 세속의 삶 동안 약한 자나 장애를 가진 이웃 사람들에게 선한 마음을 가졌다는 것을 증명해야만 했다. 기원전 약 1400여 년경 이집트의 문헌을 보면 왜소증, 척추장애인, 맹인, 지체장애, 지적장애, 정신질환 등 다양한 장애인에 대하여 언급하고 있음을 알 수 있다. 즉 고대 이집트 사회에서 과부, 고아, 노인, 가난한 사람이나 시각 및 지체장애인, 범법자 등은 사회로부터 선한 마음으로 적극적인 도움과 지원을 받아야 하는 사람으로 간주되었다. 아울러 그들은 가수, 음악가, 문필가, 동물사육자, 작업장의 관리자 혹은 궁중의 어릿광대 등으로 사회적 지위나 생계를 유지하였다(Mosen/Lohs et al., 2001).

고대 그리스나 로마에서도 장애인과 관련된 많은 신화, 전설 및 교훈 등이 있는데, 신체나 정신적 측면에서 당시의 사회적인 규범과 기대에 일치하는 이상형(理想形)의 사람들은 대부분 장애인에 대해서 비웃거나 조롱하였다. 그들은 축제나 잔치에 손님들에게 흥을 돋우도록 장애인들을 초대하였으며, 자신이 장애인이 아니라는 사실을 공공연하게 즐기곤 하였다. 고대 그리스에서 장애인은 사회적인 일상생활에서 항상 소외되었다. 지체장애인이나 지적 장애인들이 가진 장애를 사회 공동체에게 위험을 초래하는 신의 벌이나 노여움의 결과로 여겼으므로 매우 부정적인 낙인의 대상이었다. 따라서 흉하거나 마비되거나 기형적인 신체 혹은 경련성 간질 등을 가진 사람들은 악으로부터의 청결을 위한 종교적인 의식에 의하여 당시 마을 공동체로부터 추방되었다.

그리고 고대 사회의 법률과 관련된 신화, 전설 및 가르침에서 당시 약자나 장애인들에 대한 많은 사회적 규정에 대하여 살펴볼 수 있다. 특히 그리스도시국가 중 하나인 아테네의 정치가이자 입법자인 솔론(Solon, 약 B.C. 640-560)은 전상자는 국가비용으로 지원하고 시민들 간의 상호적인 지원과 부조는 공동체적 삶을 기본으로 하는 법률을 제정하였다. 한편 고대 철학자인 플라톤(Platon, B.C. 428-347)과 아리스토텔레스(Aristoteles, B.C. 384-322)는 사회 및 국가공동체의 규정에서 매우 엄격한 실용주의적 인간관에 대하여 강조하였는데, 즉 전쟁이나 노동에 알맞은 조건을 가지고 태어나지 않은 신생아들은 살 필요가 없다는 인식이었다. 아울러 현대의 법 형성 과정에까지 중요한 기초가 되는 로마법에는 거세된 남자들은 어떤 아이도 입양할 수 없고, 정신장애인은 청각장애인이나 의사소통장애인과 마찬가지로 증인으로 인정하지 않는다는 조항이 있었다. 또한 절도와 관련하여 형사상 책임을 질 수 있는 나이는 11살로 규정하고 있는데, 이는 그 나이에 도둑질이 악행이고 죄인 것을 이미 알 수 있는 연령으로 판단하였으며, 동성애자들에게는 참수형으로 처벌하였다. 그 밖에도 장애인들에 대한 고대 자료를 보면 로마에는 소위 '미친 사람들 시장'이 열렸는데, 이곳에서는 축제나 잔치 등 행사에서의 유희 목적으로 정신질환자, 지적장애인 등의 매매가 이루어졌다. 심지어 고대 문헌에 따르면 소유자가 자신의 노예를 의도적으로 불구로 만들거나 불구자들을 구걸하는 자로 보내기도 하였다. 한편 부상자들은 로마 시민으로부터 많은 동정을 받고 더 관대한 적선(積善)의 대상이 되기도 하였다(Kobi, 1983).

스파르타의 경우에는 지체장애인 군주가 있었는데, 아게시라오스 2세(Agesilaos II, B.C. 444-360)는 다리를 저는 왕이었다. 그는 자신의 장애문제를 용모나 지혜, 패기 그리고 유머를 통하여 만회하였으며, 자신의 신체적인 부족함을 익살스럽게 처리하였다. 또한 자신의 재임기간 동안 수많은 전쟁 중에 어떤 신체적인 활동도 회피하지 않고 적극적으로 참여하였다. 그리고 고대 그리스의 유명한 연설가였던 데모스테네스(Demosthenes, B.C. 384-322)는 젊지만 매우 약한 목소리와 짧은 호흡으로 인하여 이 사이에 혀를 끼어서 발음해야 하는 의사소통장애를 가졌다. 그러나 그는 이러한 결핍을 빠른 걸음의 등산을 통하여 심호흡하고, 혀 밑에 조약돌을 넣어 발음을 교정했으며, 파도 소리보다 크게 말하기를 통해 목소리를 더 힘있게 하는 등 스스로 발전시킨 연습으로 극복하였다.

고대 그리스뿐만 아니라 로마에서도 아프거나 약하거나 신체 기관이 손상된 신생아들은 돌보지 않고 방임하여 운명에 내맡겼다. 만일 가족이 경제적인 곤경으로 자녀를 양육할 수 없으면, 비록 건강한 신생아라도 내버렸다. 그 이후에 로마에서는 버려진 아이들의 문제를 고아원 운영을 통하여 해결하고자 하였다. 또한 로마제국에서는 허약한 사람이나 도움을 필요로 하는 사람들에 대한 지원을 재정 및 곡물분배 형태로 실시하였다. 최초의 로마 황제였던 아우구스투스(Augustus, B.C. 63-A.D. 14) 시대의 헬비우스 바질라(Helvius Basila)라는 부자는 당시 40만 제스테르츠(Sesterz, 고대 로마의 은화단위) 규모의 자신의 재산을 투자한 자선재단을 설립하였다. 이 단체는 돈을 빌려주고 이자 수입으로 가난한 아동이나 고아들을 지원하였다. 기원 후 96-98년까지 다스린 네르바(Nerva, A.D. 38-98)와 그의 후임자이며 기원 후 98-117년까지 재임했던 트라이아누스(Traianus) 황제는 이러한 원리를 다자녀를 둔 가난한 가정을 돕는 지원 제도를 조직하는 데 기초로 삼았다.

이처럼 헬레니즘 이전과 고대 사회에서는 대체적으로 인간의 신체적이고 지적인 미(美)나 기능 혹은 능력 등을 최고의 가치로 추구하였다. 그 결과 이른바 사회적 규범이나 기대와는 다른 지체장애인, 만성질환자 및 지적장애인들은 사회적인 낙인(labeling)을 경험해야만 했다. 아테네에서 당시 '아름다운 것이 선한 것이다'라는 의미의 칼로카가티(kalokagathie, 선(善)과 미(美)의 조화)적인 이상향을 추구하는 시민들은 흉한 외모이거나 병약하거나 혹은 정신적으로 혼란한 사람 등 사회적인 일탈 현상이 보이는 대상에게는 당연하게 거부적 태도를 보였는데 단지 전상자(戰傷者)들만은 영예

롭게 여겼다. 그리고 그리스뿐만 아니라 로마 철학자들은 원치 않는 아이에 대한 인공임신중절을 지지하였는데, 태어난 후에라도 아이가 매우 허약하거나 장애를 가질 경우에는 관습처럼 살해하거나 유기하기도 하였다. 유능하고 건강한 아이들만 양육을 받았으며 약한 아이들은 절벽 아래로 던지거나 아사하도록 방치하였다. 고대 로마에서는 법적으로 장애아에 대한 살해 행위를 허용하였다.

이어서 중세시대는 일반적으로 5세기 후반부터 15세기 중반까지의 시대를 일컫는다. 즉 중세는 서로마 제국의 멸망(A.D. 476)과 게르만 민족의 대이동(기원 후 약 4세기-6세기)으로 시작되어 16세기 종교개혁의 영향으로 막을 내렸던 것이다. 유럽의 중세시대는 특히 기독교의 확산과 함께 시작되었는데, 이에 따라 고대 시대에 전쟁 포로의 엄지손가락 절단이나 원치 않는 아이에 대한 유기 혹은 살해 등의 전통적인 관습은 폐지되었다. 중세 기독교 시대에 병약자, 지체장애인, 정신질환자 등에 대한 입장은 대체로 긍정적 혹은 부정적인 감정과 정서가 상호 양립하는 것으로 보인다(Haeberlin, 1992). 예를 들어, 신체적 손상이 있거나 흉측한 사람은 신의 영광의 예식에 참여가 허용되지 않았을 뿐만 아니라, 제사장직에도 임명될 수 없었다. 또한 질병이나 신체적 손상을 신의 계명이나 규정 위반에 대한 벌로 여긴 나머지 신앙공동체로부터 기피 혹은 제외 대상에 속하였다. 그러나 다른 한편으로는 병약자나 장애인들은 당시 건강하고 장애가 없는 사람들에게 자비와 긍휼의 대상으로 자리매김하기도 하였다. 그리고 기독교적인 관점에서는 장애인들은 종종 복되고 천국이 보장된 사람들을 위한 사례로 언급되기도 하였으며, 난치병 환자들은 메시아의 기적을 보이기 위한 좋은 예표로 사용되기도 하였다. 구약 성경에서 아브라함(Abraham)이 제사의 일종으로 자신의 아들인 이삭(Isaak)을 제물로 바치는 반면에 신약 성경의 경우에는 아이를 순수함, 존엄성 혹은 보호를 필요로 하는 존재로 보는 등 분명한 사회적 패러다임의 전환도 엿볼 수 있다.

중세시대에 병약자, 장애인 및 사회적 소외계층과 관련하여 통치자들이 제정한 법령들을 살펴보면 제한과 지원이라는 두 가지 특성이 나타난다. 먼저 정신질환자들의 법적인 서약이나 선서는 허용되지 않았고, 특히 한센병(Hansen's Disease)은 이혼의 사유로 인정되었다. 한편 칼 4세(Karl IV, 1316-1378) 황제는 오늘날 체코의 한 지역인 보헤미아 지방 제후들로 하여금 신민들을 처벌할 때에 손, 팔 혹은 다리를 절단하거나 코나 귀를 베는 행위 및 눈을 뽑는 형벌은 엄격하게 금지시켰다. 그 밖에도 지체장애인들은 법정에서 다른 사람들처럼 무릎을 꿇고 맹세를 하지 않고 앉거나 누워서 하도록 허용하였으며, 경제적으로 궁핍한 사람들은 법정에서 무료로 전문적인 법률 자문가의 도움을 받을 수 있도록 하였다.

유럽의 중세 시대에 정신적 혹은 심리적인 장애를 가진 사람들을 위한 아랍권 지역의 제도적 형태를 몇 가지 살펴보면, 기원 후 7세기에 오늘날 모로코에 해당하는 페츠(Fès) 시에 정신장애인을 위한 병원이 설립되었고, 이와 유사한 시설들이 바그다드(Bagdad) 혹은 다마스쿠스(Damaskus)와 카이로(Cairo) 등 아랍권 국가들의 여러 다른 도시에 설립되었다. 유럽에서는 아랍권의 시설을 참고하여 정신질환자와 지적장애인을 위한 첫 번째 시설이 스페인에 설치되었다. 독일에서는 지방의 영주인 필립 1세(Philipp I, 1504-1567)가 16세기 후반부에 노인, 빈곤자, 지체 및 지적장애인들을 위한 많은 시설들을 건립하였으며, 몇몇 수도원을 이러한 사회적 약자들을 지원하기 위한 기능으로 변경하기도 하였다. 그러나 '관대한 사람'이라는 별칭까지 가진 이러한 지방 백작들의 선한 활동은 당시 시대적인 상황에서 일회성에 거쳤으며, 중세 말경에는 그들에 대한 지원을 보장하는 대신에 일상적으로 장애인들을 도시로부터 몰아내거나 감금하기도 하였다. 또한 이른바 '구걸규정'을 제정 · 공포하였는데, 예를 들어 구독일의 제국 직속의 도시인 뉘른베르크(Nuernberg)에서는 지체장애인들의 교회 앞 구걸 행위가 금지되었으며, 아울러 거지배지(beggar badge)를 의무적으로 부착하고 다녀야 했다. 대부분의 걸인들은 전쟁, 사고 혹은 질병으로 인하여 지체장애를 가진 사람들이었으며, 지팡이를 짚고 다님으로써 낙인이 찍혔다. 시내에서 지팡이를 짚고 다니는 사람이 많아지거나 그들이 너무나 귀찮게 구걸을 하면 시 당국은 추방이나 투옥 등 매우 엄하게 반응하기도 하였다. 이러한 부정적이고 거부적인 사회적 태도는 정신질환자나 지적장애인에 대해서도 크게 다르지 않았다. 따라서 중세 유럽의 장애인들의 삶의 환경은 대체적으로 매우 열악하였다고 볼 수 있다.

중세시대의 국가제도는 사회적 도움이 필요한 국민에게 조세를 통하여 재정을 지원하거나 이를 위한 국가기관이 조직되기보다는 개개인의 자선활동으로 대신하도록 하였다. 당시 신부나 주교들이 주로 도움을 필요로 하는 사람들의 담당하며, 동시에 지원활동을 조직하기도 하였다. 그러나 구체적인 활동은 신부관(神父館)이나 교회공동체에서 보조인으로 일하는 과부들이 담당하였으며, 고아, 과부 및 가난한 사람 등 구제 대상의 명단이 비치되어 있었다. 여기에는 자조(自助)의 원칙이 있었는데, 즉 노동능력이 있는 사람들은 우선 생계를 유지할 수단인 일자리를 강구해야 했으며, 그것이 불가능한 경우에는 음식이나 옷 등의 일상 필수품들이 분배되었다. 고아들은 후견인 가정과 연결되어 연령에 따라서 직업훈련을 받았으며, 재정적 지원은 교회구성원들을 통하여 현물이나 헌금을 통하여 이루어졌다.

후기 중세시대에는 특히 수도원들이 사회적 취약계층에 대한 지원을 도맡았는데, 이는 수도원의 일관된 건축 구조에서도 나타난다. 예를 들어, 주출입구 근처에 도움을 필요로 하는 자들의 상담실이나 혹은 뜨내기들을 위한 숙소가 있으며, 수도원 경내의 세 곳에 세면시설이 설치되어 있었다. 그리고 관리실과 수도사들의 숙소 건물 옆에는 반드시 부상자를 위한 응급실이 구비되었고, 사혈(瀉血)시술 등 의료적인 처치가 이루어지기도 하였다. 동시에 약초재배를 위한 정원을 가진 약국도 수도원에 기본적으로 갖춰져 있었다. 이러한 맥락에서 중세의 수도원은 종교적인 기능과 아울러 증가하는 사회적, 의료적 기관의 역할과 기능까지 맡고 있었다. 이러한 과중한 과제와 부담으로 인하여 몇몇 수도원에서는 뜨내기는 숙소에 3일 이상 머물지 못하도록 하는 등 제한적인 규정을 세웠는데, 그럼에도 불구하고 13세기에서 15세기까지 수도원의 수는 매우 크게 증가하였다.

결론적으로 중세시대의 장애인에 대한 사회적 태도는 매우 부정적으로 평가되었다. 추방되거나 감금되고, 낙인을 붙이고 무시당하거나 혹은 학대를 당하는 등 그들의 삶은 공동체로부터 소외당한 채로 겨우 연명하는 실정이었다. 당시 장애인에 대한 개개인의 선행과 약자를 보호하기 위한 법적인 규정이 있었지만, 그것이 사회 모든 구성원들의 일반적인 행동규범으로까지 확대되지는 않았다. 아울러 중세의 기독교회는 과거에 비하여 장애인에 대한 인식개선이나 복지 등에 많은 기여를 하였지만, 부정적인 측면도 있음을 부인할 수 없었다. 즉 교회는 기독교 사상 가운데 자비의 원칙을 중심으로 일상생활에서 도움을 필요로 하는 사람들을 대상으로 지원과 보호활동을 통하여 실천하였다. 아울러 후기 중세의 수도원들은 소외계층에 대한 사회적, 의료적 지원 시스템의 발달에 매우 중요한 계기를 마련해주기도 하였다. 그러나 다른 한편으로 당시 교회는 선과 악에 대한 잘못된 사상에 사로잡힌 나머지 대표적으로 1231년 이단자를 재판하기 위하여 설치된 교황직속의 종교재판을 통하여 수많은 장애인들에 대하여 악마를 숭배하는 배교자라 하여 대대적인 화형을 자행하기도 하였다.

한편 18세기경 유럽의 계몽주의 사상의 유입으로 중세 가톨릭교회나 종교적인 편견, 권위, 미신, 사회적 불평등이나 불합리성 등 전통적인 세계관에서 탈피하여 인간중심, 인간존중 사회를 실현하고자 하였다. 그럼에도 불구하고 17세기 및 18세기 철학이나 교육학은 아직 장애인과 관련된 주제에까지 관심을 두고 다룰 만한 환경은 아니었다. 이와 관련하여 코메니우스(Comenius, 1592-1670)는 장애인들에 대한 기독교적인 존엄성을 박탈하고 단지 '누워' 있도록 하는 데 찬성하였다(Thesing/Vogt, 1996). 루소

(Rousseau, 1712-1778)의 경우에도 만성질환자나 장애아동에 대하여 이해와 관심이 거의 없었는데, 그의 교육학 관련 작품인 '에밀(Emil) 또는 교육에 대하여'에서 다음과 같이 부정적으로 언급하고 있음을 알 수 있다(Kobi, 2004).

> 나는 결코 아프거나 쇠약한 아이와는 상관하지 않겠다. …(중략)… 나는 자기 자신과 다른 사람을 유익하게 하지 못하는 제자, 자기 자신만 생각하거나 자신의 건강만을 생각해야 하는 자여서 자신의 몸이 정신을 교육하는 데 해를 주는 사람을 좋아하지 않는다.

독일의 위대한 철학자이자 교육학자였던 칸트(Kant, 1724-1804)도 마찬가지로 장애인들을 영혼이 없는 피조물로 보는 등 매우 부정적인 인식을 가졌다. 그러나 페스탈로찌(Pestalozzi, 1746-1827)는 다음과 같이 장애인에 대한 교육의 가능성을 주장하고 실제로 자신이 노이호프(Neuhof) 지역에 설립한 교육기관에서 교육프로그램을 통하여 이를 실천함으로써 오늘날 특수교육의 이론과 실제에 있어서 발전을 위한 기초석이 되었다(Pestalozzi, 1927).

> …심각한 지적 장애 아이들도 충분한 사랑을 가지고 그들의 약점에 적합하고, 단순한 기능의 학습을 통하여 폐쇄된 삶의 불행으로부터 구하고 생계를 유지하며 자유롭고 방해를 받지 않는 삶을 영위할 수 있다.

비록 계몽주의 시대에 와서 장애나 정신질환 등에 대한 사회적 인식이 대체적으로 발전했음에도 불구하고 이들은 대부분 감옥은 아니라 하더라도 경련성 간질인을 위한 시설, 정신병원 등에 종종 감금되었다. 예를 들어, 고문도구와 유사한 보조장치를 가지고 침대나 의자에 묶는다든지 혹은 가죽조끼로 된 구속복을 착용시키기도 하였다.

한편 독일은 신학자이며 사회 교육자였던 비헤른(Wichern, 1808-1881)에 의하여 행동장애아 및 방치된 아동 등을 위한 구호소가 1832년 함부르크(Hamburg)에 설립되었다. 또한 1833년에는 독일의 쿠르츠(Kurz, 1783-1865)가 최초로 독일남부의 뮌헨(Muenchen) 지역에 지체장애 청소년 시설을 건립하였다. 이어서 스위스의 의사였던 구겐뷜(Guggenbuehl, 1816-1863)이 1841년 인터라켄(Interlaken) 근교에 지적장애인 치료소를 세웠으며, 이 당시에 최초로 쉬퇴츠너(Stoetzner, 1832-1910)와 킬호른(Kielhorn, 1847-1934) 등을 통하여 특수학교가 생기게 되었다. 이러한 사회적, 교육적인 발전 배경을 바탕으로 게오르겐스(Georgens, 1823-1886)와 다인하르트(Deinhardt, 1821-1880)는 1856년에 오스트리아의 빈(Wien)에 특수교육기관을 설립하였다. 이들은 1861년 '지적장애와 지적장애인 시설을 특별히 고려한 치료교육학(Die Heilpaedagogik mit besonderer Berucksichtigung der Idiotie und der Idiotenanstalt)'이라는 책 속에서 장애인과 관련된 시설의 확대를 통하여 그들이 직접 경험한 다양한 내용을 소개하였다. 이를 통하여 처음으로 의학과 교육학의 중간 학문영역으로 여겨지는 치료교육학(Heilpaedagogik)이라는 개념이 탄생하였으며, 사람들은 뇌와 신경계에 대한 알맞은 훈련을 통하여 지적장애인에 대한 완치 가능성을 믿었다(Haeberlin, 1985).

한편 특수교육의 역사에서 20세기 독일의 경우, 전반부(1900-1945)는 장애인에 대한 멸절 정책과 동서독으로의 분리로, 후반부(1945-2000)는 국가 재건 및 통합 등으로 이해할 수 있다(Muerner, 1996).

먼저 제3제국 시대의 교육은 민족사회주의적 정치이념에 따라서 나약하고 어리석은 군중이 아니라, 인종적으로 더 높은 가치를 지닌 '군주적 인간(Herrenmensch)'을 배출하는 것이었다. 게르만 민족의 우월성에 대한 믿음과 정치지도자에 대한 맹목적인 복종은 아이들과 청소년들을 사이비 종교적인 행사와 군사적 목적을 위한 체력훈련의 강조를 통하여 교육할 수 있다는 기초적인 토대를 만들었다. 이러한 국가 정치적인 교육기관으로 불린 모든 시설들은 아동과 청소년들에게 무엇보다도 복종, 규율, 동료관계 등에 대한 준비를 하도록 엄격하게 가르쳤다. 다시 말하자면, 당시 교육기관들은 엄격함이나 군복무 능력에 주요 교육 초점을 맞추었으며, 가정교육은 단지 유전적으로 건강한 자손의 생산에만 주력하였다(Merkens, 1988).

히틀러의 독재시대에 특히 장애인 등 군사력이나 노동인력에 사용될 수 없는 수많은 사람들은 '살 가치가 없는 목숨(Lebensunwertes Leben)'으로 분류되어 강제적 안락사 등으로 무참하게 희생되었으며, 이는 기본적으로 특수교육의 학문적인 입장, 기독교 사상이나 혹은 계몽주의적인 기본 정신과는 완전히 배치되는 국가적 범죄에 해당하였다. 독일은 1914년까지 당시 생물학이나 철학적인 분위기에서 사회적 다윈주의(social darwinism)의 성격이 일부 나타났음에도 불구하고 동시에 특수교육 분야에서도 눈부신 발전을 보이기도 하였다(Petzoldt, 2001). 그러나 이미 19세기와, 19세기와 20세기의 전환기에 당시 경제학적인 풍조나 인종주의적인 사상을 바탕으로 형성된 교육적, 의료적 및 사회적인 이론에 대하여 처음으로 반박하기 시작하였다. 결국 그때까지 학문영역에서 급속한 지식의 증가와 발전이 있었음에도 불구하고 사람들로 하여금 그것을 악용하는 것을 막지 못하고 오히려 합리주의적 사고를 통하여 장애인들에게는 상당한 위험성을 가중시킨 결과를 초래하였던 것이었다. 이러한 위험성은 꽤 빠르게 삶의 실제 가운데에서 나타나는데, 1892년 스위스의 정신과 의사였던 포렐(Forel, 1848-1931)은 처음으로 우생학적인 이유를 바탕으로 여성에 대하여 불임수술을 시행하였다. 이것이 나중에 우생학적인 이유로 1945년까지 자행된 대량 불임시술을 위한 직접적인 계기는 아니었지만, 하나의 신호탄으로 작용하였음에는 틀림이 없었다(Petzoldt, 2001). 1935년 뉘른베르크 인종차별법(Nuernberger Rassengesetz)이 공포되기 40년 전에 이미 이에 대한 기초는 놓였는데, 1895년 영국의 생리학자인 해이크래프트(Haykraft)는 도태이론의 실현을 위하여 전염성 질병의 출현을 오히려 유익한 사건으로 보고 반겼다. 그러나 19세기 말경에 보였던 여러 가지 정치적, 경제적인 상황은 결과적으로 인종주의적인 사상이 확대되거나 실현될 수 있는 배경으로 이용되었다. 1920년에 독일은 사회적 다윈주의 사상이 자리를 잡기 시작하는데, 형법학자였던 칼 빈딩(Karl Binding, 1841-1920)과 의사였던 알프레트 호헤(Alfred Hoche, 1865-1943)가 '살 가치가 없는 생명의 멸절에 대한 허용(Die Freigabe der Vernichtung lebensunwerten Lebens)'이라는 책을 출간하였다. 여기에서 그들은 인간의 노동능력과 관련된 사상을 우생학의 논쟁 속으로 끌어들였는데, 이는 가치가 많은 사람들의 이익을 위하여 그렇지 않는 사람들에 대해서는 희생시키거나 죽일 수 있다는 신념으로 이어졌고 결국 히틀러와 민족사회주의자들은 '군주적 인간' 형성에 혈안이 된 나머지 반인륜적인 범죄를 자행하였던 것이었다. 빈딩(Binding)과 호헤(Hoche)는 환자를 살해하는 데 당사자의 승인은 전혀 필요 없는 것으로 주장하였는데, 즉 두 명의 의료진과 한 명의 법률가로 구성된 위원회가 이에 대하여 만장일치로 결정을 할 수 있었다. 이때 당사자가 이 결정에 대하여 반대를 제기하지 않는다면 사형판결이 즉시 집행되어야 한다는 것이었다. 따라서 이러한 법적인 바탕위에서는 금치산자나 무의식 상태에 있는 사람들은 자신의 죽음에 대한 어떤 항의의 기회도 없었다는 것이다(Petzoldt, 2001).

히틀러가 제국총통으로 임명을 받고 약 7개월 후인 1933년에 '차세대 유전성 질병 예방법(Gesetz zur Verhuetung erbkranken Nachwuchses, GzVeN)'이 제정·공포되었는데, 이 법이 적용됨에 따라서 약 30만 명에게 강제로 인공임신중절을 자행했으며, 그 과정에서 약 1,000명이 사망하였다. 또한 제2차 대전의 시작과 함께 1939년에 대량의 불임시술이 종료되었지만, 장애인에 대한 국가차원의 조직적인 대량 학살이 이어져 수많은 장애인들은 베른부르크(Bernburg), 브란덴부르크(Brandenburg), 그라페네크

(Grafeneck), 하마다(Hamada), 하르트하임(Hartheim) 및 존넨슈타인(Sonnenstein) 등에 건설된 시설이나 수용소에 강제로 이송된 후에 기아사, 독살 혹은 독가스에 의하여 죽임을 당하였다(Mosen at al., 2001). 이러한 장애인들의 멸절 행각은 히틀러의 개인적인 지시에 의하여 국가적으로 은밀하고 비밀스럽게 이루어졌으며, 이를 이른바 '은혜로운 죽음(Gnadentod)'이라 불렀다.

이어서 독일의 20세기 후반부인 1945년부터 2000년까지는 특수교육에 있어서 재건과 통합으로 특징을 지을 수 있다. 전쟁 이후에 공간, 교재 및 교구, 난방, 교통편 등에 있어서 특수학교 환경은 거의 폐허상태였다. 무엇보다도 제대로 교육받은 특수교사 수급의 어려움은 심각하였으며, 1948년 10월에는 모든 학령기 아동의 약 75%만 학교를 다닐 수 있었고, 1950년대 초에 비로소 특수학교와 관련하여 전쟁 전의 상태를 회복하였다. 한편 의사소통장애영역은 1960년대에 이르러서야 겨우 기초적인 체제를 구축할 수 있었지만, 지적장애나 중도·중복장애인들은 여전히 교육적으로 배제된 상태에 처해 있었다(Liebers, 2008).

또한 히틀러의 민족사회주의 정권 멸망 후 과거청산의 차원에서 1946년에는 의사이자 정신분석자인 미트쉐어리히(Mitscherlich, 1908-1982)의 책임 하에 구성된 의사위원회가 나치 시대의 집단학살 및 인체실험 등에 가담한 의사들에 대한 뉘른베르크 군사재판에 참여하였다. 그러나 이러한 역사적 배경 아래에서 살아남은 장애인들과 그 가족들의 삶은 1949년 독일연방공화국으로 새롭게 출범한 이후에도 오랫동안 어려웠다. 지적장애인, 신체적 중도·중복장애인 혹은 정신질환자 등은 1953년에 새롭게 제정된 중증장애인법(Schwerbeschaedigtengesetz)에도 포함되지 못했기 때문인데 연방의회는 이후 1974년 5월 1일에 비로소 중증장애인법을 성인 중증장애인까지 확대 적용하도록 하였던 것이었다. 또한 1961년에 새롭게 제정된 연방사회부조법(Bundessozialhilfegesetz)에 의해 성인 중증장애인들도 장애인 작업장 입소가 가능하게 되었다. 1958년 11월 26일에는 장애인 복지와 특수교육에 있어서 매우 의미 있는 일이 있는데, 마부르크(Marburg)에 부모 자조회 성격의 '지적장애아동을 위한 생활지원(Lebenshilfe fuer das geistig behinderte Kind)'이라는 연방연합회가 생겨 처음으로 지적장애아에 대한 관심을 불러일으켰으며, 교육, 직업, 사회적 홍보 및 계몽활동, 사회 정책 등 다양한 부분에서 각각의 과제를 정하여 활동을 시작하였다. 이 자조회는 15명의 회원으로 설립되었는데, 수년 내에 3만 명으로 증가하였으며, 2000년대에는 약 13만 명 이상으로 증가하였고, 독일 전역에 532개의 지방회가 세워졌다. 현재 약 2만 5천여 명의 상임직원과 약 2만여 명의 겸직인력 및 15만여 명의 지적장애인 보조 인력이 배치되어 다른 민관의 사회복지기관과 연계활동을 통하여 장애인에 대한 인식개선과 장애인의 정상화, 자기결정 및 통합에 크게 이바지하고 있다(Grenving/Niehoff, 2002). 1960년에는 독일 교육부장관회의의 '특수학교제도의 규정심의(Gutachten zur Ordnung des Sonderschulwesens)'에서 장애인에 대한 인간의 존엄성 존중과 인정을 주요 골자로 다루기도 하였다(Ellger-Ruettgardt, 2008).

그리고 1950년대에 덴마크에서 출발한 이념으로, 스웨덴에서 장애인 사회학적 입장에서 현장에 적용되기 시작한 정상화의 원리(Normalization Principle)는 점점 확대되어 오늘날 통합교육의 기초적인 시금석이 되었다. 독일에서는 1969년 처음으로 전국규모의 통합교육 관련 회의가 장애학생들의 종합학교(Gesamtschule) 입학에 관한 주제를 중심으로 당시 베를린 교육센터(Paedagogisches Zentrum Berlin)에서 개최되었다. 1989년 12월에는 동독의 브란덴부르크에서 '통합교육 연구회(Arbeitskreis Integration)'가 설립되어, 15명의 학생(장애학생 5명+비장애학생 10명)으로 구성되고 두 명의 교사(특수교사1명+일반교사1명)와 공익요원 및 심리학자 등을 통하여 수업을 하는 통합학급이 운영되었다. 또한 이 학급은 부모들과의 밀접한 협력을 통하여 각 학생들에 따라서 개별화되고 점수를 매기지 않는 교육과 수업이 이루어졌다(Preuss-Lausitz, 2005).

이어서 1994년에는 독일 헌법 제3조 제3항에 '어떤 사람도 자신의 장애로 인하여 불이익을 받아서는 안 된다'라는 조항이 삽입됨으로써 장애인에 대한 모든 차별 행위가 금지되었다. 특히 2009년 2월 24일 독일정부가, 신체적, 정신적 장애, 지적 장애를 포함한 모든 장애가 있는 이들의 존엄성과 권리를 보장하기 위하여 2006년 유엔에서 제정한 장애인권리협약(Convention on the Rights of Persons with Disabilities, CRPD)에 비준함으로써 교육을 포함한 모든 삶의 영역에서 장애인의 참여와 권리가 법적으로 보장되었으며, 이를 실현하기 위한 국가적인 차원의 의무와 노력이 요구되고 있다(Thimm, 1994).

지금까지 유럽과 독일을 중심으로 하여 원시 및 고대시대를 필두로 오늘날까지 특수교육의 역사에 대하여 개괄적으로 살펴보았다. 이에 특수교육의 역사적 흐름을 요약해 보면 멸절의 시대를 비롯하여 교육적 배제의 시대, 분리 교육의 시대를 거쳐 오늘날 통합교육의 시대를 맞이하는 등 전반적으로는 과거에 비하여 장애인에 대한 사회적인 인식이나 장애인 정책이 점진적으로 발전하고 있음을 쉽게 알 수 있다. 그럼에도 불구하고 오늘날에도 여전히 세계 곳곳에서는 장애인에 대하여 인간의 기본권인 생명권을 비롯하여 교육권을 박탈하거나 제한하는 등 사회적인 차별과 불이익이 발생하는 경우도 여전히 있음을 알 수 있다. 더군다나 현재에서 그리 멀지 않은 시기였던 독일의 나치 시대에서는 마치 원시나 고대 시대와 마찬가지로 국가적 차원에서 이른바 "합법적"으로 장애인에 대한 참혹한 학대와 살해 등 '제2의 멸절의 시대'가 재현되었던 것이었다(김기홍, 2014).

인류 역사의 발전 법칙에 관한 체계적인 견해인 사관(史觀)에는 실증사관을 비롯하여 식민사관, 민족사관, 유물사관, 문명사관, 역사주의사관, 우연사관, 영웅주의사관 및 순환론적 사관 등 매우 다양한 유형이 있다. 그 중에서도 특히 순환론적 사관은 역사의 규칙성이나 법칙성의 기초 위에서 역사가 반복된다는 관점이다. 이러한 관점에서 볼 때 과거의 오랜 전통적인 분리교육에서 오늘날 통합 교육적 패러다임(paradigm)으로까지 거듭하여 발전하는 장애인에 대한 교육적 태도와 사회 정책이 미래사회에서는 어떤 더 좋은 모습으로 나타날지에 대한 기대감과 더불어 악화될 수도 있다는 개연성으로 말미암은 불안감도 떨칠 수 없는 것이 사실이다. 더군다나 현대 사회가 과학화, 정보화에 이어서 최근에는 제4차 산업혁명 시대를 맞이하여 개인의 절대적이고 무조건적인 가치와 존엄성의 기본원칙이 경제성이나 합리성 혹은 생산성 등의 사회적 기대와 규범에 따라서 평가될 수도 있는 위험성도 동시에 증가할 수 있다는 우려이다. 비록 이러한 인간에 대한 기본적인 인권이나 존엄성 침해에 대한 외현적인 위험성을 예방하고 조절할 수 있는 사회 법령이나 복지시스템이 무수하게 제정되고 강구된다 하더라도 인간의 내면에 깊이 자리 잡고 있는 이른바 사회적 소외계층에 대한 이질감이나 거부감 혹은 분리 본능 등 부정적인 인간의 본성까지 제어하기는 만만찮을 것이기 때문이다. 이에 본 연구는 독일이 나치 시대의 정치이념을 바탕으로 펼쳤던 장애인 정책의 실태와 만행을 고발하고 이를 비판함으로써 앞으로 인류 역사에 이러한 반인륜적인 참혹한 망령의 역사가 두 번 다시 재현되지 않도록 오늘날의 시대정신(時代精神, Zeitgeist)을 돌아보고 철저하게 경계하기 위한 자그마한 계기를 마련하는 데 그 의미를 찾고자 한다.

2. 연구문제

본 연구는 특수교육의 역사 가운데서 특히 독일의 나치 시대를 중심으로 장애인 정책에 대한 실태를 고발하고 비판하며 그 시사점을 찾아보고자 한다. 이러한 연구목적을 달성하기 위하여 다음과 같이 세 가지 연구문제를 설정하고자 한다.

첫째, 고대로부터 현대에 이르기까지 독일의 역사적 배경을 개괄적으로 살펴본다.

둘째, 히틀러의 생애 및 정치적 이념을 살펴보며, 독일 민족사회주의 시대의 장애인 관련 정책에 관하여 구체적으로 알아본다.

셋째, 독일 나치 시대의 장애인 정책을 비판함과 동시에 그 시사점을 탐색해 본다.

3. 연구방법

본 연구는 먼저 질적 연구의 한 형태인 역사적 연구를 실시하고자 하는데, 역사적 연구는 과거에 발생한 사실이나 사건을 발견하고 서술함으로써 그 의미를 해석하는 연구이며, 과거 역사를 통하여 현재를 이해하고 미래를 예견하고 준비하고자 하는 연구를 말한다. 이에 역사연구의 타당성을 확보하기 위하여 광범위하고 체계적인 자료 및 정보를 수집하고 동시에 다양한 자료를 다각적으로 분석하여 진실성과 객관성을 보장하고자 한다.

이러한 연구방법을 배경으로 연구 목적을 달성하기 위하여 주로 국내외 관련 문헌, 논문 및 인터넷 검색과 과거의 역사 현장 방문 등을 통하여 독일의 역사, 히틀러의 생애 및 사상, 독일의 민족사회주의 시대의 장애인 정책에 대하여 각각 분석·고찰하고자 한다.

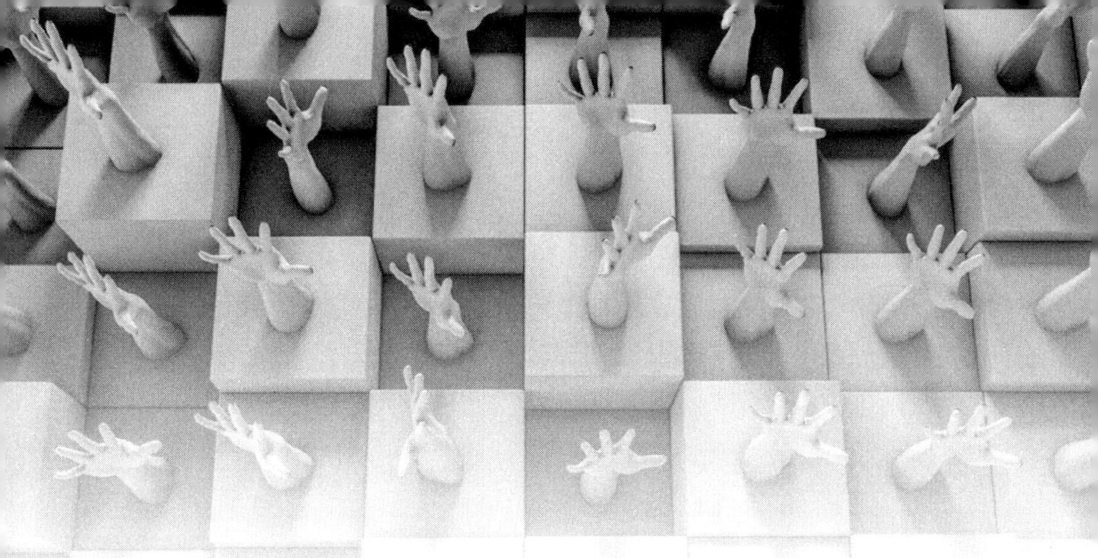

제 II 장

독일의 역사적 흐름의 개관

1. 게르만 민족의 대이동과 로마제국의 멸망
2. 프랑크 왕국 시대
3. 신성로마제국
4. 프로이센과 독일 통일시대
5. 독일제국과 제1차 세계대전
6. 독일 바이마르 공화국 수립
7. 독일 나치정권과 제2차 세계대전
8. 독일의 분단과 재통일

제II장
독일의 역사적 흐름의 개관

오늘날 독일의 공식 명칭은 독일연방공화국(Bundesrepublik Deutschland, BRD)이며, 16개의 주(州)로 형성되어 있는 유럽의 중부에 위치한 나라이다. 본 장에서는 히틀러와 민족사회주의 시대의 역사적 배경을 알아보기 위하여 고대로부터 오늘날까지 독일의 역사를 개괄적인 측면에서 간단히 살펴보고자 한다(김진웅 외, 1994; 린드먼, 2017; Herbert, 2014).

1. 게르만 민족의 대이동과 로마제국의 멸망

독일인은 게르만 민족의 일파(一派)로서 기원 후 375년경에 중앙아시아의 유목민족인 훈족 또는 흉노족(Huns)이 동고트족(Ostrogoths)을 공격하면서 본격적인 이동이 시작되었다. 또한 게르만 민족의 다른 한 분파인 서고트족(Visigoths)은 동고트족의 이동으로 말미암아 382년경에 남쪽으로 이동하여 로마제국에 침입하여 395년경에는 로마제국이 동서로 분열되었고 455년경에는 아프리카의 반달족(Vandals)에 이어 게르만족의 용병대장인 오도아케르(Odoacer, 434-493)에 의하여 476년경에 멸망하게 되었다. 이후 게르만 민족은 각 부족별로 유럽에 여러 왕국을 건립하였는데, 예를 들어 동유럽 쪽에서 서고트족은 오늘날 스페인 지역, 동고트족은 이탈리아 지역, 반달족은 아프리카 북부, 부르군드족(Burgundians)은 오늘날 프랑스에 해당하는 갈리아 지역에 각각 왕국을 건설하였던 것이었다. 한편 서유럽 지역의 게르만 민족 가운데 프랑크족(Franks)은 갈리아 북부지역, 롬바르드족(Lombards)은 북부 이탈리아 지역에 각각 왕국을 세웠으며, 앵글로-색슨족(Anglo-Saxons)은 영국과 프랑스 사이에 위치한 도버(Dover) 해협을 건너 켈트족(Celts)과 스코트족(Scots) 등 원주민을 몰아내고 오늘날 잉글랜드(England)의 기원이 되었다(Bleckmann, 2009).

2. 프랑크 왕국 시대

게르만 민족 가운데 동유럽에 세운 여러 왕국들은 수적 열세나 문화적인 열세 및 종교적인 갈등 등으로 대부분 일찍이 사라졌다. 그러나 서로마제국들 가운데 특히 프랑크왕국(Frankenreich)은 오늘날 프랑스, 독일 및 이탈리아에 해당하는 지역에 국가를 세우면서 유럽 전역에서 세력을 확장하였다. 프랑크 왕국은 프랑스, 벨기에, 독일 및 스위스 지역을 통치한 메로빙거(Merovinger) 왕조(481-751)와 카롤링거(Carolinger) 왕조(751-843)로 지속되었다. 그러나 843년경 루드비히(Ludwig) 1세의 세 아들 간에 영토와 관련한 상속 분쟁이 발생하여 베르덩(Verdun) 조약을 체결하면서 장남이자 황제칭호를 얻은 로타르(Lothar)는 중프랑크, 차남인 카로루스(Karolus) 2세는 서프랑크, 삼남인 루드비히 2세는 동프랑크를 각각 차지함으로써 분열시대를 맞이하게 되었다. 이후 855년에 장남 로타르가 사망하자 두 아들은 다시 메르센(Meerssen) 조약을 체결하였고 이에 따라 중프랑크는 동서로 분리되어 서프랑크와 동프랑크에 각각 편입되었다. 또한 987년에 서프랑크 왕국은 멸망하여 프랑스 왕국, 동프랑크는 독일왕국으로 각각 분리되었다. 특히 독일왕국은 하인리히(Heinrich) 1세(재위 919-936)에 이어 그 아들인 오토(Otto) 1세가 황제로 즉위하여 936년에서 973년까지 집권하였고, 962년에는 교황 요한네스(Johannes, 재위 955-963) 12세가 신성로마제국의 황제로 즉위하게 되었다.

3. 신성로마제국(독일 제1제국)

약 843년경에 분열된 프랑크 왕국 가운데 동프랑크 왕국은 962년에 신성로마제국으로 이어져 약 1806년까지 지속하였다. 신성로마제국은 북쪽으로는 오늘날 독일의 슐레스비히 홀슈타인(Schleswig-Holstein)의 아이더(Eider) 강에서 남쪽의 지중해 해안에까지 이르렀다. 신성로마제국은 교회 세력을 흡수한 오토대제의 정책을 계승하였으며, 독일 내 문제보다는 이탈리아 교황에 대한 협력 및 지원 문제에 깊이 간여함으로 말미암아 제후들과의 갈등이 촉발되어 독립의 움직임이 나타나기 시작하였다. 그 이후에 지방 제후들의 권력 강화와 제후들의 세력 간 분쟁으로 오랫동안 정통황제가 옹립되지 못하고 무질서하고 혼란스러운 대공위시대(大空位時代, 1256-1273)가 지속되기도 하였다. 1438년 이후에는 황제권이 세습제도로 유지해 내려오다가 1806년 나폴레옹(Napoleon, 1769-1821)에 의하여 제국이 해체되고 프랑스의 속국이었던 라인동맹(Rheinbund, 1806-1815)으로 대체되었으며 이는 다시 1815년 빈(Wien)회의를 거쳐 독일연방으로 변경되었다.

4. 프로이센(Preussen)과 독일 통일시대

프로이센은 호엔촐레른(Hohenzollern) 왕가(王家)가 지배했던 독일 북부 지역에 위치한 왕국이며, 1701년부터 1918년까지 존속되었다. 또한 이 왕국은 1871년부터 1918년까지 존속했던 독일제국의 중심 국가이기도 하였다.

프로이센은 13세기경에 독일 기사단국(騎士團國)이 개척한 곳이며, 유럽에서 로마 가톨릭교회를 추종하는 국가들과 개신교를 수용한 국가들 간에 발발한 종교 전쟁인 30년 전쟁(1618-1648) 이후부터 국가적인 형태를 구비하기 시작하였다. 그러나 30년 전쟁 이후 독일은 30여 개의 나라로 분열되기도 하였다. 특히 대선제후(大選帝侯, Great Elector)였던 프리드리히 빌헬름(Friedrich Wilhelm, 재위 1640-1688)은 중앙집권 체제를 강화하고 그 아들인 프리드리히 I세(재위 1688-17 13)라는 프로이센 왕의 칭호를 부여받았다. 그리고 18세기 초에 프리드리히 빌헬름 I세(재위 1713- 1740)는 가부장적인 전제 정치 및 군국주의적인 통치 이념을 바탕으로 국가 체제를 정비하고 상비군을 양성함으로써 절대왕정의 기초를 정립하였다. 이어서 18세기 중반기에는 프리드리히 II세(재위 1740-1786)는 거의 모든 유럽의 강대국이 참전한 오스트리아 왕위계승 전쟁(1740-1748) 및 오스트리아와 프로이센 간의 7년 전쟁(1756-1763) 등을 통하여 프로이센을 오스트리아, 프랑스, 러시아, 영국 등과 나란히 유럽의 5대 강국으로 발전시키는 기초를 마련하였다.

또한 1862년에는 프로이센의 총리가 된 오토 에두아르트 레오폴트 폰 비스마르크(Otto Eduard Leopold von Bismarck, 재위 1815-1898)는 소(小)독일주의로 통일을 추구하던 프로이센과 대(大)독일주의를 지향하던 오스트리아의 합스부르크 왕조 간에 독일 연방 내의 주도권을 둘러싸고 발발한 프로이센-오스트리아 전쟁(보오전쟁, 普墺戰爭, 1866년 6월 17일-1866년 8월 23일)과 오스트리아 제국을 패배시킨 비스마르크가 독일 통일의 마지막 상대였던 프랑스를 제거하여 독일 통일을 완성하고자 일으킨 프로이센-프랑스 전쟁(보불전쟁, 普佛戰爭, 1870년 7월 19일-1871년 5월 10일)을 거쳐 1871년 1월 18일 독일 통일이 선포되어 그 목적을 달성하였다. 또한 1871년에 프로이센 왕인 빌헬름 I세(재위 1871-1888)는 황제, 비스마르크는 재상으로 각각 취임하여 25개로 구성된 연방국가 형태의 독일

제국을 수립하게 되었다. 이때 상원인 연방의회(Bunderat)와 하원인 제국의회(Bundestag)가 구성되었지만, 실권은 황제와 재상에게 집중되어 입법부의 역할은 매우 미미하였다.

5. 독일제국(독일 제2제국)과 제1차 세계대전

독일제국(Deutsches Kaiserreich)은 제2제국이라고도 불리는데, 1871년부터 1918년까지 존속했던 국가이다. 이는 독일 지역에서 근대적 국민 국가의 형태를 탄생시킴으로써 오늘날 독일의 모태가 되었다. 이 당시 유럽 대륙의 국력은 신흥 강국으로 나타난 독일제국을 필두로 한 동맹국 세력과 기존의 열강국인 영국, 프랑스, 러시아제국 등을 중심으로 하는 협상국 세력으로 구분되어 서로 대립하게 되었다. 이어서 20세기 초에 독일제국은 모로코에 대한 지배권을 확보하려는 프랑스와 범슬라브주의를 배경으로 영구 부동항(不凍港)을 확보하려는 제정 러시아 간에 분쟁이 점차 심화되어 갔다.

이러한 독일제국의 무리한 해외 팽창 정책은 결국 비스마르크 체제를 무너지게 하고, 다른 열강세력들과 충돌함으로써 훗날 제1차 세계대전 발발의 원인을 제공하는 데 영향을 끼치기도 하였다. 제1차 세계대전은 1914년부터 1918년까지 주로 유럽국을 중심으로 독일제국, 오스트리아-헝가리 제국, 오스만투르크, 불가리아 등의 동맹국과 대영제국, 프랑스, 러시아, 이탈리아, 일본, 세르비아, 루마니아, 미국 등의 협상국 간의 전쟁이었다. 이 참화는 사실 당시 열강들의 신제국주의가 근본적인 원인으로 작용하였다. 하지만 직접적인 원인은 1914년 6월 28일 오스트리아와 세르비아(Serbia)간 긴장이 증가하는 가운데 세르비아의 한 민족주의자인 가브릴로 프린치프(Gavrilo Princip, 1894-1918)가 사라예보(Sarajevo)에서 오스트리아-헝가리 제국의 왕위 후계자인 프란츠 페르디난트(Franz Ferdinand, 1863-

1914) 대공(大公)을 암살함으로써 오스트리아-헝가리 제국이 세르비아 왕국에게 최후통첩을 하면서 선전포고를 하였다.

그러나 1918년 11월 독일이 패배함에 따라서 독일제국을 비롯하여 오스트리아-헝가리 제국, 러시아 제국, 오스만 제국 등이 무너지고 바이마르 공화국(Weimar Republik)이 수립되었다. 제1차 세계대전에 대한 패전으로 인하여 독일제국은 1919년 베르사이유 조약(Treaty of Versailles)을 근거로 식민지를 상실하고 막대한 배상금 지불, 군비축소 및 알자스-로렌(Alsace-Lorraine) 지역의 프랑스 반환 등 전쟁에 따른 막대한 책임과 부담을 가지게 되었다.

6. 독일 바이마르 공화국(1919-1933) 수립

독일제국은 패전으로 인하여 1919년 5월 연합군과의 베르사이유 조약을 통하여 많은 인구와 영토 및 재정적인 손실을 입게 되었다. 또한 제1차 세계대전 중인 1918년 11월에는 혁명이 발생하여 황제인 빌헬름 2세가 물러나고 추방되어 네덜란드로 망명함으로써 군주제에서 사회주의자 중심세력으로 급부상한 독일 사회민주당(Sozialdemokratische Partei Deutschlands, SPD)에 의하여 공화정으로 전환하기에 이르렀다. 1919년 2월에는 바이마르 헌법을 바탕으로 18개 공화국으로 조직된 연방공화국 형태의 국가임을 선포하고 베를린(Berlin)을 수도로 정하였으며 초대 대통령으로는 프리드리히 에버트(Friedrich Ebert, 재위 1919-1925)가 선출되었다.

그러나 바이마르 공화국은 출범 초기부터 어려움을 겪게 되는데, 무장조직인 스파르타쿠스단(Spartacus Leagued)의 좌익 세력의 혁명 시도(1918년 말-1919년 초)가 있었고 지주, 관료, 산업자본가 및 군부 등 우익으로부터는 제1차 세계 대전의 패전을 바이마르 공화국의 자유평화주의자에게 책임론을 돌리면서 공격을 받게 되었다. 아울러 히틀러의 나치당은 1923년 뮌헨(Muenchen)에서 공화국 타도를 위한 쿠데타를 일으키기도 하였다. 그런 가운데서도 바이마르 공화국은 정치가인 쉬트레제만(Stresemann, 1878-1929)을 통하여 당시 인플레이션 현상이 매우 극심한 때에 통화개혁을 이루어 독일재건의 기초를 마련하였으며, 외교적으로는 1924년 미국의 원조계획도 성립되었고, 1926년에는 국제연맹에 가입하여 상임이사국으로 선출되었다. 이어서 1928년에는 미국의 국무 장관 프랭크 빌링스 켈로그(Frank Billings Kellog, 1856-1937)와 프랑스 외무 장관 아리스티드 브리앙(Aristide Briand, 1862-1932)이 공동 제안하여 파리(Paris)에서 맺은 전쟁 포기에 관한 조약에 미국, 프랑스, 영국, 독일, 이탈리아, 일본 등 15개국이 조인하였고, 이후 소련 등 63개국이 가입한 부전(不戰)조약인 켈로그-브리앙 조약(Kellogg-Briand 條約)에도 서명하였다.

제1차 세계대전 이후 독일은 독일 내의 경제적 폐허, 정치적인 불안정과 더불어 1929년 세계적인 경제 대공황까지 불어닥쳐 실업자가 급증하고 민생이 피폐함으로써 1930년에 내각이 무너졌다. 이어서 대통령 비상내각의 출범과 함께 비상 조치령, 군부세력 및 보수파의 지지를 바탕으로 독재적 정치 성향이 나타나기 시작하였다. 이에 대한 반발로 인하여 중도파나 보수파 세력들은 극우의 민족주의 이념을 가진 나치당의 지지파로 돌아서서 1932년에 공산당과 나치당이 의회의 과반수를 차지할 정도로 다수의 의석을 확보하게 되었다. 그러나 우익세력은 나치를 구심점으로 하여 일치단결하는 반면에 좌익의 공산당 세력은 내분이 발생하였으며, 국내 경제는 대공황으로 말미암아 장기간 국민들의 생활은 점점 곤궁해졌다. 이에 당시 군부를 비롯하여 관료, 농민, 자본가나 중산층마저 나치당을 지지하게 되어 1933년 1월 30일에 파울 폰 힌덴부르크(Paul von Hindenburg, 1847-1934) 대통령은 결국 아돌프 히틀러를 총리로 임명하기에 이르렀다. 이후 나치당은 1933년 2월 27일 공산당원에 의해 발생한 국회의사당 방화사건을 구실로 삼아 사회주의 의원들에 대한 대대적인 탄압을 자행하고 비상법령을 발동하여 시민의 기본권을 폐지하고 총선거에서도 나치가 제1정당으로 집권에 성공하였다. 이어서 1934년에 힌덴부르크 대통령이 사망한 후에 총리였던 히틀러가 결국 최고 권력자인 총통의 권좌에 앉게 됨으로써 바이마르 공화정은 종식을 고하고 말았다(Kolb, 2013).

7. 독일 나치정권(독일 제3제국, 1933-1945)과 제2차 세계대전

독일 나치즘은 아돌프 히틀러(Adolf Hitler, 1889-1945)를 중심으로 당시 국내의 정치 및 경제적인 배경과 더불어 19세기 말 유럽의 반유대주의, (백인)인종주의, 제국주의, 반사회주의, 민족주의 등을 바탕으로 성립되었다. 특히 제1차 세계대전의 패전국으로서의 큰 손실 및 부담과 아울러 경제공황의 시련 등으로 독일 국민의 절망과 패배의식을 교묘하게 역이용하였던 것이었다. 그뿐만 아니라 반대파를 숙청하고 대자본가를 비롯하여 농민, 민족주의자 등의 전폭적인 지지를 받은 나치당은 강력한 세력을 바탕으로 아리안종 및 게르만 민족의 우월성 등 인종주의를 앞세워 유대인, 집시, 소수민족, 장애인 및 정신질환자 등을 대량으로 멸절시키는 일당독재체제를 확립하였다(Krumeich, 2010).

1934년 8월 2일 힌덴부르크 대통령의 사망과 동시에 총통이 된 히틀러는 본격적으로 독재자의 길을 걷기 시작하는데, 당시 어려운 경제 상황에서 미국의 뉴딜정책을 모방하여 대규모 공공사업을 추진하고 군수산업확대와 고속도로의 확충 등으로 위기를 극복하게 된다. 독일국민들의 대대적인 지지를 바탕으로 경제를 회복하는 등 국내의 모든 권력을 장악한 히틀러는 대외적으로 1935년에는 베르사이유 조약 파기와 재무장을 선언하여 군사력이 급속하게 증가하였다. 1936년에는 베를린 올림픽을 유치하였고, 1938년에는 오스트리아, 1939년에는 체코슬로바키아를 각각 점령하였다. 특히 1939년 9월 1일 독일군이 폴란드를 침공함으로써 제2차 세계대전이 시작되어 그

참상은 1945년까지 지속되었다. 전쟁직후에 독일군은 유럽의 대부분 지역을 점령하였고, 일본도 독일과 동맹을 맺어 미국의 진주만을 기습공격하기에 이르렀다. 그러나 독일군은 스탈린그라드 전투(Stalingrad 戰鬪, 1942년 8월 21일-1943년 2월 2일)의 패배, 독일의 동맹국이었던 이탈리아의 항복, 1944년 6월 6일 연합군의 노르망디(Normandy) 상륙작전 패배 등으로 전세가 역전되어 결국 1945년 5월 8일 소련의 붉은 군대(Red Army)가 베를린을 점령하자 항복함으로써 드디어 제2차 세계대전은 막을 내리게 되었다(Piper, 2007).

독일의 제3제국은 원래 구약성경의 번제(燔祭)의 의미를 왜곡하여 홀로코스트(Holocaust)라 불리는 대량 학살을 통하여 수많은 반대세력과 소수집단을 탄압하고 멸절시켰는데, 특히 유대인, 집시, 폴란드인, 소련의 전쟁포로, 동성애자 그리고 수많은 장애인 등 약 1,700여만 명이 참혹하게 희생되었다.

8. 독일의 분단과 재통일(1945-1990)

제2차 세계대전과 나치는 유럽에서 4천여만 명이 넘는 인명의 희생과 인류역사에서 씻을 수 없는 큰 상흔을 남긴 채 종결되었다. 제2차 세계대전에서 패배한 독일에는 미국, 영국, 프랑스, 소련군 등 4개국의 연합군이 진주하여 소련은 동독 및 동베를린, 나머지 3개국 군대는 서독과 서베를린에 각각 주둔하였다. 1949년 5월 23일 서독지역에 독일연방공화국(Bundesrepublik Deutschland, BRD), 동독지역에는 독일민주공화국(Deutsche Demokratische Republik, DDR) 정부가 각각 수립되었다. 베를린지역은 여전히 동서로 나뉘어져 동베를린은 동독의 수도였던 반면에, 서독은 본(Bonn)을 수도로 각각 정하였지만 통일을 염두에 두고 임시적인 수도로서의 지위를 부여하였다(Grünbaum, 2010).

서독은 미국, 영국, 프랑스와 동맹을 맺고 시장경제와 연방제 의회 공화국 체제를 구성하여 장기적인 경제발전을 이루었으며, 1955년에 북대서양조약기구(North Atlantic Treaty Organization, NATO)에 가입하였으며 1957년에는 유럽경제 공동체(European Economic Community, ECC)의 회원국이 되었다. 한편 동독은 바르샤바조약기구(Warsaw Treaty Organization, WTO)과 소련 점령군의 정치 및 군사적 통치하에 있었으며, 실제적인 권력은 독일 사회주의 통일당(Sozialistische Einheitpartei Deutschlands, SED)의 정치국원들에게 집중되어 사회전반을 통제하고 있었다. 1961년 8월 13일에는 서베를린으로 탈출하는 동독인들을 막고자 동서 베를린 사이에 장벽을 세우기도 하였다.

1970년대에는 서독의 빌리브란트(Willy Brandt, 1969-1974년 재임) 수상이 동서독 간의 긴장완화를 위하여 동방정책(Ostpolitik)을 표방하여 1972년에는 동서독 간 기본조약을 체결하고 1973년에 유엔에도 동시에 가입하였다. 1985년에는 소련의 고르바초프(Mikhail Sergeyevich Gorbachev, 재임 1985-1991) 서기장이 개혁과 개방정책을 펼쳐 1988년 동구권 유럽의 사회주의 국가들에 대하여 불간섭을 선언하였다. 1989년 5월에는 헝가리가 철의 장막을 제거하였으며, 8월에는 국경을 개방하였다. 이어 같은 해 9월 11일에 동독인 수천여 명이 헝가리 국경을 통하여 서독으로 대량 탈출을 하게 되었다. 이를 계기로 동독 당국은 11월에 동독국민들에게 서방에 대한 국경 개방조치를 단행하였으며, 1989년 11월 9일 밤에 독일인들은 동서베를린 장벽을 무너뜨렸으며, 1990년 9월 12일에는 2개국(동서독)+4개국(미, 영, 프, 소)조약으로 과거 독일의 항복문서에 따른 독일의 주권이 회복되었다. 이에 1990년 10월 3일 독일은 공식적으로 재통일을 완성하였으며, 동독의 다섯 주가 독일 연방공화국에 귀속되어 현재 총 16개주를 이루고 있다.

1994년 3월 10일 의회는 베를린을 통일독일의 수도로 지정하였고, 본은

연방도시(Bundesstadt)라는 특수한 지위를 부여받았고, 1999년 수도를 베를린으로 이전하였다. 통독 이후에 실업자 증가, 고물가 및 구동서독 국민간 사고방식의 차이 등으로 여러 가지 문제가 발생하기도 하였다. 하지만 굳건한 경제력과 정치적 안정 등 막강한 국력을 바탕으로 오늘날 국제적으로도 미국, 러시아, 영국, 캐나다, 프랑스, 이탈리아, 일본 등이 가입된 G8(주요 8개국 정상회담, Group of Eight)과 EU(유럽 연합, European Union) 등의 기구에서 핵심적인 국가 중 하나로 자리매김을 하고 있다.

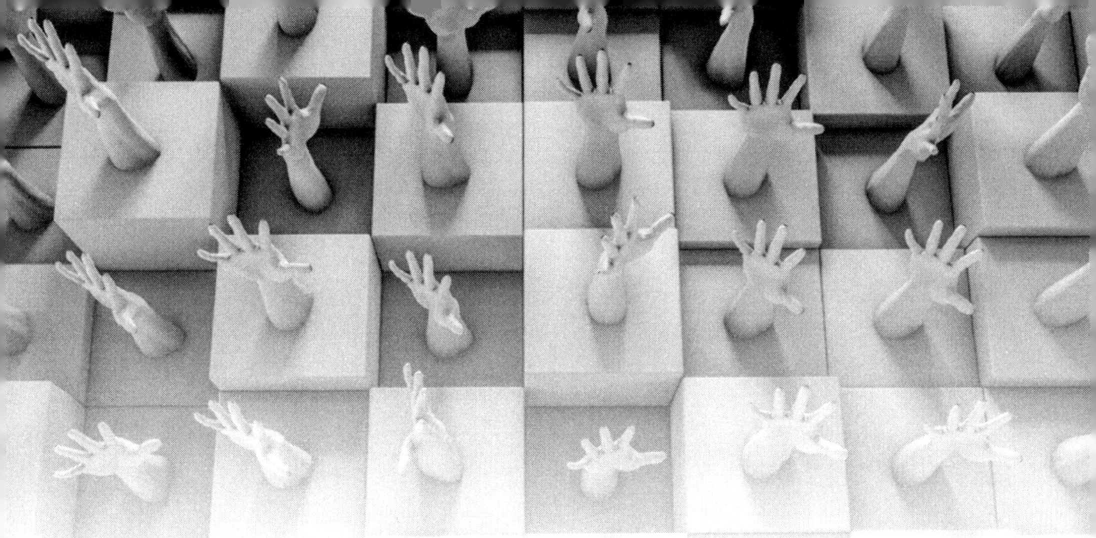

제 III 장

아돌프 히틀러의 생애와 정치 이념

제Ⅲ장 아돌프 히틀러의 생애와 정치 이념

본 장에서는 독일 민족사회주의의 중심 인물이었던 아돌프 히틀러의 생애와 그의 정치적 이념에 대하여 구체적으로 살펴보고자 한다.

아돌프 히틀러는 1889년 오스트리아에서 출생하여 1945년 베를린에서 사망한, 독일제국(1933-1945) 시대의 총통이자 독재자였다. 그는 1921년 7월 29일에 민족사회주의 독일 노동자당(Nationalsozialistische Deutsche Arbeiterpartei, NSDAP)의 당수가 되었다. 이어서 1923년 11월 8일 뮌헨(Muenchen)에서 에리히 루덴도르프(Erich Ludendorff, 1865-1937)와 에른스트 룀(Ernst Roehm, 1887-1934) 등과 함께 쿠데타를 일으켜 바이마르(Weimar) 공화정(1919-1933)을 무너뜨리려고 시도하였다. 히틀러는 당시 수많은 사상자와 내란 혐의로 11월 11일 체포되어 5년형을 선고받았지만, 뮌헨의 란츠베르크(Landsberg) 감옥에서 약 13개월 수감생활을 한 후 1924년 12월에 가석방 조치를 받았다. 그 당시 그가 감옥에서 집필한 『나의 투쟁*Mein Kampf*』에서 이미 민족사회주의, 반유대주의, 반공산주의, 인종주의 등의 주요 정치이념들이 강하게 각인되어 있음을 알 수 있다(Pyta, 2015).

히틀러는 1933년 1월 30일 바이마르 공화국 대통령이었던 파울 폰 힌덴부르크(Paul von Hindenburg, 1847-1934)로부터 정부 수반으로 임명되었다. 그 후 히틀러 정권은 테러를 비롯하여 긴급조치, 통제법률, 기구 조직 및 당(黨) 조직 금지를 통하여 다원주의적 민주주의, 연방주의, 법치국가 등의 모든 원칙을 강력하게 불허하였다. 또한 히틀러의 수많은 정적(政敵)들은 강제수용소에 투옥되고, 고문을 당하거나 혹은 살해되기도 하였다. 1934년 8월 2일 힌덴부르크 대통령 사후에 히틀러는 정부 수반과 아울러 공화국 대통령의 자리를 겸직하는 총통으로서 무소불위의 권력을 거머쥐었던 것이다.

한편 1933년부터 독일 내에 거주했던 유대인들은 삶에 점점 더 극심한 제한을 받고 권리를 박탈당하기 시작하였는데, 특히 1935년 9월 15일에는 독일 내에 있는 유대인들을 법적인 근거를 바탕으로 압제하기 위하여 뉘른베르크 인종법 혹은 아리아법(Ariergesetz)이라고도 불리는 뉘른베르크법(Nuernberger Gesetz)이 제정되었다. 뉘른베르크법령 중 이른바 '독일혈통 및 독일 명예보호법(Gesetz zum Schutz des deutschen Blutes und der deutschen Ehre)'은 "독일 혈통의 순수함이 독일민족의 존속을 위한 전제조건이 될 것"이라는 가정 하에서 정립되었다. 이는 "혈통보호법(Blutschutzgesetz)"이라고도 불리었다. 이 법에 의거하면 유대인과 비유대인은 결혼할 수 없으며, 이를 어기고 혼인한 부부는 무효로 간주되었다. 또한 혼외 성관계를 가지는 것도 허용되지 않았다. 이 법의 시행령에는 유대인들이 비유대인 가정에서 가정부로 일하는 것을 금지하였고, 독일 국기를 게양할 수 없었으며, 당시 독일 국기의 색깔인 흑(黑), 백(白), 적(赤)도 표현할 수 없었다. 이를 위반할 경우에는 벌금이나 교도소로 갈 것이라고 위협을 받기도 하였다(Longerich, 2015).

뉘른베르크법 가운데는 "제국시민법(Reichsbuergergesetz)"도 속하는데, 이는 민족사회주의 독일에서의 제국시민(Reichs-zugehoerigkeit)에 대한 규정이다. 이 법의 시행령에는 유대인의 종교나 신념을 가진 독일 국민들은 제국시민으로 인정하지 않는다고 규정되어 있다. 아울러 유대인들이 선거권을 가지거나 공직에 진출하는 것은 엄격히 제한받았다. 이에 유대인 공무원들은 1935년 1월 31일부로 강제 퇴직하도록 하였으며, 나치 정권은 이 법령들을 엄격하게 시행하였고, 자신이 비유대인 출신이라는 것을 증명하지 못하는 경우에는 처벌받도록 정하였다. 또한 히틀러와 민족사회주의자들은 제국시민법의 시행령에서 다음과 같은 사람을 유대인으로 간주하였다(Essner, 2002).

- 최소한 세 명의 유대인 조부모를 가진 자
- 두 명의 유대인 조부모를 가지고, 이 법령이 공포된 후에 유대인 종교를 가진 자
- 유대인과 결혼한 자이거나 부모 중에 한 사람이라도 유대인인 자 등

그리고 1938년 11월 9일과 10일의 이른바 "11월의 박해(November-pogrome)"를 통하여 그들을 실제적으로 탄압하는 정책이 시행되었다. 전국에서 유대인 소유의 기업은 차별대우를 통하여 파산하고, 유대인은 지방정부와 법원, 대학에서 축출되기도 하였다. 또한 독일 내 유대인들은 시민권을 완전히 빼앗겼고, 독일인과의 결혼도 허용되지 않았으며, 모든 유대교 예배당과 유대인 기관이 사실상 파괴되었다. 아울러 수많은 유대인들이 집단수용소에 강제 감금되었고 그들의 재산 대부분은 가혹한 벌금과 함께 몰수되었다.

외부적으로는 1919년 6월 28일 독일과 연합국 사이에 맺은 베르사이유조약(Treaty of Versailles)에서 독일에 대한 엄청난 배상액 요구 및 책임전가와 더불어 미온적인 조약실행이 결국 히틀러로 하여금 적개심과 더불어 군국주의를 촉발시킨 한 요인으로 작용하였다. 당시 민족사회주의자들은 독일의 경제, 사회 및 외교 정책이 매우 성공적인 것으로 국내에 선전했으며, 1939년까지 히틀러의 인기는 독일에서 점점 높아지고 있었다.

1938년 2월 4일 히틀러는 스스로를 국방군(Wehrmacht)의 총사령관으로 명명하고 모든 작전명령(지휘)권을 장악하였다. 이어서 같은 해 3월 12일 독일 국방군은 오스트리아로 진군하여 오스트리아의 국민투표를 통하여 결국 4월 10일 독일에 합병되었다. 1938년 9월 30일 히틀러의 강력한 요구로 독일은 체코슬로바키아에서 독일인 거주자 다수가 살고 있는 주데텐란트(Sudetenland)를 재합병하기 위하여 연합군과 뮌헨 협정(Muenchner Abkommen)을 체결하였다. 이어서 1939년 9월 1일, 결국 독일이 폴란드를 기습공격함으로써 유럽에서 제2차 세계대전이 발발하였다. 이어서 1940년 7월 31일에는 동부 쪽의 세력 확장을 위하여 국방군의 최고사령부에 소련에 대한 공격 명령을 하달하였다(Beevor, 2014).

이렇게 시작된 제2차 세계 대전으로 말미암아 독일의 민족사회주의자들과 그 가담자들은 국내외적으로 수많은 집단범죄와 민족말살행위를 저질렀다. 특히 히틀러는 1939년 여름에 이미 강제적인 안락사에 대한 준비 훈령을 내렸는데, 1939년 9월에서 1941년 8월까지 베를린에서 'Aktion T-4'로 명명된 국가의 조직적인 범죄에 의하여 7천여 명 이상의 정신질환자, 지적장애 및 지체장애인들이 무참하게 희생되었다. 또한 강제적 안락사로 최소한 19만 명이 목숨을 잃었으며, 강제수용소에서 약 6백만 명의 유대인과 더불어 집시들을 대상으로 자행된 대학살, 이른바 포라이모스(Porajmos)에서 약 50만 명가량이 '반사회적 존재(Asoziale)'로 낙인이 찍힌 나머지 죽임을 당하였다. 이러한 독재자의 반인륜적이고 광적인 범죄 행위는 독일을 비롯한 유럽 및 전 세계에 걸쳐 수백만 명의 희생자와 형용할 수 없는 참혹한 상처를 남긴 채 제2차 세계대전은 종결되었다(Thamer/Erpel, 2010).

1. 아돌프 히틀러의 생애

아돌프 히틀러는 〈표 1〉과 같은 자신의 가족이나 출생에 관해 극비로 취급하여 방송이나 문헌을 통한 정보 노출을 엄격하게 금지시켰다(https://de.wikipedia.org).

특히 그는 1923년부터 정치적인 이유로 정적(政敵)에 대해서는 자신의 출생에 대한 구체적인 내용을 침묵하였다. 예를 들어, 1930년에는 자신의 이복형제인 아로이스 2세(Alois Hitler junior, 1882-1956)와 또 그의 아들인 윌리암 파트릭 히틀러(William Patrick Hitler, 1911-1987)가 방송에서 자신을 친척으로 소개하는 것을 금지하였고, 1938년 오스트리아에 대한 합병 이후에는 자신의 부모와 조부모의 고향이며 군사보호 지역이었던 오스트리아의 될러스하임(Doellersheim)과 쉬트로네스(Strones)에 대하여 해명하기도 하였다. 또한 1942년까지 대규모의 군 훈련장 건설을 위하여 이 지역에 약 7천여 명의 주민을 이주시켰으며, 동시에 자신의 조상에 대한 수많은 기념현판이나 조모(祖母)의 추모비도 제거하였다(Jasper, 1986).

독일의 기자이며 저술가인 볼프강 치드랄(Wolfgang Zdral, 1958-현재)에 따르면, 히틀러는 이로써 자신이 아리아족보다는 유대인의 혈통일 것이라는 계속적인 세간의 의심을 사전에 차단하고, 또 그 부모의 근친상간에 대한 비난을 막고자 하였다는 것이다. 또한 히틀러가 정치적 활동을 시작할 즘에 생존해 있는 친척들과의 관계 해명에 있어서도 대부분은 유보적이거나 의도적인 거리두기 입장을 보였다. 그러나 그의 이복동생인 앙겔라 히틀러(Angela Hitler, 1883-1949)와 그녀의 딸이며 히틀러 자신이 후견인 역할을 위임 받은 겔리 라우발(Geli Raubal, 1908-1931)과의 관계는 예외였다고 한다. 지금까지 알려진 히틀러의 부인이었던 에바 브라운(Eva Braun, 1912-1945)을 둘러싼 친·인척 간 가세도의 개략은 〈표 2〉와 같다.

표 1 아돌프 히틀러의 친 · 인척 가계도

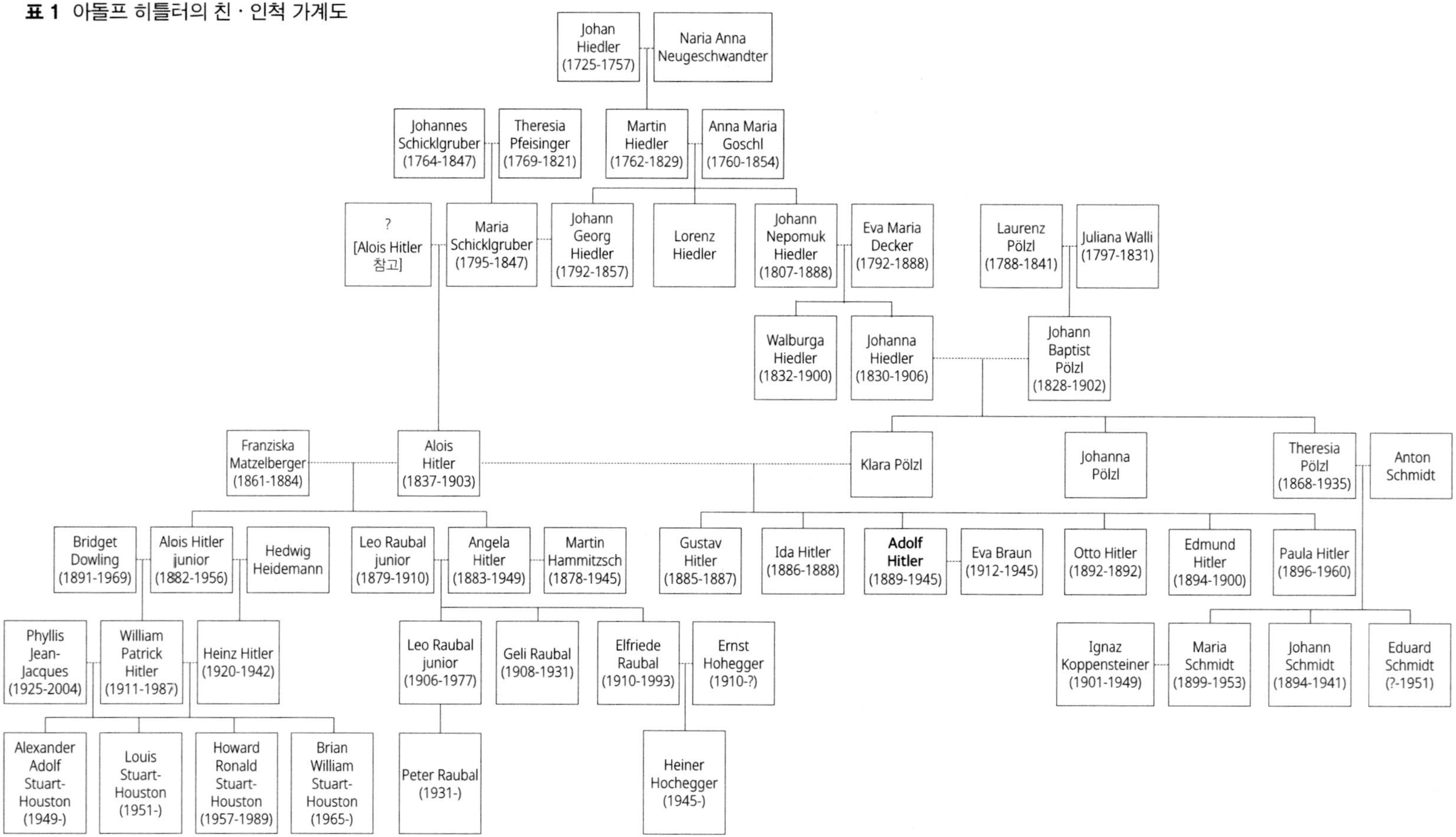

표 2 에바 브라운의 친 · 인척 가계도

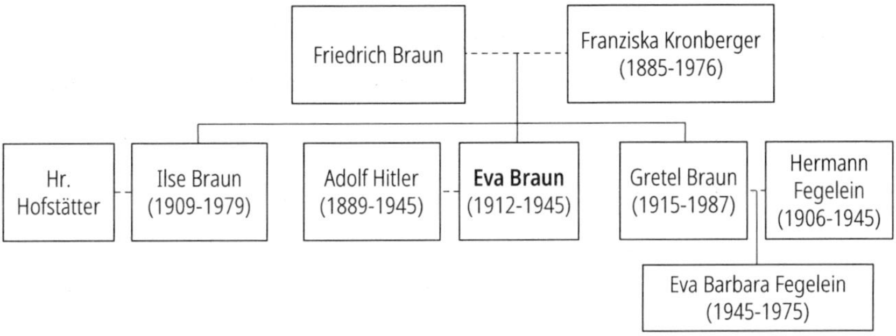

아돌프 히틀러

아돌프 히틀러의 가족은 원래 현재 체코의 한 지방인 보헤미아(Boehmen)와의 국경선 근교인, 오스트리아 동북부의 주 니더외스트라이히(Niederoesterreich)의 소도시 출신이었다. 히틀러의 아버지는 세관원이었던 아로이스 히틀러(Alois Hitler, 1837-1903)이고, 어머니는 그의 세 번째 부인으로, 히틀러의 아버지 집에서 가정부로 일했던 클라라 푈츨(Klara Poelzl, 1860-1907)이다. 아로이스 히틀러는 클라라 푈츨의 6촌 고모부였다. 히틀러의 아버지는 사생아였으며, 39세까지 그의 어머니인 마리아 안나 쉬클그루버(Maria Anna Schicklgruber, 1796-1847)의 성(姓)을 가지고 있다가, 1876년에 히틀러(Hitler)로 변경하였다.

아돌프 히틀러는 셋째로 태어났는데, 형 구스타프 히틀러(Gustav Hitler, 1885-1887)와 누나 이다 히틀러(Ida Hitler, 1886-1888)는 백일해 및 파상풍인 디프테리아(Diphtheritia)로 아돌프 히틀러의 출생 전에 이미 사망하였다. 또 동생 가운데 출생 6일 만에 수두증(Hydrocephalus)으로 사망한 오토 히틀러(Otto Hitler, 1892-1892), 홍역(Maser)으로 숨진 에드문트 히틀러(Edmund Hitler, 1894-1900)와 파울라 히틀러(Paula Hitler, 1896-1960)가 있었다. 그 외에도 히틀러에게는 아버지의 두 번째 부인인 프란치스카 마첼스베르거(Franziska Matzelsberger, 1861-1884)가 낳은 아로이스 2세(Alois Hitler junior, 1882-1956)와 앙겔라 히틀러(Angela Hitler, 1883-1949) 등 두 남매가 더 있었는데, 이들의 친 어머니가 사망한 후에는 히틀러의 부모 밑에서 함께 성장하였다(Rißmann, 2001).

히틀러는 가족들의 잦은 이사로 인하여 1895년부터 1899년까지 파사우(Passau)와 람바흐(Lambach)에서 여러 초등학교를 다녔으며, 비교적 좋은 성적을 보였다고 한다. 그러나 1900년에 오스트리아의 오버외스트라이히(Oberoesterreich) 주의 레온딩(Leonding)으로 이사한 후에는 국립 레알슐레(실업계 중등학교)에 입학했지만, 의욕상실과 변덕스러운 습관 등의 결과로 두 번이나 학업성적이 불량하였고 결국 진급이 불가능하여 졸업에까지 이르지는 못하였다. 이 학교에 재학했던 동안 히틀러는 오스트리아의 목사이며 1901년에서 1904년까지 그의 종교교사였던 프란츠 잘레스 슈바르츠(Franz Sales Schwarz, 1849-1912)의 종교수업 시간은 매우 경멸한 반면에, 민족주의 성향을 가진 역사교사였던 레오폴트 푀취(Leopold Poetsch, 1853-1942)의 지리학 및 역사수업에는 매우 큰 관심을 기울였다. 히틀러는 이 수업을 통하여 반유대주의와 더불어 민족이나 인종혼합 사상을 가진 오스트리아 왕국에 반대하는 기본적인 태도가 형성되었을 것이다. 특히 1925년 자신의 저서인 『나의 투쟁』에서 히틀러는 역사교사였던 푀취의 달변에 대하여 매우 깊은 인상을 받은 것으로 표현하는 등 긍정적으로 평가하였다. 또한 히틀러는 실업계 중등학교인 레알슐레 재학 중에 한평생 존경했던 독일의 모험소설의 저술가였던 칼 마이(Karl May, 1842-1912)의 저서를 즐겨 읽었다. 히틀러의 부친은 아들이 공무원이 되길 바랐으며, 히틀러의 부족한 학구열에 대하여 종종 엄하게 매질을 하였다. 1903년 초에 히틀러의 아버지가 사망하고 그 이듬해인 1904년에 히틀러의 어머니는 아들 히틀러를 오버외스트라이히 주의 쉬타이어(Steyr)에 있는 실업계 학교 레알슐레(Realschule)로 보냈다. 그러나 히틀러는 저조한 학교 성적으로 말미암아 9학년으로 진급이 불가능하여 졸업을 못하였고, 1905년에 다시 어머니가 있는 린츠(Linz)로 돌아가서 그곳에서 처음으로 민족주의적 사상의 서적들을 많이 탐독하기 시작하였다(Herbst, 2010).

린츠에서 히틀러는 친구, 교사 및 신문 등을 통하여 극단적인 반유대주의자들의 사상과 19세기 독일어를 쓰는 민족을 하나의 국가로 통일하고자 하는 정치 이념인 범독일주의(汎獨逸主義)의 창시자이며 오스트리아의 정치인인 게오르크 폰 쇠너러(Georg von Schoenerer, 1842-1921)의 사상을 배웠다. 히틀러는 저서 『나의 투쟁』에서 자신의 학교생활을 아버지에 대한 일종의 학습파업으로 표현하였으며, 중증의 폐질환이 학교졸업을 수포로 돌아가게 한 원인으로 주장하고 있다. 또한 아버지의 잦은 폭력성이 후일 히틀러의 성격 등 성장과정에 매우 부정적인 영향을 미친 것으로 보기도 한다. 또한 그는 독일의 작곡가인 리하르트 바그너(Richard Wagner, 1813-1883)의 오페라 가운데 특히 5막의 오페라 형식인 리엔치(Rienzi)에 심취하였다(Schmidt, 2007).

1903년부터 히틀러는 결손가정 연금으로 생계를 유지했으며, 이어서 1905년부터는 그의 어머니와 이모인 요한나 푈츨(Johanna Poelzl, 1863-1911)의 재정적인 지원을 받아 규칙적인 일을 하지 않아도 생활이 가능하였다. 1907년에 히틀러의 어머니는 유방암 확진을 받았고, 유대인 주치의인 에두아르트 브로흐(Eduard Bloch, 1872-1945)의 치료를 받았다. 그 당시 히틀러의 어머니는 건강상태가 급속히 악화되어 화학요법의 일종으로 요오드포름(Iodoform)으로 암성종양(癌性腫瘍)을 직접 치료하려 했지만, 과다 처방에 따른 부작용으로 결국 1907년, 히틀러의 나이 18세 때 세상을 떠났다(Kershaw, 2011).

히틀러는 1906년부터 화가의 꿈을 가졌지만, 여러 번의 좌절을 통하여 스스로를 평생 동안 인정받지 못한 예술가로 여겼다. 1907년 10월에 히틀러는 빈(Wien) 예술대학의 일반화가 학교에서 미술을 공부하기 위해 지원했지만 실패하였다. 그는 우선 빈에 머물다가 10월 24일 그의 어머니가 몇 주밖에 살 수 없다는 것을 알고 다시 린츠로 돌아갔다. 히틀러 어머니의 유대인 주치의였던 브로흐와 히틀러 여동생의 진술에 의하면, 히틀러는 1907년 12월 21일 어머니가 사망할 때까지 부모의 가사 일을 돌보았다고 한다. 그는 이틀 동안 장례를 치르고 어머니의 주치의였던 브로흐에게 감사하며 자신의 그림 몇 점을 선물로 주었으며, 그 이후 1938년에는 유대인이라는 이유로 비밀경찰에게 체포될 위기에 빠진 브로흐를 보호하여, 안전하게 프랑스로 도피하도록 도움을 제공하였다고 한다.

히틀러는 미술학도로 행세하면서 1908년 1월부터 1913년까지 매달 25크로넨(Kronen, 1871-1924년의 독일 금화)의 고아연금을 수령했으며, 사망한 어머니로부터는 받은 천 크로넨의 유산으로 약 1년간 빈에서 생계를 유지했다. 히틀러는 단순히 밥벌이만을 위한 직업(Brotberuf)을 경멸하였고, 빈에서 예술가가 되기를 희망했다. 1908년 2월에 히틀러는 당시 유명한 무대 연출가 알프레트 롤러(Alfred Roller, 1864-1935)의 팀에 들어가 오페라 무대 설치 보조로도 일했으며, 같은 해 8월에 경제적으로 허덕일 때 이모인 요한나(Johanna)로부터 924크로넨의 돈을 빌리기도 하였다. 또 9월에는 예술대학교 입학시험에 응시했지만 낙방하였고, 고아연금을 계속 받기 위하여 친척들에게는 이러한 실패 사실과 거주지에 대하여 알리지 않았다. 그래서 히틀러는 이사할 때에 늘 자신을 저술가 혹은 미술학도로 소개했는데, 그쯤 오스트리아 군대로부터 징집을 명령받았다(Pätzold/Weißbecker, 1995).

1905년에서 1908년 사이에 히틀러가 린츠와 빈에서 생활할 때 같은 숙소를 사용했던 아우구스트 쿠비첵(August Kubizek, 1888-1956)에 따르면 당시 히틀러는 정치보다 바그너(Wagner)의 오페라에 더 심취해 있었다. 그는 1908년 11월에 이사한 후에는 경제적인 어려움이 더 심해져 항상 시내로부터 멀리 떨어진 외곽에 방을 얻어 거주하였다. 1909년 가을에는 3주 동안 빈의 젝스하우저(Sechshauser) 56번가로 이사하였으며, 그 이후 3개월은 관할 관청에 전입신고도 없이 살기도 하였는데, 어느 고발장에서의 히틀러의 진술에 따르면 아마도 그는 빈의 도심지로부터 남서쪽에 위치한 마이들링(Meidling)에서 노숙자로 지냈을 것으로 추정된다. 히틀러는 1910년 초에 멜데만(Meldemann) 거리에 있는 남자기숙사로 이사를 하였는데, 그 이후 1938년에는 빈 등 자신이 거주했던 장소와 관련된 모든 서류들을 강제 압류하기도 하였다(Steinert, 1994).

히틀러는 1910년부터 빈의 그림엽서들을 모사(模寫)하거나 수채화를 그려 관광객들에게 판매하여 생활하기도 했다. 일용직 노동자이자 히틀러와 동일한 숙소에 살았던 라인홀트 하니쉬(Reinhold Hanisch, 1884-1937)는 1910년 7월까지 이러한 그림들을 함께 팔아주었다. 나중에는 지그프리트 뢰프너(Siegfried Loeffner), 요셉 노이만(Josef Neumann), 야콥 알텐베르크(Jakob Altenberg), 사무엘 모르겐쉬테른(Samuel Morgenstern) 등 남자 숙소에 있던 많은 동료들이 히틀러를 위하여 대신 판매해주었는데, 그들은 대부분 유대인 출신이었다. 독일의 광산업 중앙 집행위원회 위원장을 역임한 칼 호니쉬(Karl Honisch, 1893-1959)에 의하면, 히틀러는 그 당시 영양결핍으로 뺨이 움푹 들어갈 정도로 매우 야위었고, 남루한 옷을 걸치고 다녔으며, 매일 같은 방의 한 구석에서 식사를 하고 그림을 그렸다고 한다(Fest, 1973).

히틀러는 빈에서 독일주의, 독일민족주의 혹은 반유대주의적인 신문이나 서적을 탐독했는데, 특히 오스트리아의 비교도(秘敎徒) 문필가인 구이도 폰 리스트(Guido von List, 1948-1919)의 '무적의 사람(Der Unbesiegbare)'

을 즐겨 읽었다. 이 책은 운명에 의하여 정해진 영웅이, 멸망으로부터 독일인들을 구하고 세계를 지배하게 될 초인적인 게르만적 이상형에 관한 소설이다. 아울러 그는 오스트리아의 아리아주의자이자 로마 가톨릭 사제인 외르크 란츠 폰 리벤펠스(Jörg Lanz von Liebenfels, 1874-1954)에 의하여 1905년부터 1917년까지 발행된 잡지 '오스타라(Ostara)'와, 오스트리아의 등산가 에두아르트 피흘(Eduard Pichl, 1872-1955)이 저술한 대농장을 소유한 정치인 게오르크 폰 쉐너러(Georg von Schoenerer, 1842-1921)의 전기(傳記)를 자주 구독하였다. 쉐너러는 1882년부터 법적으로 유대인에 의한 영향력 제거와 인종분리를 요구하였으며, 자신의 정당에 아리안을 위한 법조항을 도입할 것을 주장한 바가 있었다.

또한 그는 유럽 왕실에서 가장 영향력 있는 가문 중 하나였던 합스부르크 가(Haus Habsburg)와 오스트리아 가문의 다인종사회와 다문화주의를 배격하고 오로지 독일 민족주의 신념으로 가득 차 있었다. 히틀러는 자신의 추종자이며 노동자 지도자였던 프란츠 쉬타인(Franz Stein, 1869-1943)과 아울러 자신의 경쟁자이며 바이마르 공화국의 참의원이었던 칼 헤르만 볼프(Karl Hermann Wolf, 1862-1941)의 연설을 즐겨 들었다. 이 두 인물은 모두 유대인화된 사회민주주의자, 체코의 민족주의자 및 슬라브인들과 치열하게 싸웠다. 특히 쉬타인은 계급투쟁 이론을 반대하였고, 볼프는 1903년 다른 국가(오스트리아-헝가리)와 연합하여 독일 노동자당(Deutsche Arbeiterpartei, DAP)을 설립하였으며, 대(大)오스트리아를 꿈꾸었다. 히틀러는 오스트리아 기독사회당(Christlichsoziale Partei, CS)의 건립자이자 빈 시장인, 반유대주의, 반사회민주주의적인 혁명가 칼 뤼거(Karl Lueger, 1844-1910)의 대중 연설을 경청하며 큰 감동을 받았다. 뤼거는 당시 대중적으로도 인기가 있었다. 1910년에 히틀러는 뤼거의 사망 후에 그의 정치 이념에 대해 토론하였지만, 자신은 입당을 거부하고 오히려 새로운 민족주의적인 모임운동을 전개하고자 하였다(Fabry, 1969).

독일의 역사학자인 한스 몸젠(Hans Mommsen, 1930-2015)에 의하면 이러한 히틀러 주변 인물들의 정치사상적 성향들이 그로 하여금 사회민주주의, 합스부르크 왕조의 정치 이념 및 체코인들에 대한 증오심 형성에 관련이 있을 것으로 보는 바이다. 1919년 여름까지만 하더라도 히틀러는 반유대적인 측면보다 오히려 몇몇 호의적인 진술들이 전해지고 있다. 그러나 1919년 가을부터 히틀러는 빈에서 알게 된 반유대주의적인 진부한 사상으로 돌아섰으며, 1923년부터는 쇠너러(Schoenerer), 볼프(Wolf)와 뤼거(Lueger) 등 반유대주의자이자 인종주의자들을 자신의 이상형으로 삼았다. 쇠너러의 지지자들은 그를 '지도자(Fuehrer)'라 칭하고 '만세(Heil)'라는 구호로 그에게 인사했는데, 유대계 독일-미국인 시사평론가인 한나 아렌트(Hanna Arendt, 1906-1975)는 쇠너러를 독재자 히틀러의 '정신적 아버지'로 분류하기도 하였다.

한편 히틀러는 1913년 5월, 아버지로부터 약 820크로넨가량의 유산을 물려받고 뮌헨 쉴라이스하이머(Schleissheimer) 34가로 이사했다. 처음에는 오스트리아 상인이었던 루돌프 호이슬러(Rudolf Haeusler, 1893-1973)와 함께 살았는데, 히틀러가 오스트리아의 징집에서 도피 중이었기 때문이었다. 1938년 오스트리아가 합병된 이후에 히틀러는 자신의 군 관련 서류를 모두 압류하여 은폐를 시도하였다. 히틀러는 뮌헨에서 영국 및 독일의 저술가이며, 범게르만적이고 반유대적이며 인종주의적 사상을 가졌던 휴스턴 스튜어트 챔버 레인(Houston Stewart Chamberlain, 1855-1927)의 작품을 많이 구독하였다. 그리고 그림 그리기를 즐겼는데, 특히 유명한 건물 사진을 모사하였고 그 그림을 뮌헨의 한 미술품 가게에 판매하였다. 히틀러는 1914년 1월 18일, 뮌헨 경찰에 체포되어 오스트리아 영사관으로 인계되었는데 같은 해 2월 5일 잘츠부르크(Salzburg)에서 징병검사를 받았지만 병역복무 무능력자로 판정받아 국방의무에서 면제되었다. 히틀러는 1914년부터 오스트리아인으로서 독일에 거주하였지만 1932년에 이르러서야 겨우 독일 국적을 획득하였다.

1903년에서 1914년 사이에 히틀러의 이성(異性) 간 애정관계와 관련하여 알려진 바는 거의 없는 편이다. 한때 히틀러가 남자숙소에 거주하는 동안 말 상대자였던 쿠비첵(Kubizek)과 하니쉬(Hanisch)에 의하면, 히틀러는 빈에 있을 때 이성과의 성생활에 대하여 매우 경멸적인 표현을 하였으며, 여성들이 자신에게 접근을 시도하는 것조차도 극도로 회피하는 경향을 보였다고 한다. 히틀러는 1906년, 린츠에서 여학생인 쉬테파니 이작(Stefanie Isak, 1887-1973)을 사모하였지만 그녀와 접촉이나 교제는 전혀 없었다. 또한 그는 후에, 아마도 오스트리아 상인이었던 호이슬러(Haeusler)의 누이로 추측되는 여성을 첫사랑으로 묘사하기도 하였다(Fest, 1972).

그 밖에 히틀러는 1908년에 매춘제도 금지와 젊은 성인들에게 성적인 금욕을 요구하였는데, 이는 히틀러 자신이 1908년 오스트리아 빈에서 유대인 성매매 여성과 성관계 후에 악성 매독균에 감염되어 정신적, 육체적인 고통과 불안 및 스트레스를 겪은 것에 기인할 것이다. 이와 관련하여 저서인 『나의 투쟁』에서 무려 13쪽가량의 분량으로 매독에 대한 공포를 언급하고 있으며, 매독이 유전질환으로서 유대인을 통해 전염되는 것으로 보고 극한 증오심을 가졌다고 한다.

한편 일부 증인들에 의하면 히틀러는 장교들에게 매우 비굴한 자세를 보였다고 한다. 1923년 11월 8일 뮌헨 반란으로 체포된 후, 이듬해인 1924년에 그는 법정에서 상관을 존경하고, 어떤 사람에게도 반항하지 않으며, 맹목적으로 복종하는 것이 자신의 원칙임을 진술하기도 하였다. 또한 그는 군인으로서 어떤 불평도 없었지만, 동료들로부터는 고립되어 주변으로부터 '흰까마귀', 즉 괴짜라 불리기도 하였으며, 담배를 피우지도, 술을 마시지도 않았다. 그리고 그는 친구, 가족에 대해서는 전혀 이야기하지 않았으며, 홍등가에는 관심이 전혀 없었고, 장시간 책을 읽거나 사색하거나 숙소의 구석에서 그림을 자주 그렸다고 한다.

자칭 예술가 행세를 하던 가난한 청년이었던 히틀러는 제1차 세계대전(1914.7.28-1918.11.11)이 발발하자 1914년 8월에는 오히려 이를 환영하였고, 결과적으로 이는 실제로 그의 권력 장악을 위한 중요한 단초를 마련해준 셈이 되었다. 이 전쟁의 발단은 우선 오스트리아가 세르비아 주변 지역인 보스니아 그리고 헤르체고비나를 점령함에 따라서 세르비아 민족주의자인 청년이 1914년 6월 28일 사라예보를 방문한 오스트리아 황태자 부부를 암살한 사건에서 시작되었다. 이에 오스트리아는 세르비아에 선전포고를 하였고, 슬라브족 국가인 러시아가 세르비아를 지지하게 되었다. 또한 오스트리아는 독일과 함께 발칸 반도에서 게르만족끼리 세력을 키우고 있어 결국 전쟁은 오스트리아, 독일 및 이탈리아의 삼국동맹과 이러한 세력을 견제하고자 결집된 러시아, 영국, 프랑스 등의 삼국협상 간의 갈등으로 이어졌다. 이에 히틀러는 1914년 8월 3일 바이에른 왕에게 자신이 비록 오스트리아 국적을 가졌지만, 바이에른의 직할 통치권에 들어갈 수 있도록 허락을 요청하였다. 1914년 8월 16일 승낙을 받은 후에 바이에른 군대에 의용병으로 입대하였으며, 1914년 9월 1일 예비군 1보병 중대에 배속되었다(Haffner, 1978).

히틀러는 1914년 10월 말경에 첫 번째 플랑드로(Flandern, 벨기에 및 프랑스의 두 나라에 속한 북해연안 지방)전투에 참여하였으며, 1914년 11월 1일에 진급을 하기도 하였다. 그리고 그는 1914년 11월 15일 벨기에의 메시네스(Messines)지역의 북서쪽에서 벌어진 플랑드로 전투 중에 전령(傳令)과 함께 프랑스의 맹 포격가운데 있었던 연대장을 지키고 구출한 공로로 1914년 12월 2일 철십자 훈장 2급을 수여받았다. 이후 히틀러는 매우 이례적으로 1918년 8월 4일에도 전령병으로서의 공로를 재차 인정받아 1급 철십자 훈장을 받았다. 또한 1914년 11월 9일부터 전쟁이 종료될 때까지 히틀러는 연대참모부와 서부전선의 주요 격전지 근처에서 전령으로 근무함으로써 비교적 위험이 적어 생존가능성이 높았던 것으로 보인다. 그 밖에도 히틀러는 1914년 12월 24일, 서부 전선에서 독일군과 영국군의 임시적이고 자발적인 성탄절 휴전(Weihnachtsfriede)에 대하여 지지하지 않았다고도 한다(Bunnenberg, 2009).

또한 그는 1915년 3월부터 1916년 9월까지 프랑스 북쪽의 독일 점령지였던 오베르(Aubers)-프로멜레(Fromelles)와 1916년 7월 19일에서 20일까지 벌어졌던 프로멜레 전투에 투입되었다. 프랑스 북부의 솜(Somme) 전투에서 히틀러는 1916년 10월 5일 수류탄의 파편으로 인하여 왼쪽 허벅지에 중상을 입었다. 히틀러는 동년 12월 4일까지 포츠담(Potsdam)의 병원에서 치료를 받은 후에 뮌헨에 머물면서 요양을 하게 되는데, 그 때 그는 독일에서의 전쟁에 대한 환상이 사라졌다고 회상하였다.

1917년 3월 5일, 히틀러는 다시 프랑스의 북쪽인 비미(Vimy)로 돌아와 봄에는 프랑스 북부의 아라스(Arras)지방 전투, 여름에는 3차 플랑드로(Flandern) 전투, 1918년 3월 말부터는 독일의 봄철 총공세 및 결정적인 의미를 가진 독일 북쪽의 마르네(Marne) 2차 전투에 각각 참전하였다. 1918년 5월에 그는 연대장 무공포장과 전상자 배지를 받았고, 같은 해 8월 4일에는 모든 전화선이 두절된 후에 전방의 전령으로 혁혁한 공을 세워 철십자 훈장 1급이 추서되었다. 이에 대하여 당시 연대장 부관이자 바이에른 군대의 소위이며 히틀러의 상관이었던 유대인 기업가 후고 구트만(Hugo Gutmann, 1880-1962)이 표창 수여를 약속하였으며, 2주 후에 사단장이 이를 허락하였다. 그러나 히틀러는 나중에 이 철십자 훈장 1급을 1차 세계대전 중에는 달지 않았다고 주장하는데, 이는 유대인인 구트만(Gutmann)도 이 표창을 받았기 때문이었다. 히틀러는 1920년까지 당시 국방군(Reichwehr)에 남아서 제1차 세계대전이 끝난 후에 자신의 연설 재능을 보여줄 수 있는 정치선전 강좌에 참여하여, 민족주의나 반유대주의적인 학자들로부터 장차 새로운 당을 세울 수 있는 초석을 마련하게 되었다. 히틀러는 국방군 소속인 선전부(Aufklaerungsabteilung)의 연락책으로서 정치적 집단들을 감시하였으며, 민주주의의 거부, 유대인과 막시즘에 대한 증오 및 1919년 6월 28일 독일과 연합국 사이의 베르사이유 조약의 파기 등을 주장하는 독일 노동자당(DAP)과 인연을 맺고 자신의 정치적 고향으로 여기게 되었다. 당시 당의 대표이자 공동창당인인 안톤 드렉슬러(Anton Drexler, 1884-1942)는 히틀러의 능변을 보고 그를 입당시키기 위하여 당대회에 초대하기도 하였다(Weber, 2011).

1919년 10월 4일 후에 그는 독일 노동자당에 입당 신청서를 제출하였고, 드디어 10월 19일 55번째 당원으로 입당을 하였다. 여기에서 히틀러는 당원으로서 당(黨)의 행사 때마다 웅변술 훈련을 받았으며, 군중들을 자신의 매력 속으로 끌어들이게 되었다.

그리고 히틀러의 정치 입문에 결정적인 역할을 했던 칼 마이어(Karl Mayr, 1883-1945)의 요구에 따라서 히틀러는 1919년 9월 16일에 '반유대주의에 대한 소견서(Gutachten zum Antisemitismus)'를 작성하였다. 여기에서 히틀러는 유대교는 종교가 아니라, 인종을 의미하며, 유대인에게 종교, 사회주의, 민주주의는 단지 금전욕이나 권력욕 충족의 수단에 지나지 않는다고 강조하였다. 나치는 유대인과 같은 하위 인종을 게르만(아리안) 민족을 오염시키는 결핵이나 암 혹은 괴질 등과 같은 침입자 같은 존재로 보았다. 따라서 그들에게 있어서 유대인들은 계획적이고 합법적으로 투쟁하여 결국 확고하게 제거해야 하는 대상으로 여겼던 것이었다. 아울러 1919년 가을부터 반유대주의 저술가이자 시사평론가였던 디트리히 에카르트(Dietrich Eckart, 1868-1923)는 히틀러의 사상 형성에 큰 영향을 끼쳤는데, 특히 뮌헨 시민, 중요한 자본가들을 만나도록 주선을 해주기도 하였다. 또한 에카르트는 히틀러를 사회의 하위계층 시민들에게는 극우파적인 정치선전가로 성장하도록 하였다. 게다가 그는 1921년부터 히틀러를 미래의 카리스마적인 지도자와 독일민족의 구세주로 선전하였다. 히틀러는 에

카르트로부터 1923년까지 미국의 금융자본가와 볼셰비즘 배후에 숨어있다는 이른바 세계유대주의 음모이론을 이어받았는데, 즉 이 세계에서 발생하는 모든 문제와 불행이 유대인의 음모 때문이라고 왜곡하여 이해하였다(Bärsch, 2002).

1920년 2월 24일 독일 노동자당(DAP)이 민족사회주의 독일 노동자당(NSDAP)으로 명칭이 변경되었을 때, 히틀러는 베르사이유 조약의 무효와 대독일주의 및 유대인에 대한 독일 시민권 불허 등을 골자로 하는 25개조 강령의 작성에 함께 참여하였다. 그 후 1920년 8월 13일 '왜 우리는 반유대주의자인가?'라는 히틀러의 기조연설에서 처음으로 구체적인 자신의 이념을 설명하였다. 즉 모든 유대인들은 소위 그들이 가진 불변의 인종특성상 건설적이고 유익한 능력은 없다고 보았다. 그리고 그들은 본질적으로 기생충이고 세계패권을 주도하기 위해서는 인종혼합, 예술과 언론계를 통한 우민화, 계급투쟁의 촉진 및 부녀자 인신매매까지 모든 것을 한다는 것이다. 이로서 히틀러는 인종주의적 반유대주의를 민족사회주의 독일 노동자당의 25개조항의 핵심내용으로 정립하였다. 이 당시에 히틀러는 새로운 당 대표로 선출되어 폭넓은 권력을 장악함으로써 서서히 자신의 정치적 입지를 굳히기 시작하였던 것이었다(Thamer, 1994).

한편 1923년 당시 내란 음모, 인플레이션, 분리주의적 세력 등으로 인하여 바이마르 공화국(1919-1933)은 극심한 혼란에 사로잡혀 있었다. 이에 민족사회주의 독일 노동자당과 히틀러는 권력을 잡을 수 있는 시점이 점점 가까이 다가오고 있는 기회임을 알았다. 이른바 히틀러 쿠데타(Hitler-putsch), 히틀러-루덴도르프 쿠데타(Hitler-Ludendorfff-Putsch) 혹은 맥주홀 쿠데타(Buergerbraeu-Putsch)는 이미 1923년 9월 29일 계획되었으며, 바이마르 공화국을 무너뜨리고 베를린으로 진격하여 반유대인 및 반공산주의 체제의 민족주의 독재를 건설하려고 꾀하였다. 그 후에 1923년 11월 8일 저녁 시간에 자신의 추종자들과 함께 당시 바이에른 총서기이며 외무장관이었던 구스타프 폰 카르(Gustav von Kahr, 1862-1934)와 수많은 장관들이 참여하여 집회가 개최되고 있는 뮌헨의 맥주홀에 무장난입을 하였던 것이었다(Dornberg, 1998).

이후 히틀러는 카르와 여러 주요 인물들을 위협하여 반란 지원을 요구하였고, 차후에 히틀러가 이끄는 정부에 참여하고자 구두로 승인하였다. 그러나 국방군들은 반란군들이 베를린으로 진입할 때에 국방군 사이에 발생할 유혈 사태를 두려워하여 히틀러를 지지하지 않았다. 또한 많은 고위 관료들도 카르를 지지함으로써 다음날인 11월 9일 국방군의 보호를 배경으로 쿠데타를 전면 부정하게 되었고, 이에 히틀러는 공모자인 에리히 루덴도르프(Erich Rudendorff, 1865-1937)의 제안에 따라서 카르에게 압력을 가하고자 민중들과 함께 거리행진을 시도했지만 무장경찰로부터 저지를 당하였다. 이에 시위대는 국방군사령부 주변에 있는 나치 돌격대(Sturmabteilung, SA)와 합류를 시도하였지만, 시위대에 대한 경찰들의 일제사격으로 나치당원 16명과 경찰 3명 등이 사망하는 일이 발생하면서 결국 히틀러와 쿠데타 관련 나치당 지도부가 체포되었다. 이후 1924년 2월 26일 히틀러와 루덴도르프(Rudendorff)는 뮌헨의 특별재판소에서 대역죄로 고소되었지만, 당시 바이마르 공화국의 나약함으로 인하여 국가전복을 시도한 행위임에도 불구하고 고작 5년형이라는 비교적 낮은 형량이 언도(言渡)되었다. 그 후 히틀러는 권력을 장악한 후에 반민주주의와 반유대주의적인 이념과 계획을 담은 자신의 저서인 『나의 투쟁』 제1권을 집필한 란데스베르크(Landesberg) 교도소에서 13개월가량을 복역한 후 1924년 12월 20일 가석방으로 풀려나게 되었다. 실제로 히틀러의 저서인 『나의 투쟁』 제1권은 1925년 7월 18일, 제2권은 1926년 12월 11일에 각각 출판되었다(Deuerlein, 1962).

1925년 2월 27일 히틀러의 쿠데타로 인하여 그동안 금지되었던 민족사회주의 독일 노동자당은 새롭게 창립되었다. 1928년 독일제국 국회의원 선거에서 나치당은 겨우 2.6%인 12석을 차지하였지만, 1929년부터는 바이마르 공화국이 세계 경제공황으로 인하여 요동치는 가운데서 점점 강력한 지지를 얻게 되었다. 특히 1929년과 1930년 초 국제정세 가운데 뉴욕(New York) 증시가 붕괴되면서 세계적인 경제 불황이 시작되었는데 이러한 경제적 위기와 불안은 독일도 예외가 아니어서 실업자가 6백만 명에 이르는 참상으로 나타났으며, 이는 계속하여 정치적인 상황에까지 영향을 미치게 되었다. 1930년 선거에서 민족사회주의 독일 노동자당이 두 번째 거대정당으로 성장한 후에 1931년 10월 10일 공화국 대통령인 파울 폰 힌덴부르크가 처음으로 히틀러를 회의 석상에 초대하였다. 이어서 히틀러는 1932년 3월 13일 공화국 대통령선거의 첫 번째 투표에서 30.2%, 4월 10일 두 번째 투표에서는 36.8%의 득표율을 각각 보였지만, 약 53%의 표를 얻은 힌덴부르크가 재선에 성공하게 되었다. 그러나 민족사회주의 독일 노동자당은 같은 해 7월 31일 제국의회 선거에서 37.3%의 표를 얻어 230석을 차지함으로써 제1당이 되었다. 이에 1932년 8월 13일 히틀러는 힌덴부르크 대통령에게 총리로 지명을 요구했지만 거절당하였다. 그리고 동년 9월에는 힌덴부르크 대통령이 제국의회를 해산한 후에 11월에는 새로운 선거가 있었고, 나치당의 득표율이 33.1%로 낮아져 196개의 의석을 차지했지만, 제1당으로서의 위치를 유지하였다. 1933년 1월 30일에는 결국 힌덴부르크 대통령이 경제 및 정치적인 혼란 수습을 위하여 히틀러를 제국수상으로 임명하기에 이르렀다.

아울러 1934년 8월 2일 힌덴부르크 대통령의 사후에 히틀러는 초헌법적인 권력을 장악하게 되었는데, 즉 대통령 겸 수상인 총통에 취임하게 되었고 국방군은 그에게 충성맹세를 하였다. 동시에 나치 돌격대(SA)는 히틀러의 정적을 구금하기 위하여 처음으로 강제수용소를 설립하였다. 그리고 1935년 9월 15일, 유대인에 대한 학대와 차별 조항을 담은 뉘른베르크법이 제정되었다. 그 후 1938년 7월 25일 유대인의 의사 영업 금지, 9월 27일에는 변호사 영업 금지, 이어서 10월 5일에는 유대인으로부터 여권을 몰수하는 등 유대인에 대한 박해가 본격적으로 개시되었다. 히틀러는 이미 1939년 1월 31일 제국의회의 한 연설에서 새로운 세계 전쟁은 결국 유럽에서 유대인종의 멸절하기 위한 것이라고 공언하기도 하였다(Essner, 2002).

또한 히틀러는 유대인 문제의 해결 외에도 장차 독일 식민지를 위하여 동부지역의 생활권(Lebensraum) 확보와 공산주의 이데올로기 제거 등을 최종 목적으로 설정하고, 1939년 9월 1일 독일군의 폴란드 기습 침공으로 말미암아 유럽에서 참혹한 제2차 세계대전의 서막이 올랐던 것이다. 히틀러는 1939년 9월 1일 폴란드 공격을 비롯하여, 1940년 4월 9일 덴마크와 노르웨이, 이어서 1940년 5월 10일 네덜란드, 벨기에 및 프랑스에 대하여 기습 · 신속성 및 물자 · 화력의 우세를 이용하여 적의 군대 내에 정신적인 충격과 혼란을 야기시키는 전격전(電擊戰, Blitzkrieg)을 바탕으로 독일 군대를 자신의 손아귀로 끌어들인 것이다. 이에 히틀러는 군대의 저항이 전혀 없이 1941년 6월 22일 소련에 대한 공격을 성공적으로 감행하였다.

나치스의 친위대(Schutzstaffel, SS) 소속 특공대들은 점령지에서 유대인, 집시와 다른 인종 및 정적들에 대한 조직적인 멸절을 시작하였다. 1943년 1월 31일 독일군은 소련의 스탈린그라드(Stalingrad)에서 대패한 후에 동부전선의 전세가 불리하게 기울었다. 그러나 히틀러는 전쟁과 유대인에 대한 광적인 집단학살은 계속하여 진행하도록 명령하였다. 1944년 7월 20일 클라우스 그라프 쉔크 쉬타우펜베르크(Claus Graf Schenk von Stauffenberg, 1907-1944)의 히틀러 암살 시도가 실패한 후에 히틀러는 저항세력들을 나치정권의 특별재판소였던 민족재판소의 도움으로 잔인하게 처형하였다. 1945년 3월 19일에 히틀러는 이미 독일국민들이 패배했고, 그 결과 존재할 권리를 상실했다고 판단하여 이른바 '네로 명령(Nero-Befehl)'에 따라서 독일의 모든 기본 생활 시설들에 대한 파괴와 초토화 지시를 내렸다. 1945년 4월 29일 히틀러는 해군제독인 칼 되니츠(Karl Doenitz, 1891-1980)를 후계자로 지명하고, 개인적, 정치적인 유서를 작성하였는데 특히 유럽에 거주하는 유대인들에 대한 멸절의 필연성을 강조하였다(Kershaw, 2011).

히틀러는 1920년부터 수많은 사람들과 만났으며, 그들을 자신의 능변으로 매혹시켰다. 하지만 그는 매우 고독한 인생을 살았는데, 실제로 대인관계에서 수줍어하는 경향이 강하였고 동성 친구뿐만 아니라 이성 친구도 거의 없었다. 단지 히틀러의 조카딸이며, 1931년 스스로 권총자살을 한 안겔리카 라우발(Angelika Raubal, 1908-1931), 일명 게리(Geli)와의 염문만이 세간에 회자될 뿐이었다. 그 이후 1929년부터 히틀러와 에바 브라운 사이의 비밀스러운 관계가 시작되었으며, 이들은 1945년 4월 29일 총통 전용 지하 방공호에서 결혼식을 거행하였다. 그러나 이들은 제2차 세계대전에서 1945년 5월 7일 서부전선, 5월 9일은 동부전선에서 각각 독일군의 무조건적인 항복으로 유럽에서의 전쟁이 종결되기 전인 1945년 4월 30일 약 15시 30분경에 에바 브라운은 독극물로, 히틀러는 권총자살로 스스로 삶을 마감하였다(Görtemaker, 2010).

에바 브라운

히틀러와 민족사회주의 독일 노동자당은 그들이 선전한 제2차 세계대전에 대한 최후승리 이후의 구체적인 계획도 이미 가지고 있었다고 한다. 즉 독일은 우선 이탈이아와 일본의 협력을 통하여 유럽을 예속시킨 후에 전 세계를 재패하고자 하였으며, 궁극적으로는 '대(大) 게르만 세계 제국(grossgermanisches Weltreich)' 속에서 장차 중심이 되는 독일의 군주적 국민(Deutsches Herrenvolk)들이 나머지 나라 사람들을 다스리고자 구상하였던 것이다(Mazower, 2009; Neulen, 1987).

먼저 유럽에 대한 계획에 있어서 히틀러와 그 추종자들의 생각에 의하면, 독일은 이탈리아와 일본의 지원을 통하여 전쟁에서 승리한 후에 평화 회의를 개최한다는 것이다. 이에 나치스 계획의 첫 번째 핵심은 유럽의 예속인데, 즉 스웨덴, 덴마크, 벨기에, 룩셈부르크 및 네덜란드의 경우는 전체 혹은 최소한 부분적으로 독일로 편입하고자 꾀하였다. 그리고 프랑스와 발칸 반도의 국가들은 독일에 대하여 상시적인 종속상태로 둘 목적으로 강탈하고자 하였으며, 또한 중립국인 스위스에 대한 기습계획은 이미 준비돼 있었다는 것이다.

한편 히틀러는 대영제국에 대하여 두 가지 상반적인 입장을 가지고 있었다. 영국을 독일 다음으로 세계에서 가장 아리아(비유대계) 혈통에 가까운 민족으로 여기면서도, 한편으로는 유대적인 비열한 자들에 의하여 다스려지는 나라라고 본 것이다. 아울러 히틀러는 영국은 독일이 세계를 재패하는 과정을 지지하거나 아니면 최소한 중립적인 역할을 해줄 것으로 보았다. 물론 대영제국은 히틀러를 경계하였으며, 나치독일의 폴란드 기습공격 이후에 1939년 9월 3일에 독일에 선전포고를 하게 되었다. 결국 나치스는 영국에 대해서도 완전히 자신들에게 예속시키려고 한 것이었다.

유럽과 세계에 대한 새로운 재구성에서 나치스의 가장 중요한 요소는 소련에 대한 점령과 약 3천만 명에 이르는 슬라브인들에 대한 대학살 계획이었다. 히틀러는 독일인들의 생활공간(Lebensraum)을 확장하기 위하여 러시아의 우랄(Ural)까지 점령하려 하였고, 장차 소련을 분할하여 덴마크, 스웨덴, 노르웨이, 네덜란드 등, 독일 사람이나 민족사회주의 독일 노동자당으로부터 허락된 타민족이 살 수 있는 새로운 도시를 건설하고자 하였다. 또한 러시아인들은 노예로 만들어 종업원 혹은 보조원으로 독일인들의 시중을 들게 하려 했다. 또한 많은 동유럽 도시들과 마찬가지로 모스크바 역시 초토화하고 그 위에 거대한 인공호수를 건설할 의도를 가졌다.

그 밖에도 히틀러와 지도부는 바티칸 점령과 교황 납치를 계획했었으며, 동시에 모든 점령지에서 나치스가 기존의 교황에 반대하는 측에서 옹립한 대립교황을 임명하려 하였다. 그러면 나치스의 생각과 같이 개별적인 가톨릭집단들이 서로 갈등상황에서 대립할 것이고, 더 나아가서 가톨릭교회나 기독교의 영향은 전체적으로 사라질 것으로 보았다. 그 후에 나치스는 고대 독일 신화의 최고 신인 보단(Wodan) 숭배와 더불어 인도-페르시아 신앙교리들이 혼합된 바탕위에서 만든 자신들의 독자적인 교리를 도입하려 하였다.

이어서 히틀러는 세계의 미래와 관련하여 무엇보다도 '대(大)독일 세계제국(Grossgermanisches Weltreich)'을 꿈꾸었다. 이러한 체제에서 유럽뿐만 아니라, 세계의 모든 국가들이 독일에 복종할 것으로 생각하였던 것이다. 또한 대영제국의 세력을 약화시키기 위하여 유럽의 큰 부분들을 합병한 후에 전체 아프리카 주를 식민지화하며, 아시아의 주요 부분들을 예속시킨다는 계획이었다. 만일 이런 히틀러의 계획들이 성공적으로 실현되었다면, 결국 남은 두 개의 세계적인 강대국, 즉 독일과 미국 간의 결정전이 다가왔을 것이다. 이에 독일은 미국을 '대독일 세계 제국'에 굴복시키기 위해서 중간 급유 없이 대서양을 가로질러 갔다가 다시 귀환할 수 있는 폭격기 편대를 제작하였을 것이다. 아울러 독일이 세계지배를 둘러싼 전쟁에서 승리했다면, 미국은 히틀러의 계획에 따라 정리되었을 것이다. 히틀러는 독일계 미국인들이 급속도로 증가한다면 미국은 차츰차츰 독일인들로 구성된 나라가 될 것으로 예측하였다. 아울러 히틀러의 최측근이었던 알프레트 로젠베르크(Alfred Rosenberg, 1892-1946)도 미국, 특히 인종문제에 가장 큰 관심을 가졌는데, 흑인과 유대인들을 아프리카의 동남쪽 섬 마다가스카르(Madagaskar)로 이주시키려고 하였다. 로젠베르크는 1945년 11월 21일 뉘른베르크(Nuernberg) 재판에서 나치 전쟁 범죄의 주범으로 기소되어 사형선고를 받았고, 이듬해인 1946년 10월 16일 사형이 집행되었다.

아마 나치스들은 마다가스카르 섬에서도 유대인 대량 학살을 계속 자행하려고 했던 것으로 보인다(Dreier, 2002).

한편 히틀러와 그 추종자들은 독일이 눈부시게 번영할 것으로 보고, 전쟁 이후에 가장 아름다운 도시와 마을을 재건하는 것으로 보상받을 계획이었다. 그리고 독일뿐만 아니라 전체 '게르만 제국(Germanisches Reich)'에 고속도로가 펼쳐질 것으로 구상하였다. 또한 나치 건축가들이 이미 일부분 설계 완료한 시속 200km의 철도로 대도시를 연결하려 했다.

베를린(Berlin)에는 800여만 명의 인구가 거주할 것이고, 도시 이름을 독일을 상징하는 여신상인 '게르마니아(Germania)'로 개명하려 했다. 이러한 대도시가 '게르만 세계제국(Germanisches Weltreich)'의 수도가 될 것이고, 베를린처럼 뮌헨에도 거대하고 화려한 거리, 개선문 및 호화 건축물들이 생겨날 것으로 예상하였다. 그리고 바이에른에 있는 호수 킴제(Chiemsee) 주변에는 육중한 건물 형태의 민족사회주의 독일 노동자당의 당립 대학교가 자리 잡을 것으로 되어 있었다. 이에 대한 부지들은 이미 나치스가 선정해놓은 상태였다.

장차 '게르만 제국'에 거주하는 국민들에게는 엄격한 규칙이 적용될 예정이었다. 국가는 개인의 생활태도를 어릴 때부터 결정하고 감독했는데, 히틀러 청소년단(Hitlerjugend, HJ)부터 나치 양로원에 이르기까지 민족사회주의 독일 노동자당이 사회적으로 강력한 영향력을 행사하였다. 독일제국(Germanisches Reich)은 지도부 내에 각자의 과업에 따라서 최고의 유전 인자를 가진 엘리트를 투입하여 이끌어져 나갈 것이었다. 히틀러와 그의 최측근인 하인리히 힘러(Heinrich Himmler, 1900-1945)는 나치 친위대(SS)의 협조를 통하여 이러한 '군주적 인간(Herrenmenschen)'들을 계획적으로 '사육'하고자 하였다. 금발과 푸른 눈을 가진 '군주적 인간'을 가능한 많이 생산하기 위하여 나치 친위대들에게는 중혼(重婚)을 할 권리가 부여되었다. 반면에 지속적으로 자녀가 없는 부부는 5년 후에는 혼인관계가 해체되어야 하였다(Piper/Rosenberg, 2007).

히틀러 개인적으로는 세계를 재편성한 후에는 은퇴하고자 하였다. 히틀러의 개인 사진사였던 하인리히 호프만(Heinrich Hoffmann, 1885-1957)에 의하면, 히틀러는 이를 위하여 이미 바이에른 주의 남동쪽에 위치한 베르히테스가덴(Berchtesgaden)에 한 장소를 정하였으며, 그곳에서 자신의 후계자를 엄하게 감독하고자 계획하였다. 다른 한편으로는 히틀러가 오스트리아의 린츠에 정착하고자 했다는 주장도 있었다.

히틀러의 최측근인 힘러도 매우 구체적인 자신만의 계획이 있었는데, 그는 '게르만 제국'의 장차 지도부(간부) 교육을 목적으로 파더본(Paderborn) 근교에 설립된 연수용 성(城)(Ordensburg)들 가운데 르네상스식 성인 베벨스부르크(Wewelsburg)를 귀족가문의 본성(本城)으로 개조하고자 하였다. 사실 나치스는 1934년부터 1936년 사이에 장차 민족사회주의 독일 노동자당의 지도부 교육을 목적으로 병영, 성(城) 및 수도원의 혼합 형태인 연수원을 아이펠(Eifel) 지역의 포겔장(Vogelsang), 폼메른(Pommern) 지역의 크뢰씬제(Kroessinsee) 및 알고이(Allgaeu) 지역의 존트호펜(Sonthofen) 등 3곳에 설립하였다. 힘러는 전쟁 이후에 이 성에 거주하기를 원하였지만, 결국 1945년 5월 23일 뤼네부르크(Lueneburg)의 취조실에서 자살로 생을 마감하게 되었다(Ackermann, 1970).

2. 아돌프 히틀러와 민족사회주의자들의 정치 이념

제2차 세계대전의 종전은 지금으로부터 약 70여 년 전의 역사로 기록되었지만, 전쟁의 결과는 오늘날까지도 정치, 경제, 사회 및 문화 등 여전히 많은 분야에 부정적 영향을 미치고 있다. 이 전쟁은 세계적으로 약 5천만 명 이상의 인명피해를 남겼는데, 주요 책임자들은 독일의 민족주의자들이었으며, 그 우두머리에 아돌프 히틀러가 존재하였다. 히틀러의 독일 민족주의는 내부적으로는 전체주의를 지향하였고, 개인의 기본권은 인정하지 않았으며, 공산주의, 사회주의, 자유주의, 유대교나 기독교회에 대해서는 철저히 배격하는 정책을 펼쳤다. 또한 동시에 외부적으로 그는 매우 공격적이고 허무주의적인 성향을 보였다.

흔히 이데올로기(Ideologie)란 정치적이나 경제적인 목적을 달성하는 과정에 영향을 미치는 세계관적 사상을 의미한다. 히틀러의 개인적인 세계상(Weltbild)은 주로 사회적 다윈주의, 반민주주의, 반마르크스주의적인 사고체계 등으로 각인되어 있었다. 다시 말해, 주로 반유대주의를 바탕으로 하는 과격한 인종주의와, 국가는 성장, 발전, 소멸의 단계를 거치는 유기체로서 국가가 발전하기 위해서는 그 기본 바탕이 되는 생활공간의 확장, 즉 영토의 확장이 필요하다는 생활공간이론(Lebensraumtheorie) 등으로 특징지을 수 있다. 이에 대하여 히틀러는 이미 바이마르 공화국 시절 여러 곳에서의 정치운동 과정에서 빈번하게 연설하였기 때문에 대중에 익숙했고, 아울러 그가 1923년 11월 8일과 9일 사이에 발생한 뮌헨 폭동의 주범으로 교도소 수감 중에 집필한 『나의 투쟁』에서 자신의 세계관에 대하여 기술하기도 하였다(Michalka, 2002).

인종주의적 사고는 히틀러의 주요 정치이념 가운데 한 가지였다. 그에 따르면, 인류는 다양한 부분으로 분류되는데 각각의 인종은 여러 가지의 가치를 가지며 그중에 가장 고귀한 인종은 아리아인들이다. 그들은 인종적으로 가치가 가장 높으며, 그들만이 유일하게 문화적인 능력이 있는 것으로 보았다. 히틀러는 영국의 생물학자이자 지질학자였던 찰스 다윈(Charles Robert Darwin, 1809-1882)의 동물세계와 관련되는 적자생존이나 양육강식의 생태계 법칙과 이론을 자신의 목적 달성을 위하여 인간에게도 동일하게 적용하였다. 그는 각 민족이나 인종은 자체적으로 이미 우열이 결정되었다고 보았으며, 게르만 민족을 그중 가장 우수한 민족으로 선전하였다. 또한 인종 간의 혼합은 자연 현상에 위배되는 것이며, 소멸과 쇠퇴의 원인이 된다고 주장하였다. 비록 우수한 민족이라 할지라도 열등한 민족과 혼혈되면 그 우수함을 상실하는 것으로 보았다. 아울러 인간이 자신의 생활공간을 유지하고 증식 및 확대하기 위해서는 민족과 인종 간에 영원한 투쟁의 법칙이 지배한다는 것이다. 히틀러는 인종 사이에서도 우열이 있는 것으로 여긴바, 가치 있는 인종은 살아남고 열등한 인종은 소멸되는 것이야말로 자연의 고귀한 기본법칙이라 여겼다. 높은 가치를 가지고 문화능력이 있는 민족은 유일하게 아리아(게르만)족뿐이고, 열등하고 문화를 파괴하는 종족에는 슬라브족 혹은 유대인이 속한다고 보았다. 히틀러는 저서『나의 투쟁』에도 "(전략)… 유대인들은 인종적으로 열등하며, 생활능력이 있는 국가를 형성하기가 어렵다. …(후략)"라고 기술하였다(Glaser, 2014).

사실 반유대주의적인 기본사상은 히틀러가 처음으로 내세운 게 아니고 이미 독일제국 시대(1871-1918)부터 어느 정도 존재하였다. 그 당시 유대인에 대한 혐오는 그렇게 강하게 각인되어 있지 않았지만, 히틀러와 민족주의자들의 반유대주의적 사상은 제1차 세계대전의 패전 이후, 고통당하는 독일 사람들의 모든 국가적 · 경제적 혹은 사회적 불행은 유대인들로 말미암는다고 설명하는 근거로 이용되었다. 다시 말하자면, 반유대주의 이념은 그야말로 히틀러와 그의 추종자들에게 있어서는 정치적인 추진 동력으로 작용하였다. 나치스의 인종주의와 반유대주의적인 이념의 확산에 있어 바이로이트(Bayreuth) 지역의 독일 작곡가 리하르트 바그너(Richard Wagner, 1813-1883)회(會)는 중요 역할을 하였다.

리하르트 바그너

그는 아리아인과 게르만인에 관한 신화를 바탕으로 지식층 군중들을 위한, 궁정

사회에 어울리는 위엄 있는 연극을 마련하였다. 또한 1933년 4월 7일의 '시민계급 재생산법(Gesetz zur Wiederherstellung des Buergertums)'을 통하여 비아리아인들을 공무원으로 채용하였으나 1935년 9월 15일 뉘른베르크법을 통하여 유대인들의 이 권리는 모두 박탈당하였다. 반유대주의적 민족사회주의자들은 이른바 북게르만 종족들은 최고의 양육을 하고, 반면에 열등한 종족은 박멸하여 제거하려는 목적을 철저히 지향하였던 것이었다.

히틀러는 아리아 신화를 바탕으로 하는 아리안의 인간상(人間像)을 지향하였는데, 이들의 피는 정결하고, 유전인자 속에는 어떤 열등한 요소도 존재하지 않는 것으로 생각하였다. 또한 아리아인들은 위대하고 강하며 금발머리와 푸른색의 눈을 가져야 했다. 총통이 권력을 마음대로 휘두르는 전권(專權)의 원칙에서, 히틀러는 지도자가 어떤 성격 특성을 가져야 할 것인지에 대하여 일정한 원칙을 가지고 있었다. 지도자는 국민의 우두머리이며, 이에 그는 다수결의 원칙에 따르는 것이 아니라, 일반국민들의 뜻을 스스로 결정할 수 있다고 보았다. 아울러 지도자는 기독교에 대하여 반대적인 입장을 표명해야 하며, 그가 곧 '대체종교(Ersatzreligion)'적 이데올로기로서 신(神)의 대리자라고 여겼던 것이다(Kogon et al., 1986).

한편 생활공간이론은 인종주의사상과 깊이 관련되어 있는데, 생활공간을 확보하기 위하여 인종과 민족 간 영원한 생존경쟁이 있는 것으로 보았기 때문이다. 이러한 명제는 다윈의 이론에서부터 나온 결론의 일부로 볼 수 있다. 히틀러는 『나의 투쟁』에서도 밝힌 바와 같이 그에게 있어 전쟁은 이러한 생활공간을 얻기 위해 필연적이며, 무엇보다도 동쪽으로의 팽창 정책이 필요하다는 입장이었다.

그 당시 민족사회주의 독일 노동자당의 국내 정책의 주요 기본원칙은 다음과 같다(Schilter, 1998).

• 모든 국민의 동등한 책임과 의무

- 국민은 독일 혈통을 가진 자만 가능함
- 공익이 사익보다 우선함
- 불로소득의 근절(소작료나 이자 등 철폐)
- 모든 국민의 가장 중요한 의무는 정신적, 신체적인 노동임

이러한 국내 정치의 기본원칙을 통해 다음과 같은 궁극적인 목적을 달성하고자 하였다.

- 노인복지의 확대
- 독일 일반법 제정과 토지개혁의 실시
- 국민(성인) 교육제도의 확대
- 국민건강의 개선
- 국민군(國民軍)에 대한 교육 강화

한편 민족사회주의 독일 노동자당의 국외 정책의 기초 원칙은 다음과 같다(Diehl-Thiele, 1969).

- 대독일(大獨逸)을 위한 모든 독일인들의 결속
- 동등한 권리
- 1919년 6월 28일 독일제국과 연합국 간의 베르사이유 조약 파기
- 더 많은 땅과 토지의 확보(식민지 개척의 확대)
- 동쪽 지역의 새로운 생활공간 정복과 가차 없는 독일화(獨逸化) 실시
- 전 유럽에 대한 지배(통치) 실현

동시에 민족사회주의 독일 노동자당의 국외 정책의 기초 원칙은 다음과 같은 방법을 통하여 실현한다.

- 강력한 군대육성
- 연합 혹은 동맹국 물색

• 경제 활성화
• 추후에 전시(戰時) 경제(무장)로 전환한 후 전쟁 개시

히틀러는 1933년 1월 30일부터 독일의 총통으로 임명되었는데, 같은 해 2월 3일에 다음과 같이 국방군의 지휘급 장교들에게 자신과 민족사회주의 독일 노동자당의 의도와 목적을 명료하게 밝혔다(Broszat, 1994).

• 국가의 엄격한 지도력 확보와 관련하여, 국가반역이나 국민의 배신행위에 대하여 사형을 선고하고, 청소년들을 단련시키고, 방어(저항) 의지를 강화하며, 민주주의 및 공산주의 사상의 박멸
• 제1차 세계대전의 종전 후 패전국인 독일과 승전국인 연합국 사이에 맺은 독일군의 점령지 반환, 배상금 지불 및 군사력 제한 등에 관하여 합의한 1919년 6월 28일 베르사이유 조약의 파기
• 내수경제에 모든 초점을 맞추고, 주택지역을 확대
• 국방력 강화, 보편적인 병역의무 강화, 평화주의, 공산주의 및 볼셰비즘의 척결, 새로운 수출 가능성 개발, 새로운 땅(공간) 확보
• 1933년 2월 27일 밤부터 28일 사이에 발생한 독일제국의회 의사당 건물 화재로 인하여 히틀러는 모든 권력에 대한 장악과 국가 및 당 내에 존재하는 반대자의 숙청을 결심하고 선언함

이를 위한 첫 번째 단계로서 먼저 독일제국의 국회의원 선거가 실시되어야 했다. 이에 히틀러는 독일인들의 절대다수가 자신을 적극 지지해주기를 희망했다. 그때까지 그는 가장 강력한 당의 지도자였으며, 1933년 3월 5일, 나치스의 최초이자 최후의 제국의회 자유선거가 실시되었다. 그 결과 나치당은 43.9%(의석 수 288석)를 차지하며 승리하였다.

한편 그에 앞선 같은 해 2월 27일 저녁, 제국의회의 한 건물이 갑자기 화염에 휩싸였는데 히틀러는 이 사건의 배후에 공산주의자들이 있다고 주장하였다. 이에 1925-1934년 사이에 독일 바이마르 공화국 시대 제2대 대통

파울 폰 힌덴부르크

령이었던 파울 폰 힌덴부르크 대통령의 서명에 의하여 '공산주의의 폭력 행위 예방'을 위한 비상사태가 발표되고 헌법에 정한 국민의 기본권은 거의 정지되었다. 그 결과 공산주의자들이나 가톨릭 신부 또는 다른 히틀러의 정적들은 모두 체포되었고, 신문의 발간이 금지되었으며, 모든 통신망은 도청이 실시되었다. 결국 나치스는 의회 방화사건을 장차 정권 찬탈의 기회로 사용하였는데, 몇몇 역사학자들은 이 방화사건 자체가 히틀러의 사전 지시로 자행된 것으로 보기도 한다(Bahar/Kugel, 2001).

나치스는 모든 생활영역에서 무엇보다 갈색 제복이 매우 특징적이었고, 다음과 같은 다양한 하부조직들도 형성되어 있었다(Giesecke, 1993).

- 독일 청년단(Das Deutsche Jungvolk, DJ): 10~14세 사이의 남자 청소년으로 구성되어, 민족사회주의 정신을 바탕으로 한 히틀러에 대한 충성심 교육과 입대 전의 예비교육 실시를 목적으로 하였다. 이 조직은 1945년 민족사회주의 시대가 붕괴될 때까지 유지되었다.
- 히틀러 청소년단(Hitler jugend, HJ): 10~18세 사이의 모든 청소년들이 해당되며, 일주일에 이틀씩 매주 신체적, 이념적 훈련과 교육을 이수해야 했다. 이 단체는 인종주의 및 사회적 다원주의 사상을 주입시키고, 특히 10세의 남자 청소년의 경우 야영에서의 단체 캠프 및 행군 등 장차 전쟁에 투입될 전사로 장기간 동안 준비시켰다.
- 독일 여성청년단(Der Bund Deutscher Maedel, BDM): 이 조직은 나치

시대의 전체주의적 사상을 기초로 한 히틀러 청소년단(HJ)의 여성 하위 조직이었으며, 10~18세 사이의 소녀들로 구성되었다. 여기에는 10~14세 사이의 소녀로 구성된 청년소녀단(JM)이 포함되어 있었다. 1936년부터 법적으로 규정되어 인종적인 원인으로 제외되지 않는 이상은 모든 여성 청소년들이 의무적으로 회원이 되었으며, 1944년에는 회원 수가 약 450만 명에 이르게 되어 수적으로는 세계에서 가장 큰 규모의 여성 조직이었다.

- 독일 나치스 친위대(Schutzstaffeln, SS): 친위대는 바이마르 공화국과 민족사회주의 시대에 민족주의자들의 조직으로서 히틀러와 민족사회주의 독일 노동자당의 주된 지배 및 억압도구로 사용되었다. 1934년부터는 강제수용소, 1941년부터는 집단학살 수용소의 운영과 감독 등 홀로코스트의 계획과 실행에 가장 대표적으로 가담하였다.
- 민족사회주의 자동차 운전자 조합(Das Nationalsozialistische Kraftfahrerkorps, NSKK): 나치스의 준군사적인 하부조직으로 뮌헨에 본부를 두었다. 사실 이 기구는 1930년에 민족사회주의 자동차 조합(Nationalsozialistische Automobilkorps, NSAK)으로 결성되었지만 1931년에 자동차 운전자조합(NSKK)으로 개명하였다. 조합원 수가 1934년 1만 명에서 1940년에는 50만 명으로 급속히 증가하였다. 자동차 운전자 조합은 자동차 운전자 및 청소년들에게 교통안전 교육을 담당했다. 또한 민족사회주의 독일 노동자당의 인종주의 이념을 추종하였으며, 유럽 내 유대인 멸절 정책에 적극적으로 참여하기도 하였다.
- 민족사회주의 비행사 조합(Das Nationalsozialistische Fliegerkorps, NSFK): 민족사회주의 독일 노동자당 소속의 준군사적인 기구 가운데 하나이며, 원래 독일 항공 스포츠 연맹(Deutscher Luftsportverband, DLV) 후속 기관으로서 1933부터 1937까지 준군사적인 교육을 담당하였다.

각 단체의 휘장은 대부분 적색 바탕색에 하얀 원이 있고 그 안에 검은 갈고리 십자가 있는 형태로 만들어졌다. 갈고리 십자 모양은 청동기 시대의 태양의 상징물이었으며, 갈고리 십자형 깃발은 바이마르 공화국(1919-1933)의 흑-적-금 삼색기를 대신한 것이다. 나치스의 정치 선동은 독일인

갈고리 십자형 깃발

들에게 점점 더 스며들었으며, 학교 및 직장에서의 삶은 히틀러의 의도대로 통제되어 갔다. 또한 나치스들은 특히 청소년들을 자기편으로 끌어들이는 데 큰 관심을 가졌는데, 히틀러 청소년단의 경우에는 남자아이들을 야영장, 캠프파이어, 행군, 야외훈련, 소총사격 및 수류탄 투척 등 엄격한 훈련을 통하여 미래의 전쟁을 준비하였다(Klose, 1982).

히틀러와 민족사회주의 독일 노동자당의 주요 이념들은 1920년 2월 24일에 뮌헨에서 개최된 독일 노동자당(DAP)의 집회에서 히틀러가 발표했던 25개 강령과 더불어 그의 저서인 『나의 투쟁』에서 이미 구체적으로 밝힌 바 있었다. 민족사회주의 독일 노동자당의 전신인 독일 노동자당의 25개조의 강령은 주로 민주공화제 폐지, 독재정치 실현, 베르사이유 조약의 폐기, 민족주의 지지 및 반유대주의 강화, 자본주의의 타도 등을 골자로 구성되었다. 히틀러 저서 『나의 투쟁』은 정치 이데올로기적인 계획서라고 할 수 있다. 이 책은 두 권으로 출판되었는데, 주로 정치가로서 성장과정과 더불어 자신의 세계관에 대하여 기술해 놓았다. 다시 말해 자서전적 성격을 포함하면서도 히틀러의 지도하에 장차 핵심 당으로서 민족사회주의 독일 노동자당의 재건을 위하여 이바지할 특별한 목적을 가진 투쟁과 선동을 위한 저서였다. 제1권은 1923년 11월 9일 히틀러의 바이마르 공화국에 대항한 쿠데타의 실패 후에 1924년 투옥 중에 저술하였으며 1925년 7월 18일에 출간되었으며 제2권은 1926년 12월 11일에 출간되었다. 특히 제1권은 1932년까지 바이마르 공화국에서 매우 빈번히 논의된 베스트셀러로 기록되었다. 이에 히틀러와 나치 정권이 지향했던 주요 정치 이념 가운데 사회적 다윈주의를 비롯하여 반유대주의, 인종주의, 반공산주의 및 반자본주의, 생활공간 이론 등의 주요 사상에 대하여 간단하게 살펴보고자 한다.

1) 사회적 다윈주의(Social Darwinism)

사회적 다윈주의 사상은 이미 특정 국가나 지역 등을 군사적, 경제적 혹은 정치적인 영향력을 바탕으로 지배했던 19세기 후반경에 특히 유럽을 중심으로 나타난 제국주의(Imperialism) 시대부터 시작되었다. 사회적 다윈주의는 생물학적 결정론주의 세계상을 대표하는 사회과학 이론 가운데 하나였으며, 이 사상은 19세기 후반부터 제1차 세계대전까지 매우 널리 알려졌다. 이는 영국의 자연과학자인 찰스 다윈의 진화론의 부분적 관점을 인간사회에 적용한 것으로, 생존투쟁에 있어서 약육강식 혹은 적자생존 등을 바탕으로 한 자연도태의 결과로 사회가 발전을 거듭한다고 이해하는 입장이다. 다시 말해 사회적 다윈주의는 다음과 같은 전제를 기초로 출발한다.

- 다윈의 자연도태 이론은 사회적, 경제적 혹은 도덕적인 관점에서 인간의 발전을 위해 결정적인 요소이다.
- 유전 물질(인자)에는 좋은 것과 나쁜 것이 존재한다.
- 좋은 유전 인자들은 촉진(발전)시켜야 하고, 나쁜 유전 인자는 없애야 한다.

사실 특정한 정치적 이데올로기는 다윈주의의 필연적인 결과가 아님에도 불구하고, 우생학자들이나 인종주의자들은 이러한 전제의 근거에 학문적 바탕이 있음을 주장하기 위하여 19세기 말과 20세기 초까지 전형적으로 진화론과 관련을 지었다. 특히 히틀러는 사회적 다윈주의의 약육강식, 적자생존 법칙 등 동물이나 식물 세계에서의 생태계 및 자연 법칙을 무비판적으로 인간사회에 전이(轉移)하여 자신의 목적을 달성하고자 더 강한 국가가 더 약한 민족을 지배할 수 있다는 왜곡된 사상에 사로잡혀 있었던 것이다. 여기에는 그 당시 수많은 생물학자들이 동물학으로부터 도출된 인식이나 지식을 매우 단순한 방식으로 인간의 사회적 혹은 정치적 영역에 적용할 수 있다는 사고를 형성하는 데 기여하였다(Lenzen, 2003).

영국의 역사학자인 에드워드 로스 디킨선(Edward Ross Dickinson, 1941-현재)은 다윈주의가 독일의 민족사회주의적인 우생학 형성에 기초적인 가능성의 단초를 마련해주었다고 보았다. 즉 나치 정권의 이데올로기의 핵심적인 요소는 역사적 흐름 가운데서 다양한 인종 간의 투쟁을 사회적 다윈주의로 이해하는 것이었다.

독일에서는 동물학자이자 철학자인 에른스트 헥켈(Ernst Haeckel, 1834-1919)이 사회적 다윈주의 사상의 기초를 마련했다. 독일계 스웨덴 사회학자인 프리츠 코르너(Fritz Corner, 1896-1979)는 1975년에 헥켈을 독일 사회적 다윈주의의 아버지라고 칭하였다. 헥켈 외에도 생물학자 아우구스트 바이스만(August Weismann, 1834-1914)과 사회적 다윈주의자 루드비히 프라테(Ludwig Plate, 1862-1937) 등은 민족사회주의적 인종우생학에 사회적 다윈주의적 사상을 주입하는 데 지대한 공헌을 한, 대표적인 인종우생학회(Gesellschaft fuer Rassenhygiene)의 회원이다. 또한 독일의 의사였던 알프레트 프뢰츠(Alfred Ploetz, 1860-1940)와 독일 의사이며 우생학의 창시자였던 빌헬름 샬마이어(Wilhelm Schallmayer, 1857-1919)는 인종우생학 기초를 함께 세웠다. 1933년까지 인종우생학회에는 1,300여 명의 회원이 있었는데, 여기에는 다수의 자연 과학자들과 의사 및 민족사회주의 독일 노동자당의 고위 인사들도 포함되어 있었다. 독일의 역사학자인 한스 발터 슈물(Hans-Walter Schumuhl, 1957-현재)에 의하면, 인종우생학은 모든 사회적인 현상을 다윈주의적 발전이론으로 설명할 수 있다는 일원론(一元論, monism)적 원리를 바탕으로 형성되었다. 우생학과 관련된 문헌에서는 바이스만의 이론이 1890년대와 20세기 이후에도 지속적으로 회자되었다(Müller, 2010).

민족사회주의자들의 인종주의적 사상은 프랑스의 외교관이자 저술가였던 아서 더 고비뉴(Arthur de Gobineau, 1816-1882), 영국계 독일 저술가였던 휴스턴 스튜어트 체임벌린(Huston Stewart Chamberlain, 1855-1927) 등에 의하여 더 각인되었다. 그러나 고비뉴의 저서인 『인종의 불평등에 관한 시도*Versuch ueber die Ungleichheit der Menschenrassen*』는 다윈의 『종의 기원*origin of species*』보다 몇 년 먼저 출판되었으며, 다윈의 저서가 출판된 이후에도 고비뉴는 다윈의 추종자도 아니었고, 대체적으로 다윈주의와 진화론에 대하여 한평생 회의적인 입장이었다. 체임벌린의 경우에는 다윈주의를 유물론적 입장에서 맹렬하게 거부하였다. 그의 저서인 『19세기의 기초*Die Grundlagen des neunzehnten Jahrhunderts*』에서 그는 다윈주의를 우리 시대의 사이비학문적인 독단론자이자 광적 진화론자로 지탄하였다(Schmuhl, 2010).

몇몇 역사학자들은 유대인 대학살로 이어진 민족사회주의적 인종주의의 독특한 형태의 뿌리를 기독교적인 반유대주의에서 찾는다. 또한 독일 종교개혁의 중심인물인 마르틴 루터(Martin Luther, 1483-1546)의 반유대주의를 민족사회주의자들의 반유대주의적 사상의 근원으로 일컫는다. 1543년 그의 저서 『유대인과 그들의 거짓말에 대하여*Von den Juden und ihren Luegen*』에서 그 당시 제후들에게 유대인의 강제노역, 몰수, 종교행위의 금지, 추방, 체형(體刑) 및 사형, 유대인의 회당 소각 등을 요구한 것이 마치 민족사회주의자들의 계획이나 실상과 유사했기 때문이었다. 하지만 다수의 역사학자들은 전통 있는 긴 역사를 가진 기독교적 반유대주의와 19세기 와서야 생성된 인종주의이론에 근거한 반유대주의를 구분하기도 한다.

히틀러의 저서 『나의 투쟁』에는 사회적 다윈주의의 핵심과 관련된 개념들이 나타나는데, 책의 문장에서도 '존재경쟁(Existenzkampf)', '생존경쟁(Lebenskampf)' 혹은 '존재를 위한 투쟁(Kampf um Dasein)' 등의 용어를 살펴볼 수 있다. 히틀러는 재차 인종주의적인 입장에서 더 강한 자들의 권리를 두둔했는데, 이를 자연의 고귀한 원칙으로 위장하기도 하였다. 특히 '국민과 인종(Volk und Rasse)'이라는 장에서 생물 종(種)들 사이에서의 생존투쟁을 인종 간의 투쟁으로 전이하기 위하여 다윈의 생존경쟁과 도태설의 원칙을 반복적으로 표현하였다. 그럼에도 불구하고 히틀러는 이러한 주장에 특정 인물의 학설이나 이론 등 어떤 근거도 분명하게 제시하지 않았다. 또한 히틀러는 세례를 통하여 유대인의 구원을 허락한 종교적인 사이비 반유대주의에 대해서는 분명하게 반대하였다. 한편, 공식적인 나치의 이념이 다윈의 인간 진화론을 근거로 한다는 주장은 설득력이 부족한데, 이는 곧 독일 아리아인의 군주적 인간(Herrenmensch)이 원숭이와 동일한 조상을 가진 것을 의미하기 때문이다. 따라서 다윈의 진화론은 근본적으로 민족사회주의적인 사고방식과는 대립되는 것으로 보인다. 또한 몇몇 생물학자들은 다윈의 이론이 나치 시대에서 일반적으로 인정받지 못했다고 진술한다. 한편 히틀러 시대의 전문잡지 '생물학자(Der Biologe)'에는 사이비학문적인 사회적 다윈주의뿐만 아니라, 반(反)다윈주의적인 논문이 함께 실리기도 했다(Brömer, 2005).

민족사회주의의 우생학적인 사상은 고비뉴의 영향을 받은 오스트리아의 심령론자 란츠 폰 리벤펠스(Lanz von Liebenfels, 1874-1954)로부터 본격적으로 고취된 것이다. 우생학적인 사상은 그 기초로서 진화론을 필요로 하지 않고, 유전설을 바탕으로 한다. 유전설은 진화론보다 훨씬 이전인 16-17세기 영국의 정치인인 토마스 모러스(Thomas Morus, 1478-1535)와 이탈리아의 철학자이며 정치인인 톰마소 캄파넬라(Tommaso Campanelle, 1568-1639)의 유토피아적 사회상에서 이미 거론되었다. 그럼에도 불구하고 민족사회주의자들은 특히 그들의 우생학적 정치 이념을 정당화하기 위하여 항상 생물학적인 인식을 근거로 끌어대는 것이었다. 독일의 역사가인 클라우스 디트마 헨케(Klaus-Dietmar Henke, 1947-현재)에 따르면, 민족사회주의 시대 당시의 정치, 사회, 경제, 심리, 예술 등의 제 분야에서 독

유대인 거주 지역

일인의 사회생활은 전반적으로 생물학의 법칙을 배경으로 점점 더 편집증적인 환원주의와 아리아인의 순수혈통 주의에 대한 망상으로 사로잡혀 있었다. 1933년 당시 내무부장관인 빌헬름 프릭(Wilhelm Frick, 1877-1946)이 독일의 사회복지국가와 관련하여 '차세대 유전성 질병 예방법(Gesetz zur Verhuetung erbkranken Nachwuchses, GzVeN)'의 제정을 위한 연설에서 "우리가 지금까지 발전시킨 것은 인종우생학, 생명 도태설, 유전학 등의 인식에 대한 고려 없이 지나친 개별적인 복지나 개인위생에만 치중하였다. 학문적으로 근거가 있는 유전설은 국민과 국가를 위하여 유전, 도태설 그리고 그 의미와 상호 관련성을 알도록 할 것이다"라고 발언하였다.

사실 사회적 다윈주의는 히틀러의 제국주의와 인종주의 사상을 정당화하기 위하여 억지로 끌어온 것이라 할 수 있다. 그 결과로 독일에서 정신질환자, 지적장애인 및 중증 유전성 질환자 등은 유전적 퇴화나 변종을 예방하기 위하여 인간의 가장 기초권리인 생명권을 박탈당하는 결과를 초래하였다. 또한 이러한 히틀러의 정치적 이념은 결국 체계적인 강제불임시술, 독일과 아울러 다른 일부 유럽 국가들에 거주하는 유대민족들, 그리고 이른바 '살 가치가 없는 생명' 혹은 '열등한 인종'에 대한 참혹한 대량 학살을 자행하였던 것이었다. 또한 빌레펠트(Bielefeld)의 사회학자인 페터 바인가르트(Peter Weingart, 1941-현재)에 따르면, 1933년의 불임시술법(Sterilisationsgesetz)이나 1935년의 뉘른베르크법에서 사회적 다윈주의의 유토피아적인 사회상의 모든 구체적인 요소들이 이미 상당 부분 반영되어 있음을 알 수 있다(Bock, 1985).

2) 인종주의(Racism)와 반유대주의(Antisemitism)

인종주의자들은 인류를 종에 따라 단계별로 구분 짓고 각각 다양한 가치를 부여한다. 그중 북유럽인, 즉 아리아인을 가장 고귀한 인종으로 보았고, 특히 게르만족은 가장 우월한 인종으로서 세계를 지배하도록 선발된 인종으로 자부하였다.

유대인에 대한 증오심과 배척은 주로 종교적인 이질성을 바탕으로 그리스 및 로마 시대부터 지속되어 독일 히틀러 정권에서 그 절정을 맞이할 정도로 오랫동안 존재해 왔다. 민족사회주의자들은 인종주의적 입장에서 유대인들을 흑인, 인도인 및 심지어 동물 등과 함께 인류 가운데 가장 낮은 위치에 두었으며, 이들은 소위 "살 가치가 없는 목숨"이나 "문화를 파괴하는 인종"으로 간주되어 홀로코스트(Holocaust)의 주 대상이 되었다. 이와 관련하여 히틀러는 이미 자신의 저서 『나의 투쟁』을 통해 유대민족에 대한 입장을 밝혔으며, 유대인들을 멸절시키기 위하여 유대교 회당 소각, 재산몰수, 게토(Ghetto), 즉 유대인만의 거주 지역을 분리 설치하는 등 다양한 차별정책을 펴나갔다.

히틀러와 민족사회주의자들은 두 가지 사이비 학문에서 자신들의 인종학을 이끌어내었다. 이 두 가지 관점은 인종학이론과 인종우생학으로 특히 19세기 말경에 발전하였다. 나치스는 인종학이론에서 인류가 다양한 특성의 인종으로 서로 구분된다는 사상을 인용하였다. 그들은 인종을 국민의

베를린에 위치한 홀로코스트 기념비

개념과 동일하게 보았으며, 독일 국민들을 아리아인종의 대표격이자 완전한 존재로 설명하였다. 또한 독일인들은 원종족(原種族)으로 다른 모든 인종에 비해 월등하고 따라서 다른 인종들을 다스리도록 정해져 있다고 여겼다. 한편 나치스는 인종우생학에서 소위 인종육성에 관한 이념을 차용하였는데, 즉 아리아족은 자신의 순수성과 높은 품질을 유지해야 하며, 그렇게 해야만 인류가 한층 더 발전할 수 있다고 믿었던 것이다(Weil, 1990).

나치 정권에서 유대인들은 아리아족의 가장 큰 적으로 간주되었다. 나치 정권은 유대인이 아리아인들의 좋은 품질을 해롭게 하고 위협하는 존재이기 때문에 유대인을 지배해야 하며, 궁극적으로는 모두 멸절시켜야 한다고 정치적으로 선동하였다. 특히 게르만족은 나치 정권에 있어 아리아 인종의 전형적인 모범이자 이상형이었는데, 그들은 금발과 푸른색 눈을 가진 활동력이 있고 신실한 모습으로 묘사되었다. 반면 그들에게 위협적인 반대 형상으로 유대인을 설정하였는데, 히틀러의 시각에서 유대인들은 검은색 머리카락과 갈색 눈, 게으름 및 교활함 등 아리아인과는 모든 것이 반대라는 것이나. 수많은 정치선동 포스터에는 "아리아인 대(對) 유대인" 등 상호 적대적인 감정을 자극하는 글귀를 부착하였고, 민족사회주의자들은 아리아 인종의 순수성 보호를 위한 12계명을 적은 인쇄물을 배포하기도 하였다. 이러한 가운데 "독일인의 피를 보존하라"라는 등의 문구를 통하여 민족사회주의적 인종학은 거의 특정한 종교적인 위치를 차지할 정도에까지 이르렀다.

또한 당시 나치는 일선 학교 수업에서도 학생들에게 유대인에 대한 적대적인 태도를 선동하여 주입하였다. 각 학교에는 소위 '인종 지도'가 비치되어 있었는데, 여기에는 아리아인과 유대인을 비교하는 30여 개의 대형 사진 화보가 있었다. 학교를 졸업할 즘에는 학생들에게 유대인은 독일민족을 위협하는 존재로 철저히 각인되어 있었다(Waldenegg, 2003).

히틀러는 독일 국민들을 이른바 유대인들의 위협으로부터 보호하기 위하여 2천 개 이상의 반유대인법을 제정하였다. 그 가운데 1935년 9월 15일 제정된 뉘른베르크법이 가장 주목할 법인데, 이 법을 통하여 아리아인과 유대인의 결혼이 엄격하게 금지되었다. 아울러 독일 신랑이나 신부가 자신이 아리아 출신인 것을 증명해야 할 경우에는 항상 '가문확인증(Ahnenpass)'을 제시하여야 했다. 뉘른베르크법이 제정된 다음 해부터 민족사회주의 정권은 자신들의 인종학 이념을 확실하게 급진화시켜 나갔다. 유대인의 기업체를 파괴하고, 맹목적으로 그들에 대한 체포와 구금을 자행하였으며, 히틀러는 폴란드계 유대인 약 17,000명을 새롭게 합병한 오스트리아 밖으로 추방할 것을 요구하였다.

특히 1938년 11월 9일과 10일의 '제국소수민족 박해의 밤(Reichspogromnacht)', '크리스탈의 밤(Kristallnacht)' 혹은 '11월의 소수민족 박해(Novemberpogrome)'라 불리는 사건은 법으로 규정된 반유대주의 정책에서 최고 수준의 핍박의 시작이었다. 이때 나치 정권은 독일 전역에 유대인에 대한 강력한 강압수단을 조직하고 운영하였다. 1938년 11월 7일부터 13일까지 약 400여 명의 유대인들을 살해하거나 자살로 내몰았다. 아울러 약 1,400여 개의 유대인 회당과 기도실 및 기타 집회실, 수천 채의 상점과 주택을 비롯해 유대인 공동묘지까지 파괴되었다. 같은 해 11월 10일부터는 약 30,000명의 유대인들이 강제수용소에 구금되었으며, 그중에서 수백 명이 죽음을 맞이하거나 구금의 후유증으로 사망에 이르렀다. 강제수용소에 구금된 이들 가운데 일부는 독일을 떠난다는 데 동의했고, 또 다른 일부는 자신의 소유를 명의 변경하는 데 강제적으로 합의통하여 석방되기도 하였다(Herbert, 1985).

이후 1939년 제2차 세계대전의 발발과 함께 유대인들은 공립학교, 사업, 직업 분야에서도 권리와 자유를 점점 잃었고, 강제노동에 징집되었으며, 심지어 나치 정권들은 유대인의 공원 벤치를 따로 설치하거나 식당출입도 엄격하게 금지되었다.

1939년 11월 23일부터는 6세 이상의 모든 유대인들은 왼쪽 가슴에 유대인이라고 새겨진 이른바 '다윗의 별(Davidstern)'인 노란색 배지를 달아야 했다. 이러한 히틀러의 민족사회주의적 인종학적 정치사상에 의해 제2차 세계대전의 종전까지 유대인들에 대한 무자비한 탄압과 학살이 계속 이어져 6백만 명 이상이 처참하게 희생되었다.

히틀러와 민족사회주의자들은 환자 및 장애인들에게도 매우 위협적인

다윗의 별

존재였다. 나치 정권은 장애인이나 환자들도 아리아인들의 이른바 고품격의 질을 평가절하시키며 인류의 발전을 방해한다고 보았던 것이다. 그래서 수많은 환자나 장애인들도 유대인들과 마찬가지로 철저히 멸절시켜야 하는 대상으로 설정하였다. 우선 민족사회주의적 인종주의자들이 주장했던 우생학 이론을 바탕으로 1933년 7월 14일 공포된 법을 통하여 유전적으로 선천적인 결함이 있는 사람들에 대하여 강제적인 불임수술을 실시하였다. 이를 통하여 각종 질병이나 장애와 같이 원하지 않는 부정적인 영향력으로부터 아리안족의 순수한 혈통이 보존될 것으로 믿었다. 동시에 유전학이나 인종학에 대한 히틀러의 광적인 신봉 사상은 대량 학살을 위한 계획을 통하여 절정에 이르게 되었다. 특히 이른바 'Aktion T-4'라 명명된 안락사 프로그램을 통하여 지적, 신체적 장애 혹은 기형으로 인하여 당시 제국의 보건당국이 제시한 항목에 저촉이 될 경우 세 명의 의료인의 심사를 통하여 다른 검사나 의료 기록과 상관없이 '살 가치가 없는 생명(Lebensunwertes Leben)'으로 간주하였다. 이어서 나치 정권은 그들을 특별 시설로 이송한 후에 독가스와 독주사 등을 통하여 무자비하게 강제적인 안락사를 자행하였다(Kurt/Irene, 1988).

3) 반공산주의(Anticommunism)

먼저 히틀러는 스스로 반공산주의의 개념을 정의하는 데 있어서 공산주의를 볼셰비즘과 반유대주의 간의 혼합된 형태로 이해하였다.

1933년 2월 27일 베를린의 제국 의회 건물에 화재가 발생하였는데, 이 방화사건의 배후에는 마리누스 폰 데어 루베(Marinus van der Lubbe, 1909-1934)라는 좌파적 정치성향을 가진 네덜란드 노동자가 있었다. 이 청년은 당시 공산당 소속의 당원이었는데, 이 사실을 파악한 히틀러는 방화사건이 공산주의자들의 음모와 주도로 시작되었다고 호도하는 기회로 사용하였다. 그 결과 수많은 독일 공산당(Kommunistische Partei Deutsch-

유대인의 교회당 방화테러

lands, KPD) 당원들이 체포 · 구금되었다. 하지만 이미 그 당시에 나치스가 정적(政敵)들을 배제하기 위한 구실로 삼기 위하여 스스로 방화를 자행한 자작극이라는 추측이 난무하기도 하였다. 그럼에도 불구하고 실제로 제국 의사당의 방화사건이 루베의 단독범행인지 혹은 민족사회주의자들이 반공산주의자들의 제거를 위해 위장한 것인지는 여전히 논란 중에 있으며, 이에 대한 여러 가지 학설이 있기도 하다. 이는 결국은 독일의 범죄사에서 미결의 사건으로 남게 되었으며, 루베는 방화혐의로 사형을 언도받고 곧바로 처형되었다(Fischler, 2005).

히틀러는 공산주의를 철저히 제거하고자 하였으며, 그에게 공산주의자들은 국내 정치에 있어서 최고의 걸림돌 중 하나로 축출해야 하는 정적이었다. 히틀러는 이러한 정치적 목적을 달성하기 위하여 모든 방법과 수단을 동원하였다. 제국의회의 방화사건 이후에 공산주의자들을 지원했던 정치세력들도 동일한 혐의를 받게 되었다. 따라서 수많은 공산주의자들과 더불어 공산주의자들로 평가되었던 사람들이 감옥이나 강제수용소에 구금되었다. 그들은 그곳에서 강제노역에 동원되었으며, 많은 사람들은 자신의 정치적인 이념을 지키기 위하여 목숨을 죽음과 바꾸어야만 했다(Deiseroth, 2009).

사실 반공산주의적 사상은 민족사회주의 독일 노동자당에 있어서 가장 핵심적인 정치적 이념 가운데 하나였다. 이미 히틀러는 1924년과 1925년에 각각 저술한 『나의 투쟁』에서 마르크스주의와 볼셰비즘은 세계를 쟁취하여 지배하고자 하는 유대민족의 추악한 시도라고 기술하였다. 또한 그는 이러한 계략들은 모든 수단을 동원하여 퇴치해야 하는 것으로 강력히 주장하였다(van Soer, 1983).

4) 반자본주의(Anticapitalism)와 반민주주의(Antidemocratic)

민족사회주의자들의 정치적인 이념에는 대부분 반유대주의적으로 각인된 반자본주의적 요소가 동시에 내포되어 있었다. 1920년 2월 24일 민족사회주의 독일 노동자당의 25개 조항에도 이자 놀이 폐지, 기업의 국유화, 대기업의 이익분배 등 수많은 반자본주의적인 요구들이 들어 있었다. 처음에는 요셉 괴벨스(Joseph Goebbels, 1897-1945), 그레고어 쉬트라스(Gregor Strasser, 1892-1934)와 그의 동생인 오토(Otto Strasser, 1897-1974) 등 주요 민족사회주의자들이 자신들의 연설에서 자주 반자본주의적 성향을 드러내었다. 히틀러도 사유재산에 대하여 분명하게 공포하였지만, 민족사회주의적 현실에서는 수많은 개인재산들이 몰수되어 아리안화, 즉 국유화가 이루어졌다. 이러한 재산상의 불이익과 차별적 대우는 대부분 유대인들에게 해당되었으며, 동시에 비유대인 이민자나 정적(政敵)도 함께 포함되었다(Bracher, 1997).

민족사회주의의 정치적 선전에서 반자본주의와 반유대주의 간의 밀접한 관련성은 1930년 10월 18일 독일제국 의회에서 민족사회주의 독일 노동자당이 제출한 제안서에서도 잘 나타나 있다. 제안서는 1914년 8월 1일 이후 이주해온 동유대인과 기타 외국 출신의 은행가 및 자본가들의 총체적인 재산을 독일 국민 공동의 복지를 위하여 몰수하도록 요구하였다.

세계경제 위기가 정점에 달한 1931년에 민족사회주의 독일 노동자당은 당의 유권자로서 노동자들을 모집하기 위하여 국가적인 고용을 계획하였다. 1933년 5월에 민족사회주의 정권은 좌파정당과 노동조합의 형태로 조직된 노동자 운동을 적극적으로 저지하였다. 민족사회주의 독일 노동자당은 마르크스주의와 공산주의 세력들을 국내 정치에서 가장 큰 적으로 간주하였으며, 반대로 대외정치에서는 볼셰비즘을 주적(主敵)으로 내세웠다. 히틀러는 '민족사회주의(Nationalsozialismus)'를 그 대안으로 제시하였고, 이를 '국민공동체(Volksgemeinschaft)'로 정의하였다. 또한 국민공동체는 통일된 민족사회주의적 이념과 강한 국가의 '지도자(Fuehrer)'의 영도력 아래에서 국민과 국가의 단일체(Einheit von Volk und Staat)'로 이해하였다(Schmitz, 1999).

한편 민족사회주의 이데올로기 안에는 반민주주의적 사고도 동시에 자리잡고 있는데, 이는 무엇보다도 의회 정치주의나 정당 정치시스템을 거부하고 오로지 일당 독재를 지향한다는 의미이다. 다시 말하자면, 자유로운 원칙들이 더 이상 존재하지 않는 '전체주의적 민주주의(Totale Demokratie)'를 요구한다는 것이다. 여기에는 히틀러의 개인적인 경험들이 매우 중요한 역할을 하는데, 그가 과거 오스트리아의 빈에서 지낼 때에 이미 국가 및 국민에 대한 의식이 반유대주의와 반마르크스주의 및 반민주주의 등 복합적인 사상 및 감정들로 형성되었던 것으로 보인다.

5) 생활공간 이론(Lebensraumtheorie)

독일의 동물학자이며 지리학자였던 프리드리히 라첼(Friedrich Ratzel, 1844-1904)이 처음으로 자신의 연구 저서인 『정치적 지리학*Politische*

Geographie』(1897)과 『생활공간*Lebensraum*』(1901)을 통해 '생활공간'에서 대륙 간 식민정책을 펼 수 있다는 개념을 사회에 알리게 되었다. 라첼은 다윈의 생존경쟁 이론을 지리학에 적용하여, 국가를 생활공간을 위하여 지속적으로 투쟁하는 생물로 이해하였으며, 그들의 생존은 생활공간의 존재 여부에 결정적으로 달려 있다고 보았다.

생활공간이라는 용어는 독일의 국경선 외부지역, 특히 중부 및 동부유럽의 게르만인 혹은 아리아인의 거주(이주)와 관련된 정치적인 개념이다. 이는 빌헬름 제국시대(1871-1918)의 독일 민족적, 반유대주의적 혹은 인종주의적인 협회, 정당 및 출판활동 등을 통하여 19세기 후반부터 오스트리아-헝가리 제국과 독일제국 시대의 사회에 큰 영향을 준 "국민운동(Voelkische Bewegung)"에 의하여 생겨났다. 그리고 이것은 1933년부터 1945년까지의 제3제국에서는 현실적으로 민족사회주의자들에 의하여 인종생물학의 형태로 나타났다. 생활공간은 나치스 친위대장이었던 하인리히 힘러에 의한 '동방 총괄계획(Generalplan Ost)'의 이데올로기적 배경을 마련해주었다. 힘러는 앞으로 독일이 중앙유럽 및 동유럽을 정복한 후에 그 지역출신 가운데 인종적으로 원하지 않는 국민들을 추방하거나 경제적으로 착취하는 등의 구상도 이미 계획하고 있었다(Lange, 1965).

한편 히틀러도 아리아인들을 위한 '생활공간', 특히 동쪽 영역에서 이를 확보 및 확장하기 위해서는 전쟁이 필수적인 요소인 것으로 보았다. 생활공간 이론은 인종학과 깊이 관련이 있으며, 이미 자신의 저서 『나의 투쟁』에서 '독일은 세계적인 패권국이 되거나, 아니면 전혀 그렇지 못하거나 할 것이다'라고 주장한 바가 있다(Köhler, 2002).

생활공간 이론은 19세기 후반부터 20세기 중반의 민족사회주의 정권에 이르기까지 독일의 급진 보수 세력이 추진한 대외식민정책의 핵심개념이었다. 이는 사회적 다윈주의를 민족 및 국가적인 차원으로 적용하였으며, 아울러 인종주의적 사상을 혼합하여 반유대주의를 중심으로 재구성하여 결국

제1, 2차 세계대전, 유대인에 대한 홀로코스트, 수많은 환자 및 장애인에 대한 극심한 탄압 등 세계사에 가장 어둡고 깊은 상흔의 결과를 남겼다 (Michalka, 2002).

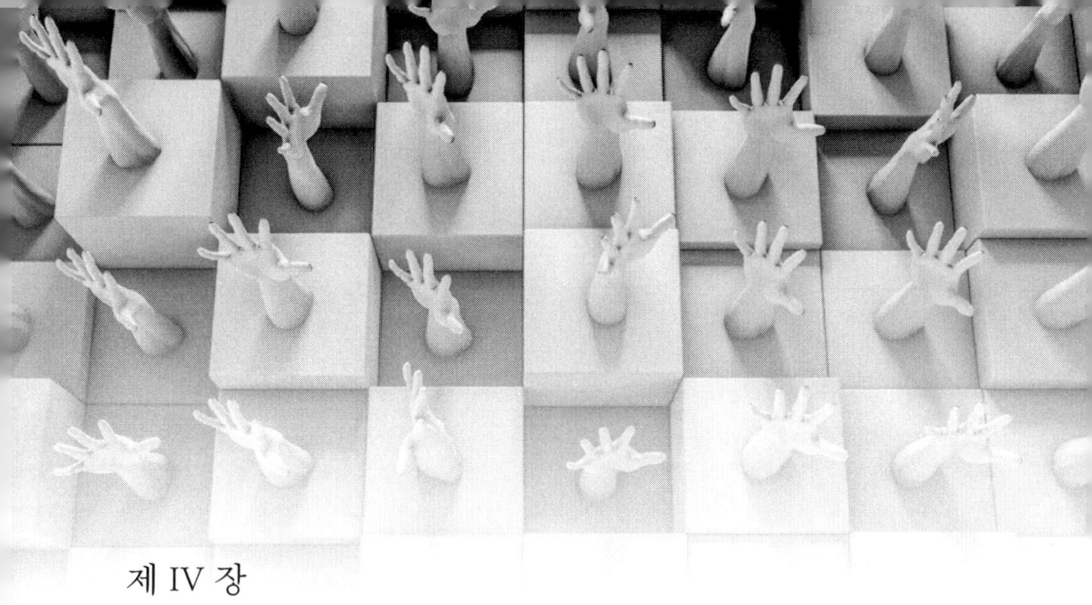

제 IV 장

히틀러와 민족사회주의자들의 장애인 정책

1. 보건 · 의료 정책

2. 학교교육 정책

3. 함부르크의 베르그도르프 특수학교

4. 장애인 등에 대한 대량 학살 정책들

5. 나치의 강제수용소

6. 장애인 정책에 대한 저항 운동

7. 뉘른베르크 재판

제IV장
히틀러와 민족사회주의자들의 장애인 정책

아돌프 히틀러와 민족사회주의자들은 특히 사회적 다윈주의(social darwinism), 우생학 및 인종주의 등의 다양한 이론들을 왜곡 · 정립한 정치적 이념을 기초로 장애인 정책을 구상하고 실현하였다. 이에 따라서 수많은 유대인 외에도 환자, 지체장애인, 지적장애인 등을 자신들이 추구하는 어떤 결점도 없는 '군주적 인간(Herrenmensch)'을 실현하는 데 방해가 되는 존재로 간주하여 '살 가치가 없는 목숨(Lebensunwertes Leben)'으로 분류한 후에 체계적인 대량 학살의 대상으로 삼았다(Ayaß, 1995).

장애인의 삶은 전혀 쓸모없는 것으로 간주하였으며, 더군다나 지속적인 전쟁으로 인하여 전상자들을 위한 여러 가지 시설이나 물자가 필요했기 때문에 장애인들이 사용하던 집이나 침대를 다른 용도로 사용하려고도 하였다. 그리고 민족사회주의자들은 장애인들에게 높은 사회적 비용을 지불해야 하는 것에 대하여 국민들을 설득하기 위해 전국 도처에 장애인 한 명의 비용과 한 가족의 집세를 비교하는 벽보를 제작하여 부착하였다. 아울러 이를 알리는 정치 선동용 영화를 민족사회주의 의사들과의 협력을 통하여 상영하기도 하였다.

1933년 7월 14일 유전성 질병을 가진 환자에 대하여 강제적인 불임시술을 구상한 '차세대 유전성 질병 예방법(Gesetz zur Verhuetung erbktanken

Nachwuchses, GzVeN)'과 1935년 10월 18일 '독일 국민의 유전성 건강 보호법(Gesetz zum Schutz der Erbgesundheit des deutschen Volkes)'이 각각 공포되었다. 이 두 법을 통하여 나치 정권은 우생학적 이념을 배경으로 이른바 '합법적'인 근거를 마련하여 독일 국민의 신체를 정화하고자 하였다. 또한 1939년 폴란드에 대한 기습공격을 시점으로 제2차 세계대전의 개시와 함께 민족사회주의자들은 재정적, 경제적, 식량 정책 및 군사적인 입장에서 안락사 프로그램을 합당한 빌미와 동기로 악용한 것이다(Friedlander, 1997).

히틀러는 아리안족의 건강상태를 계속하여 개선하기 위하여, 1939년 10월부터 소위 '안락사(Euthanasie)' 혹은 '자비로운 죽음(Gnadentod)'이라는 이름으로 미화하여 장애인을 살해할 프로그램을 세웠다. 이에 지적 혹은 신체적 장애로 인하여 아리안족의 이상형에 부합되지 않는 신생아를 비롯하여 아동, 청소년, 성인들이 희생자로 목숨을 잃었던 것이다. 당시 의사를 비롯하여 산파, 간호사 및 간병인 등 병원 관련 인력들은 유전적으로 결함이 있는 신생아들을 보건 당국에 신고해야 하는 의무를 가졌으므로, 이러한 잔인한 계획에 직·간접적으로 관여하게 되었다. 민족사회주의자들은 맹인, 농인, 경련성 간질인, 각종 사고로 인한 장애인, 지적장애인, 행동장애인 등을 국가에 재정적인 부담만 주는 이른바 "무가치한 기생충"으로 간주하였다(Kühl, 1997).

안락사 프로그램은 대표적으로는 'Aktion-T4'로 명명되었으며, 당시 해당 대상자들을 대량으로 살해할 특별 시설들이 그라페넥(Grafeneck), 브란덴부르크(Brandenburg), 하르트하임(Hartheim), 피르나(Pirna), 베른부르크(Bernburg) 및 하다마르(Hadamar) 등 여러 지역에 설치되었다. 나치 정권의 "Aktion-T4"의 조치 시기인 1940년 1월부터 1941년 8월까지만 약 7만여 명 이상과 제2차 세계 대전의 종전(終戰)까지는 약 20여만 명 이상의 장애인, 정신질환자 등이 앞서 언급한 6개 도시에 설치된 특별 시설에서 계획적인 기아사, 독주사, 의료처지 불이행 및 독가스 등을 통하여 억울한 죽음을 맞이하였다. 그 당시 수많은 장애인 시설에는 장애아동들을 의학적 실험용으로 악용하여 결국 죽음을 맞이하는 이른바 "아동전용부서(Kinderfachabteilung)"가 설치되었다. 제2차 세계대전이 종료될 때까지 이와 같은 아동을 대상으로 자행한 안락사에서 약 5천 명 이상이 희생되었고, 그 가운데 약 300여 명이 뤼네부르크(Lueneburg)에 설치된 아동전용부서에서 희생되었다(Ley, 1997).

히틀러는 안락사를 위한 아동전용부서의 각 병동의사들에게 장애 아이들을 잠 재울 때 매주 일정한 용량의 수면제나 마취제를 주사하도록 지시하였다. 이에 담당 의료진들은 그때마다 의약품에 대한 용량을 결정하였는데, 일반적으로는 소아에게는 대표적인 숙면제 또는 지속성 최면제의 일종인 루미날(Luminal) 5~7알을 물에 녹여서 투여하였다. 그리고 청소년들에게는 의사의 지시에 따라서 간호사들이 루미날과 함께 모르핀(Morphine)을 근육 내에 주사하였다.

그리고 독재정권은 희생자들의 가족들이 찾아오지 못하도록 시신은 곧 화장시켰으며, 대부분 상투적으로 심장마비, 폐렴, 기관지염 등 전혀 다른 사인(死因)을 기록하였다. 아울러 이러한 안락사 프로그램은 매우 비밀리에 진행하였는데, 학살시설 근처에 거주한 대부분의 주민들은 굴뚝에서 분출되는 냄새의 근원을 짐작하였지만, 극심한 공포로 인하여 침묵하여야 했다. 1941년 8월에 이러한 대량 학살 행위는 히틀러의 명령으로 공식적으로 일시 중단되었는데, 그 결정적인 이유는 국민들과 교회의 불만 및 항의가 있었기 때문이었다. 특히 가톨릭의 주교이자 추기경이었던 클레멘스 폰 갈렌(Clemens von Galen, 1878-1946)이 민족사회주의 정부의 대학살에 대하여 강력하게 압력을 가했지만, 이미 많은 사람들이 처참한 희생제물이 되었다.

그뿐만 아니라 히틀러는 장애를 유전적인 것으로 이해하여 수많은 장애인에게 그들의 의지와는 상관없이 강제로 불임시술을 자행하였는데, 이는 그가 장애인들이 자녀를 낳는 것을 원하지 않아 조기에 조치를 취한 것이다. 히틀러가 권력을 거머쥐고 제3제국 시대가 개막된 후에 철저한 계획 속에서 강제불임시술 프로그램이 실시되었는데, 1933년에서 1945년까지 거의 12년 동안 무려 40만여 명이 희생자로 기록되었다. 오스트리아에서는 1940년부터 1945년까지 최소 6천여 명의 남성 및 여성들에게 강제적 불임시술이 시행된 것으로 알려졌다(Benzenhöfer, 2006).

민족사회주의자들이 추구했던 이상적인 인간상은 인종주의 이념을 바탕으로 반인도주의적이고 냉소적인 인간멸시 등의 혼합 형태로서 인간의 생명에 대한 가치를 오로지 경제학적인 기준과 규범으로만 평가하였던 것이다. 민족사회주의적인 규범이나 가치에 부합되지 않는 사람은 더 이상 독일의 국민공동체에 유용하지 않은 것으로 구분되었고, 이에 결국 정신질환자나 시설에 거주하는 장애인 등은 제거해야 할 '쓸모없는 짐(擔)적 존재(Ballastexistenz)'로 간주되었다(Klee, 1985b).

1. 보건 · 의료 정책

독일 히틀러의 전체주의적 국가에서 보건 및 의료제도는 철저히 민족사회주의적 정치 이념을 배경으로 획일적이고 관제화된 형태에서 운영되었다. 다시 말하자면, 그 당시 보건 · 의료 정책은 주로 민족사회주의 체제의 인종정책과 전쟁 지향적인 정책을 중심으로 계획하고 실행되었던 것이다. 그리고 보건 · 의료 정책은 더 이상 개개인에 대한 서비스나 자유, 권리 등에 관심을 두지 않고, 오히려 독일 '민족공동체(Volksgemeinschaft)'의 전체적 이익 추구와 건강 유지를 선행적인 핵심과제로 삼았다. 히틀러와 민족사회주의자들이 설정한 사회적 규범과 기대를 기준으로, 한 인간의 '가치성(Wertigkeit)'이 평가되었으며, 나치 정권이 지향하는 인간상에 따라서 특정부류나 집단은 사회적 통합 혹은 배제의 대상이 되었다. 이 시대의 의학과 의료인들은 오로지 민족사회주의자들이 정립한 정치이념을 계획적으로 실현하는 과정에 악용된 수단과 도구에 지나지 않았다. 그 당시 5만 2천여 명의 의료인들 가운데 약 45%가 민족사회주의 독일 노동자당의 당원이었다(Bajohr/Wildt, 2009).

한편 1933년에 의사회는 전체 의사 중 유대인이 차지하는 높은 비율에 대하여 언급하였는데, 독일 국민 가운데 유대인은 0.9%이지만 유대교를 가지거나 유대인 혈통인 의사 비율은 약 17%에 이르렀다. 당시 유대인 의사들은 동료 의사들에 비하여 학문적으로나 정치적으로 훨씬 더 자유롭고 현대적인 감각과 태도를 가졌다. 그에 비하여 민족사회주의 독일 노동자당의 대리인 역할을 하는 보수주의적인 의사회는 규모 면에서는 훨씬 더 큰 집단을 형성하였다. 1929년 8월에 이미 연합체 형태로 '민족사회주의 독일 의사연맹(Die Nationalsozialistische Deutsche Aerztebund; NSDAEB)'이 결성되어 보수주의적이고 반유대주의적인 사상을 바탕으로 전통적인 '의사연맹(Aerztebuende)'에 대항하였다. 이처럼 민족사회주의자들은 보수적인 의사회의 전폭적인 지원을 통하여 왜곡된 독일의 건강 정책에 큰 영향력을 과시할 수 있었다. 반유대적이고 반현대주의적인 사고를 가진 대다수의 의사들은 민족사회주의 독일 노동자당의 의도에 따라 보건 · 의료 정책을 실현하는 도구로 전락하였던 것이다(Wippermann, 1989).

유대인 의사들은 히틀러의 권력 장악과 함께 즉각적으로 공식 추방되었을 뿐만 아니라, 사회에서도 유대인 의사들에 대한 다양한 차별과 편견이 만연하였다. 당시에 발행되었던 민족사회주의적 성향의 정기 간행물 '돌격대(Stuermer)'와 민족사회주의 독일 의사연맹(NSDAEB)이 발간하는 '목적과 길(Ziel und Weg)'이라는 잡지를 통하여 유대인 의사들에 대하여 거친 비방이 자행되었다. 이미 1933년 2월에 많은 의과대학에서 유대인 대학생들에 대한 시위가 있었는데, 같은 해 4월 1일에는 나치스 친위대와 나

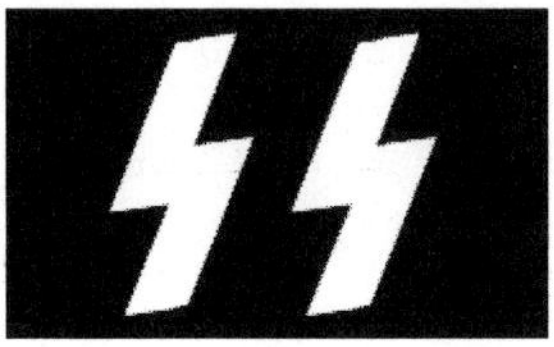

나치스 친위대의 상징

나치스 돌격대의 상징

치스 돌격대를 통하여 유대인 의사들과 변호사들의 직업을 금지하고 유대인 의사들에게 독일인들이 진료를 받지 않도록 요구하였다.

1933년 4월 7일 '직업공무원 제도 복구를 위한 법(Gesetz zur Wiederherstellung des Berufsbeamtentums)'이 발효되었다. 이는 1933년 공직에서의 비아리아인 출신의 공무원들뿐만 아니라 민족사회주의 체제를 반대하는 정적들을 축출하기 위한 초석이었다. 이에 유대인, 슬라브인, 집시 등은 공무원이나 직원 등 공공부문에서의 활동이 허락되지 않았다. 그 가운데 특히 교수, 의사 및 대학이나 보건당국 및 국립병원에서의 의료 관련 직무에서 이들은 고용이나 임용에 배제를 당하였다. 아울러 개업 중인 유대인 출신의 의사의 직업을 금지하였을 뿐만 아니라, 대학에서 의학도로 있는 유대인 재학생들마저 '독일학교 및 대학교의 과잉에 대한 법(Gesetz gegen die Ueberfuellung der deutschen Schulen und Hochschulen)'에 의거하여 교육권에서 배제시켰다. 이에 의학연구 분야에서 수많은 유대인 연구원들이 해고되었다(Krumeich, 2010).

1933년 4월 22일의 '의료보험제도권에서의 의료행위 허용에 관한 시행규칙(Verordnung ueber die Zulassung von Aertzen zur Taetigkeit bei den Krankenkassen)'을 통하여 비아리아인 의사와 공산주의 진영에서 활동했던 의사들에 대하여 의료보험 가입환자를 대상으로 하는 진료 허가증을 압류하였다. 물론 유대인 의사들은 감독위원회나 상담자 혹은 심사자 등 모든 활동이 전면 금지되었다. 또한 아리아인 의사와 비아리아인 의사들이 협력하여 병원을 조직하는 것도 허용되지 않았으며, 나아가 비아리아인 출신의 의사는 진료 위임행위도 하지 못하도록 막았다. 이에 1933년에 이미 약 3천여 명의 유대인 의사들이 의원 시설을 닫아야 했다. 나머지 의사들은 제국의사총재인 게르하르트 바그너(Gerhard Wagner, 1888-1939)가 이끄는 제국의사협회(Reichsaerztekammer)에 동조할 것을 강요당하였다. 그는 전당대회의 한 연설에서 '의사직과 의학이라는 학문은 궁극적으로는 유대인의 정신으로부터 해방되는 것이다'라고 공포함으로써 유대인들을 의료와 관련된 직업에서 철저히 추방하고자 했던 것이었다(Heyder, 1996).

1938년부터 유대인 의사들은 실제로 직업이 금지되었고, 단지 '환자 간병인(Krankenbehandler)'으로서 유대인만을 돌봐야 했다. 결국 1938년 7월의 '제국시민법 시행규칙(Verordnung zum Reichsbuergergesetz)'으로 말미암아 유대인들은 의사면허를 빼앗겼으며, 1939년에는 유대인 치과의사, 수의사 및 약사의 허가까지 박탈하였다. 이렇게 1933년부터 1939년 사이에 독일의 총 5만 2천여 명의 의사들 가운데 약 9천여 명의 유대인 의사들이 자신의 직업에서 제명 처리되었다.

한편 1933년 이전부터 우생학적 측면에서 신체적, 정신적 장애인과 성인 및 아동 환자에 대한 의학적, 사회적 비용 논의와 연구가 시작되었다. 히틀러는 자신의 저서인 『나의 투쟁*Mein Kampf*』에서 당사자에게는 불행한 조치이지만 동 시대의 사람이나 후손에게는 축복인 '유전성 질환자에 대한 격리'에 관하여 기술하였다. 또한 민족사회주의자들은 유전성 질병이 이어지는 것을 예방함으로써 독일의 '민족공동체(Volksgemeinschaft)'가 점점 더 개선될 것으로 보았으며, 1933년 7월 14일에 이른바 독일의 유전건강법인 '차세대 유전성질병 예방법'이 공포되었다. 강제 불임시술에 대한 결정은 고등법원에 편입되어 독자적으로 설치된 '유전성 건강 법원(Erbgesundheitsgericht,

EGG)'이 권한을 가졌다. 여기에는 고등법원 위원 1명과 민족사회주의 이념을 가진 유전성 건강학 전문 의사 2명으로 구성된 심의위원회가 결성되어 있었다. 사회적 다윈주의적 이념을 바탕으로 제정된 '차세대 유전성 질병 예방법' 제1조에는 다음에 해당하는 자를 유전성 질병자로 간주하여 반드시 불임시술을 실시해야 하는 대상으로 정하였다(Lemme, 1937).

- 선천성 지적장애
- 정신분열증
- 주기적(조울증적) 정신병
- 유전성 간질병
- 유전성 무도병(舞蹈病)
- 유전성 맹
- 유전성 농
- 중증 지체장애(기형)
- 중증 알코올중독증

이 법은 1934년 1월 1일부터 시행되었는데, 첫 해에 약 8만 4천여 개의 불임시술 신청서가 제출되었다. 그 가운데 약 6만 2천 개의 신청서가 유전성 건강 법원으로부터 불임시술이 허용되었고, 실제로는 절반 정도가 시행되었다. 희생자의 수는 해를 거듭할수록 증가하였는데, 나치 정권은 1933년부터 1945년까지 약 40만여 명의 지적장애인, 정신질환자, 조현병, 유전성 맹 및 남성 동성애자, 기타 유전적 질환을 가진 사람들을 대상으로 자녀를 가지지 못하도록 수많은 강제 불임시술을 자행하였다. 또한 그들 가운데서 수천 명의 사람들, 특히 여성들이 수술 중 혹은 수술 후에 부작용으로 숨졌으며, 수술 전에 스스로 목숨을 끊기도 하였다. 한편 강제적인 임신중절 신청서에 대한 항의는 때때로 시술 실행을 연기시켰지만 결국은 희생제물이 될 수밖에 없었다.

그 당시 새롭게 설립된 국립 보건소들은 우생학적 배경으로 세워진 의료·보건 정책을 적극적으로 관철해야 했으며, 위생경찰의 업무와 관련된 의료적 소견, 우생학이나 인종학 혹은 부부상담 등에서의 제반 문제를 처리해야만 했다. 1935년 9월 15일 민족사회주의자들은 제국 의회전당대회에서 독일의 명예와 독일혈통의 보호를 위한 뉘른베르크법(Nuernberger Gesetz) 혹은 뉘른베르크 인종법(Nuernberger Rassengesetz) 혹은 뉘른베르크 아리안법(Nuernberger Ariergesetz) 등으로 명명한 법률을 통하여 반유대인 이데올로기에 대한 법적 기초를 마련하여 제도화하였다. 히틀러와 민족사회주의 독일 노동자당은 이 법에 근거하여 유대인과 비유대인 간의 결혼을 바로 금지시켰다. 아울러 1935년 10월 18일의 독일국민의 유전건강보호법(Gesetz zum Schutze der Erbgesundheit des deutschen Volkes) 혹은 부부건강법(Ehegesundheitsgesetz) 등이 제정된 후에는 특정 질병이나 장애를 가진 사람과의 혼인도 엄격히 금지되었다(Noakes, 1986).

1939년부터 의료진들은 민족사회주의적 안락사 프로그램의 실행과 관련하여 협력활동을 시작하였다. 안락사(Euthanasie)는 그리스어로 '좋은' 혹은 '옳은' 죽음이라는 의미인데, 이를 민족사회주의는 지적, 지체 장애 혹은 난치성 질병을 가진 사람들에 대한 체계적인 대량 학살에 대하여 은밀하게 왜곡하고 미화시킨 것이다. 제2차 세계대전에서 의사들은 유럽지역의 점령지에 설치된 강제수용소의 수용자들과 수백만 명에 이르는 유대인들을 대상으로 실시한 비인간적인 생체 실험에도 가담하였다. 당시 생체실험은 독일 국방군, 독일 계보 유전학회, 독일연구회, 다양한 대학들 및 제약회사 등이 재정적, 인력 및 관련 기자재들을 적극적으로 지원하였다.

나치스 강제수용소에서 선발된 실험 대상자들은 나치스 친위대나 독일 국방군 소속 의사들에 의하여 극심한 고통 가운데 죽음에 이르는 의학용 실험에 희생되었다. 그리고 생존한 실험 대상자들과 돌보미들은 불렌후저 담(Bullenhuser Damm) 사건처럼 은밀하게 죽임을 당하였다. 불렌후저 담은 현재 독일의 바이에른(Bayern) 주와 바덴 뷔템베르크(Baden-Wuetemberg) 주 사이의 북서쪽에 위치한 로텐부르크(Rothenburg) 시에 소재한 학교이다. 1945년 4월 21일 저녁, 전쟁의 막바지에 나치스 친위대들이 강제수용소의 부속 건물 지하실에서 20여 명의 아이들과 돌보미들을 끔찍하게 학살한 사건이 있었다. 불렌후저 담 학교는 1948년에 다시 문을 열었고, 1980년에는 폴란드의 의사이자 동화책 저자인 유명한 교육학자 야누츠 코르착(Janusz Korczak, 1878-1942)의 이름을 따라 명명했다. 1987년부터 이 건물은 더 이상 학교로 사용되지 않고 핀케나우(Finkenau) 유치원 재단의 유치원으로 옛 건물이 존재하고 있다. 야누스 코르착은 당시 자신이 운영했던 고아원 소속의 아이들이 강제수용소로 이송되어 갈 때, 죽음을 의미함을 알면서도 그들과 함께 동행하여 강제수용소에서 일생을 마치게 되었다(Beiner, 2011).

당시 나치 정권이 생체실험 대상자들에게 자행한 대표적인 실험은 발진티푸스(Fleckfieber) 실험을 비롯하여 말라리아(Malaria)와 결핵(TBC) 실험, 총상, 폭발사고 부상 혹은 소이탄으로 인한 부상의 수술 실험 등이었다. 바이에른 주의 뮌헨 북서쪽에 위치한 다흐아우(Dachau)에서는 소

다흐아우 강제수용소

금물 실험이 있었고, 오늘날 프랑스 지역인 나츠마일러 쉬트루트호프(Natzweiler- Struthof)에서는 가스실에서 전투용 화생방 물질을 가지고 실험하였으며, 오늘날 폴란드 서남부 지역에 위치한 아우슈비츠(Auschwitz)에서는 여성들에 대한 대규모 불임시술 과정이 주요 실험 내용이었다. 강제수용소 외부에서도 강제노역자와 정신질환자를 대상으로 당사자의 동의 없이 인체실험을 감행하였다. 독일 엘베(Elbe)강의 지류이며, 북 독일에 위치한 하펠(Havel) 강변의 브란덴부르크 지역의 교도소에서는 인간에 대한 효과적인 학살을 위하여 실험용 가스를 이용한 살해 행위가 실시되었는

아우슈비츠 강제수용소

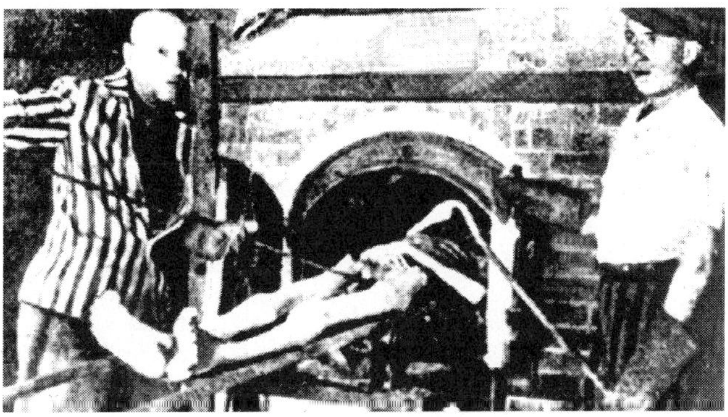

강제수용소의 화장터 소각로

데, 1940년 2월부터 10월까지의 통계만 보더라도 9,972명의 희생자가 발생하였다(Steegmann, 2010).

독일의 민족사회주의적 인종우생학은 질병의 계속적인 유전적 전이를 의미하여, 나치 정권은 특히 정신질환, 경련성 간질과 더불어 유대인, 슬라브인, 집시 등의 소위 열등한 인종과 아리아인과의 혼혈을 국민건강의 입장에서 결코 양립할 수 없는 것으로 간주하였다. 따라서 1933년 7월 14일의 '차세대 유전성 질병 예방법'과 1935년 9월 15일의 소위 '뉘른베르크법' 중 하나인 '혈통보호법(Blutschutzgesetz)'을 통하여 이를 예방하려고 하였다. 이러한 법률은 다양한 의료진들의 수많은 의학적인 평가를 필요로 했는데, 이는 수술 대상자들이 인간의 기본적 존엄성을 광범위하게 훼손당하는 결과를 낳았다. 이른바 유전성 건강 재판을 통하여 약 40만 명이 강제불임시술 대상으로 지목되었고 의사들에 의하여 즉각 실행되었다. 그 과정에서 약 5천여 명(대부분 여성)이 수술 부작용으로 사망하기도 하였다(Ruault, 2006).

1938년 8월 18일 제국내무부장관의 지시회람(指示回覽)에 의하여 의료진들과 산파, 조산원, 출산보조원, 어린이 병원 등은 중증 유전성 질병을 가진 아이를 관계 보건당국에 일정한 양식에 따라 통보할 의무가 있었다. 이는 아래와 같이 매우 다양한 환자집단을 체계적으로 학살하기 위한 일련의 출발점이었다.

- 1939년-1945년: 아동 안락사
- 1940년-1941년: Aktion T-4(성인 정신질환자) 프로그램
- 1941년-1944년: Aktion 14f13(노동능력이 없는 강제수용소 수용자) 프로그램
- 1943년-1945년: Aktion Brandt(병원 입원 중인 정신질환자) 프로그램

이러한 살해행위는 일종의 완곡어법(婉曲語法)의 형태로 죽음 진행과정

굶주린 소련군 전쟁포로

에서 죽음을 돕는(Sterbehilfe) 측면에서 이른바 '아름다운' 혹은 '좋은' 죽음의 의미인 '안락사(Euthanasie)'로 표현하였다. 베를린에서 자행된 이른바 'Aktion T-4'는 사회적 항의와 교회의 저항으로 1941년에 일시적으로 공식 중단되었다. 이에 주치의들은 환자들의 유전성질환과 관련된 결정적인 진단 · 평가를 내리는 데 잠시 동안은 좀 더 신중해지기도 했다.

독일 제3제국 시대의 의료진들은 강제수용소의 전임 의사이거나 혹은 노동 적합성 여부 진단, 해충 구제 등에 책임을 가진 공의(公醫)들이었다. 노동능력이 없는 강제노역자들에게는 '식이요법용 음식(Diaetkost)'이라는 미명 아래 최소한의 음식물만을 공급하기도 하였다. 일부 여성 강제노역자들에게는 인종주의적이고 노동경제학적인 이유로 강제 불임시술과 강제 임신인공중절이 시행되었다. 그 당시 국립이나 사립, 혹은 기독교 병원, 군병원, 요양시설 혹은 요양병원 등의 강제노역자들도 중요한 전쟁노동인력으로 투입되었다. 의사들은 수용소 거주민들의 노동능력 여부에 따라 그들의 삶과 죽음을 결정하였던 것이다(Gruchmann, 1983).

아울러 안락사 희생자들이나 강제수용소에서 사망한 러시아인, 유대인 혹은 폴란드인 등 강제노역자들의 시신에서 금니까지도 치과 의료진의 감

강제수용소의 인체실험용 해부실

독 하에 체계적으로 뽑아내었다. 강제수용소의 경우 이러한 사자(死者)로부터 탈취한 노획물은 경제 관련 주무관청이나 행정관서로 수송되었다. 그리고 시신의 각 부분들은 연구 목적의 의학적 표본으로 사용하였다. 특히 1911년 1월 11일 건립된 '카이저 빌헬름 학문진흥학회(Kaiser-Wilhelm-Gesellschaft zur Foerderung der Wissenschaften)'는 베를린에서 자행된 이른바 'Aktion T-4' 대학살 프로그램에서 수많은 뇌 표본을 소장하였고, 쉬트라스부르크(Strassburg) 독일제국대학교는 나츠바일러 쉬트루트호프(Natzweiler-Struthof)에 소재한 강제수용소 소속의 해부학 연구소 소장이며 독일-스위스 국적의 해부학자 아우구스트 히르트(August Hirt, 1898-1945)를 통하여 살아 있는 수용자의 인체골격 86개의 수집을 신청하였다.

그 당시 모든 해부학 연구소들은 수많은 수용자들이 처형된 뒤에 바로 그 시신들을 기꺼이 수용하였는데, 이는 처형장 근처에서 시간, 공간적으로 '신선한' 인체 조직과 장기를 적출하기 위함이었다. 민족사회주의자들은 범행을 은폐하기 위해 사망진단서에 주로 허위의 사인을 기록하였다(Klee, 1997).

대부분의 질병 이름은 의료진 자신의 명예를 높일 뿐만 아니라, 역사적인 배경 가운데서 관련 연구들을 돕기 위하여 자신의 이름을 첨가하여 명명하는 것이 일반적이다. 2015년 7월 8일 로마에 있는 라 사피엔차(La Sapienza) 대학교에서는 민족사회주의적 의사들의 이름을 따라 명명된 병명의 개명 및 대안 논의를 위한 세미나가 개최되었다. 여기에는 그 당시 동조했던 의사뿐만 아니라 민족사회주의의 강제수용소에서 생체실험에 적극 가담한 의료진들의 이름으로 명명된 15가지의 다양한 질병이 논의되었는데, 그중에 대표적인 몇 가지를 살펴보면 다음과 같다(Przyrembel, 2003).

- Morbus **Reiter**(애디슨(Addison)병, 반응성 관절염): 한스 라이터(Hans **Reiter**, 1881-1969, 세균학자, 위생학자)
- Morbus **Wegener**(다발성 혈관염 동반 육아 종증): 프리드리히 베게너(Friedrich **Wegener**, 1907-1990, 병리학자)
- **Hallervorden-Spatz** Syndrom(할러 보덴-참새 증후군, 뇌의 철분 침전으로 인한 신경계 퇴화증): 율리우스 할러보르덴(Julius **Hallervorden**, 1882-1965, 의사 및 뇌과학자)과 후고 쉬파츠(Hugo **Spatz**, 1888-1969, 신경병리학자)
- Cauchois-**Eppinger**-Frugoni-Syndrom(문정맥 혈전증(門靜脈 血栓症)): 한스 에핑거 2세(Hans **Eppinger** junior, 1879-1946, 오스트리아 내과의사)
- Van-Bogaert-**Scherer**-Epstein-Syndrom(뇌건성 황색종증): 한스 요하임 쉐어러(Hans Joachim **Scherer**, 1906-1945, 신경병리학자)
- **Clauberg**-Test(여성호르몬인 프로게스테론 검사): 칼 클라우베르크(Carl **Clauberg**, 1898-1957, 부인과의사)
- Infantile Neuroaxonale Dystrophie(**Seitelberger**-Krankheit, 자이텔베르거 병, 축삭퇴행위 축증): 프란츠 자이텔베르거(Franz **Seitelberger**, 1919-2007, 오스트리아 신경과 전문의)

- **Clara**-Zelle(말단 기도(氣道)의 분비성 세포): 막스 클라라(Max **Clara**, 1899-1966, 오스트리아계 독일 해부학자)
- Beck-**Ibrahim** Syndrom(진균성 피부병): 유수프 이브라힘(Jussuf **Ibrahim**, 1877-1953, 이집트계 독일 소아과 의사)
- **Spatz**-**Stiefler**-Reaktion(부전(不全) 마비 테스트): 후고 쉬파츠(Hugo **Spatz**, 1888-1969, 신경병리학자), 게오르크 쉬티플러(Georg **Stiefler**, 치과의사)

히틀러 정권의 보건·의료 정책에서의 만행은 인종주의와 사회적 다윈주의를 기초로 하여 유대인의 축출, 강제적인 임신중절시술 및 생체실험에 이어 환자, 장애인 등에 대하여서도 이른바 '살 가치가 없는 목숨'으로 분류하여 멸절 행위를 자행하였다. 다시 말하자면, 히틀러의 나치 정권이 가진 이념의 경멸적인 인간상은 수많은 무고한 사람들에 대한 대학살로 그 정점을 찍게 되었다. 히틀러는 1939년 10월부터 약 20만 명 이상의 정신질환자와 병상의 환자들, 민족사회주의자들의 입장에서 보는 사회적 규범이나 사고방식과 배치되는 사람들을 구속하고 살해하였다. 이를 위해 이미 1939년 여름부터 안락사법(Euthanasie-Gesetz)의 계획과 함께 정신질환자와 기타 환자들의 건강상태에 대한 신고 및 조사양식이 세세하고 체계적으로 구비되었다. 또한 당시 이와 같은 대량 학살을 조직하고 계획하고 실행하는 데 가담한 의사들은 스스로를 발전적이고 근대적인 보건·의료 정책에 이바지하는 실천자로 보았다.

일반적으로 히틀러의 잔악한 대량 학살은 다음의 두 가지 유형으로 구분되어 실행되었는데, "Aktion T-4" 및 "Aktion Sonderbehandlung(특별대우, 즉 살해, 처형의 은어) 14f13" 등과 같이 주로 아동들을 대상으로 한 살해 프로그램과, 환자와 유대인, 집시, 폴란드인 및 우크라이나 국민 등 점령지역의 특정 집단들을 주 대상으로 한 학살행위인 "Aktion Reinhardt"이다(Aly, 1989).

베를린 티어가르텐 4번지의 기념비

'Aktion T-4'의 중앙본부는 베를린의 티어가르텐가(街)(Tiergartenstrassse) 4번지에 소재하였으며, 학살 프로그램은 다양한 과정으로 구분되었다. 먼저 신청서를 통하여 체계적인 조사가 시작된 후에 1939년 8월에 장애아동들에 대한 신고의무제가 도입되었다. 이는 1939년 9월 말부터 시작된 장애아동에 대한 대량 학살의 근거를 마련해주었는데, 10만여 명의 아동들이 장애 의심 대상자로 파악되었고, 그중 2만여 명은 더 정확히 진단 · 판별하여 약 5천여 명에게 사형 판결이 내렸다. 이 아이들은 아동전문 부서로 이송되어 특히 독주사를 통하여 죽음을 맞이하였으며, 희생자의 시신 일부는 연구용으로 이용되기도 하였다(Burleigh, 2002).

1930년 말과 1940년 초에는 성인들을 대상으로 하는 조직적인 대량 학살 범죄가 국가적으로 자행되는데, 28만여 명의 신고서들 가운데 7만여 명에게 사형판결이 언도되었고 독주사 외에도 가스실에서의 가스 중독사를 통하여 생명을 잃었다.

이러한 집단살해 행위는 헤센(Hessen) 주의 하다마르를 비롯하여 바덴 뷔템베르크 주의 그라페네크, 작센(Sachsen) 주의 존넨슈타인(Sonnenstein), 작센 안할트(Sachen-Anhalt) 주의 베른부르크 등 독일 전역과 오스트리아 린츠 부근의 하르트하임 지역 등에 걸쳐 광범위하게 발생하였다. 이러한 국가적인 만행은 1940년 7월에 처음으로, 특히 교회의 거센 저항을 받아 1941년 8월에 일시적으로 중단되었다. 하지만 1년 후 헤센 주의 하다마르에서 정신병원 환자 신고 의무화를 바탕으로, 극도의 비밀을 유지한 가운데 성인에 대한 대량 학살이 다시 조직적으로 계획, 실행되었다(Faulstich, 1998).

브란덴부르크에 위치한 옛 장애인 살해용 가스실 및 소각장 터

한편 'Aktion Sonderbehandlung(특별대우, 즉 살해) 14f13'은 'Aktion T-4'와 관련되는데, 여기에서는 더 나아가서 지적장애인과 정치범 강제수용소 및 강제노동수용소에 있는 질환자들을 살해하기 위하여 안락사 시설과 그 직원들을 이용하였다. 이 범죄는 나치스 친위대 사령관인 하인리히 힘러의 직접적인 명령으로 시행되었는데, 튀링엔(Thueringen) 주에 소재한 부헨발트(Buchenwald) 지역의 수용소 소장에게 내린 비밀명령으로 모든 지적장애인 및 지체장애인 수용자들에 대한 대량 학살이 자행되었다(Alisch, 2010).

독일군들이 점령한 다른 지역에서도 독일 민족사회주의자들의 장애인과 환자에 대한 범죄행위가 계속되었다. 제2차 세계대전의 발발과 함께 곧바로 폴란드에 있는 시설거주자들이 희생되었으며, 1942년 9월부터는 소련 지역의 지적장애인에 대한 대량 살해도 발생하였다. 특히 나치스는 점령지인 폴란드에서 정치, 법, 경제 및 교육영역 등 국가와 사회에 특별한 영향력을 과시할 만한 지성인들도 대량 학살의 대상에 포함하였다. 1939년 9월 독일군이 폴란드를 기습 공격한 후 1년 내에 1만 명에서 1만 5천여 명의 지

히틀러 청년단의 사격훈련

적장애인 시설의 수용자들과 8만여 명의 의사, 교사, 법조인, 공무원, 약사, 성직자 및 대농장 소유주 등이 목숨을 잃었다. 독일 민족사회주의자들은 환자와 장애인뿐만 아니라 여러 이유로 다양하게 구분된 사람들에 대한 학살 외에도 참혹한 만행을 계속하였는데, 유대인에 대한 추방과 학살 그리고 집시, 동성애자, 정적들에 대한 살해 등 매우 광범위한 탄압이 이루어졌다. 나치 정권의 살해 행위는 공식적으로 계획된 살인을 통해서뿐만 아니라 환자와 장애인들을 수용하고 분리하는 과정에서 아사(餓死) 등 불량한 영양 상태와 거주 환경으로도 수많은 사람들이 목숨을 잃었다(Hamm, 2005).

한편 히틀러 시대의 모든 남자아이들은 기본적으로 신체적, 정신적으로 군인으로서의 교육과 훈련을 받았는데, 때문에 아이들은 유년 시절부터 학교생활과 동시에 히틀러 청년단(Hitlerjugend)에서 민족사회주의적인 정치이념으로 무장하여야 했다. 즉 남자아이들은 학교 체육시간이나 여가활동에서 군 입영 전의 능력과 민족사회주의적 정치이념을 전수받았다. 따라서 인종주의 사상, 국민공동체의식, 군복무 능력, 통솔력 등을 함양하고, 학교에서 스포츠 경기를 통하여 단체생활 및 군 장비를 다루는 기초 기술을 익혀야 했다.

여자아이들에게는 또 다른 이상적인 관념들을 주입하였는데, 모성적인 본능에 충실하여 여성적인 건강과 신체를 관리하여야 했다. 여자아이들에게 스포츠는 단지 체조활동만 허락되었는데, 체조가 여성의 신체를 단련하는 데 매우 적합하며 특히 여성 성기능 및 생식기 보호에 유용한 스포츠라고 판단하였기 때문이다. 또한 남성과 비교했을 때에 여성들의 발언권이나 결정권은 훨씬 축소되었다. 히틀러는 정치 선동에서 여성들을 어머니로서 '혈통의 파수꾼(Waechterin des Blutes)'으로 묘사하였고, 아울러 인종주의적인 사상을 독일의 가족계획 속에 주입시켰다. 이러한 나치 정권의 보건·의료 정책은 출산 장려 측면에서는 긍정적으로 평가할 수도 있지만, 반면에 '차세대 유전성 질병 예방법'을 통하여 장애아동과 허약한 아동에 대한 대량 학살의 만행을 불러일으킨 법적 근거로도 작용하였다. 그 밖에도 독일 민족사회주의자들은 당시 보건·의료 정책의 중심과제 중 하나였던 민족공동체(Volksgemeinschaft)의 개선을 위하여 음주와 흡연을 금지하고, 건강하고 활동적인 생활태도를 가질 것을 지속적으로 선전하였다(Heilemann, 2001).

2. 학교교육 정책

1933년부터 1945년까지 히틀러와 민족사회주의 시대에서 유치원부터 대학까지의 학교 교육은 무엇보다도 전체주의적 교육(totale Erziehung)의 이론과 실제에 초점이 맞추어져 있었다. 나치 정권의 주요 교육은 이른바 아리아적인 청년을 인종주의적인 사고의식을 가진 독일 민족공동체의 일원으로 양육하는 것과, 청소년들의 신체를 강철같이 단련하고 민족사회주의적 이념을 심어주는 데 초점을 두었다.

독일 민족사회주의의 청소년 정책 및 교육 정책은 앞선 바이마르 공화국 시대의 교육체제에서 탈피하여 1933년부터 다음과 같은 세 단계를 거쳐 체계적이며 조직적으로 실행되었다(Rudnick, 1990).

- 제1단계, 권력 확보기(1933-1935): 나치 정권과 정적(政敵)의 입장에 있는 교육학자들의 축출, 국가와 사회의 통제 및 중앙집권화, 청소년조직의 재편성
- 제2단계, 전쟁준비기(1936-1940): 학교구조의 재조직화, 새로운 교육과정, 히틀러 청년단 의무 가입 및 야영교육, 새로운 규정의 교사교육 실시
- 제3단계, 권력의 확대기 및 몰락기(1941-1945): 학생을 대상으로 한 신병징집(고사포대부사수, 참호구축작업 혹은 건축공사 등), 점령지역 주민들에 대한 교육의 최소화 등

히틀러식 경례

반지성주의, 반인본주의, 인종주의 및 남성우월주의적인 사상 등을 바탕으로 한 민족사회주의자들의 정치적 선동과 히틀러에 대한 숭배는 학교수업에서뿐만 아니라 모든 아이들이 가입해야 하는 히틀러 청년단의 주요 교육내용이었다. 민족사회주의자들은 히틀러의 사진이나 히틀러식 경례, 갈고리 십자(나치스의 휘장), 기(旗) 등의 상징물을 통하여 아리아 혈통의 독일인만을 국민공동체의 일원으로 인정하고, 나머지 이른바 열등한 민족은 소위 "인간 이하의 존재(Untermensch)"로 여겨 증오의 대상으로 삼았다(Frewer/Eickhoff, 2000).

1933년, 독재자 히틀러는 권력을 이양받은 후 곧바로 국가의 획일화 정책의 일환으로 모든 유대인 교사들과 여교사들의 삼분의 일가량을 해고시켰다. 그리고 나머지 현직 교사들에게는 민족사회주의 교사연맹(Nationalsozoalistischer Lehrer-bund, NSLB)에 가입하도록 요구하였다. 때문에 정치적인 이유로 교단을 떠나야 하는 교사들도 나타났으며, 그들은 종전 후에 비로소 학교로 복직될 수 있었다. 당시 30만여 명의 교사들 가운데 약 3%인 9천여 명의 교사들은 민족사회주의 교사연맹 가입을 꺼렸지만, 약 97%의 교사들은 이 조직에 가입하였다. 민족사회주의 교사연맹 소속의 교사 가운데 약 32%(10만여 명)는 민족사회주의 독일 노동자당의 당원이기도 하였다(Meister, 1997).

독일 민족사회주의적 이념에 따라 재구조화된 유치원은 민족사회주의의 입장에서 새로운 인간을 양성하고자 하였다. 당시 여자 의사였던 요한나 하러(Johanna Haarer, 1900-1988)는 자신의 교육 저서에서 민족사회주의적인 이념과 마찬가지로 아이들을 엄격하게 양육해야 함을 주장하면서, 아이들이 어릴 때부터 소리를 지르거나 고집을 피우고 떼를 쓰는 것이 용납되지 않도록 키워야 한다고 하였다. 아울러 부모와 자녀 간에 밀접한 애착이 형성되는 것은 허락되지 않았으며, 자녀 교육은 당연히 전적으로 어머니의 몫이었다(Müller/Ortmeyer, 2016).

제1차 세계대전 이후 독일은 타 유럽 국가들에 비해 신생아의 출생률 감소 현상이 뚜렷하게 나타났다. 이에 당시 나치 정권의 친위대 대장격인 힘러는 1938년 독일의 남부 뮌헨 지역에 'Aktion Lebensborn(생명샘)'이라는 프로그램 하에 이른바 인간 교배 실험장을 짓고 일종의 생식 명령을 통하여 나치스 친위대의 후손세대를 양육하고자 하였다. 미리 선발된 미혼여성들은 이 시설에서 친위대 대원들과의 성관계를 통하여 '순수 아리안족의 혈통'을 가진 아이를 대량생산했고 독일에서만 약 8천여 명 이상의 익명의 자녀들을 태어났다. 이후에 히틀러와 민족사회주의자들은 유럽의 점령국에서 금발과 파란 눈 등 아리안족의 이상형에 가장 가까운 아이들을 납치한 후 나치스 친위대 가족들에게 입양시켜 키우도록 하였다(Baumann/Heusler, 2013).

그 당시 학교는 히틀러의 이념에 따라서, 단지 군복무를 위한 하나의 예비단계에 지나지 않았다. 이에 민족사회주의 시대의 국방군은 '나라의 학교(Schule der Nation)'라고도 불리었는데, 특히 모든 과목에 전쟁과 투쟁의 개념들이 편재되어 있는 등 정상적이고 전통적인 학교생활에서 매우 이탈되어 있었다. 이미 1929년부터 민족사회주의 교사연맹은 민족사회주의 독일 노동자당의 이른바 이중대(二中隊) 역할을 했으며, 히틀러의 총통 즉위와 함께 다른 모든 교원조직은 금지되었다. 또한 대학교수들도 1935년까지 민족사회주의 교사연맹에 소속되었다가, 나중에는 민족사회주의 독일 교수(강사)연맹(Nationalsozialistischer Deutscher Dozentenbund, NSDDB)으로 독립적으로 분리 조직되었다.

바이마르 공화국 시대의 학제에서 초등학교는 각 주별로 행정권에 따라서 다양하게 구성되어 있었다. 그러나 1934년부터 제국내무부가 각 주의 교육제도 독립권을 위임받아 국가적 차원에서 제도의 중앙집권화 및 획일화 정책을 시작하였고, 이는 같은 해 제국교육부(Reichserziehungsministerium)가 설립되면서 가속화되었다. 1937년부터 민족사회주의 정권은 중등학교제도를 재편성하였는데, 독일의 대학입학 자격시험인 아비투어(Abitur)까지의 교육 기간을 12년제로 단축하였다. 그리고 7학년 이상의 학생들을 제외하고 남녀공학 학교를 모두 폐지하였다. 동시에 1937년부터 나치 정권과 배치되는 이념의 종교재단 소속의 학교는 모두 운영을 금지당하였다(Dithmar, 1989).

한편 1934년부터 토요일을 '국가청소년의 날(Staatsjugendtag)'로 선포하여, 이 날에는 10세에서 14세까지의 모든 남녀 학생 단체들이 히틀러 청소년단의 과제를 수행했다. 즉, 남자아이들은 예비군사교육을, 여자아이들은 어머니나 간호사에 준하는 역할을 준비하는 수업을 받았다. 나머지 학생들은 학교에 정상적으로 등교해야 했다. 하지만 나치 정권은 모든 아이들에게 민족사회주의 이념을 주입하기 위하여 토요일에는 교과 수업을 진행하지 않았으며, 대신에 두 시간에 걸쳐 이른바 '국민 정책(Nationalpolitik)'을 교육했는데, 공통적으로 스포츠와 여자아이들에게는 바느질 작업, 남자아이에게는 공작수업 등을 각각 실시하였다. 이러한 정치이념 주입을 위한 국가청소년의 날 시행에는 많은 문제가 있었는데, 주요 어려움은 여학생과 남학생 단체를 이끌고 교육을 할 자질과 능력을 가진 지도자가 없었다는 점이다. 그 당시 청소년들을 훈련시키는 지도자 대부분은 자신도 교육을 받고 있는 학생이었고, 또한 그 일을 담당하기 위해서는 별도로 휴가를 내어야 할 형편이어서 갈등 상황을 불러일으키기도 하였다. 그 밖에도 학교 수업이 주 6일제에서 5일제로 축소 변경됨에 따라 상급학년에 진급하여 추가적으로 오후 수업까지 받아야만 했다. 그럼에도 불구하고 학년당 수업결손은 약 120시간에 이르렀고, 학생들의 심각한 학력저하가 우려되었다. 이에 국가청소년의 날은 1937년 1월 1일에 폐지되었다. 한편, 나치 정권에서 스포츠는 신체적, 정신적인 단련 수단으로서 민족사회주의 교육에서 매우 중요한 수업 영역이었다. 이에 체육 수업은 주당 5시간씩 규정되어 있었으며, 체육교사가 학교장이라 불릴 만큼 매우 중요한 위치와 의미를 차지하였다(Nagel, 2012).

나치 정권에서 학교교육의 주요 목적은 자신들의 인종주의적 이념 확산과 학생들에게 새로운 전쟁을 준비시키는 것이었다. 이와 관련하여 당시 독일청년단의 단련 교육을 위한 제국 청소년단장(Reichsjugendfuehrer)이었던 헬무트 쉬텔레히트(Helmut Stellrecht, 1898-1987)는 자신의 업무 기록 문서에서 독일 청소년들의 병영교육에 대하여 다음과 같이 기술하였다(Schumacher, 1991).

> 공격 정신은 북유럽(북 게르만) 인종의 정신이다. 이러한 공격 정신은 형언키 어려울 만큼의 그리움처럼 우리의 피 속에서 작용하고 있다. …(중략)… 우리 청소년들은 사격하는 것을 학습하여야 한다. 소총이 마치 펜대처럼 자

연스럽게 그들의 손에 있어야 한다.

또한 1935년 1월 15일, 제국교육 및 국민교육부장관인 베른하르트 루스트(Bernhard Rust, 1883-1945)는 인종학을 생물학에 포함시키는 형태의 교과 지침을 발표하였으며, 다른 모든 과목들에서도 마찬가지로 반드시 인종학에 대하여 학생들에게 언급할 것을 하달하였다. 그 당시 학교교육은 남자아이는 '정치군인(politischer Soldadt)'으로서의 사상적 역량을 함양시키고, 여자아이는 미래의 건장한 민족사회주의적인 어머니의 역할을 할 수 있도록 키우는 데 중점을 두었다. 또한 히틀러의 교육은 특히 청소년들로 하여금 아리안족이라는 공동체의식을 강화하는 데 주력하였으며, 남학생은 의지력과 결단력, 절대 복종심, 책임감 및 군인으로서의 덕목을 중요한 교육목적으로 설정하였다. 히틀러가 이미 자신의 저서인『나의 투쟁』에서 평가절하한 바와 같이 전통적인 학자들의 학문적 측면에서의 교육(학)에는 전혀 가치를 두지 않았다. 동시에 민족사회주의자들은 요한 아모스 코메니우스(Johann Amos Comenius, 1592-1670), 장자크 루소(Jean-Jacques Rousseau, 1712-1778) 및 요한 하인리히 페스탈로지(Johann Heinrich Pestalozzi, 1746-1827) 등의 아동중심 교육을 강조한 개혁교육학(Reformpaedagogik)적인 교육 사상을 거부하였으며, 1930년대 중반에는 그와 관련된 모든 교육시설들을 폐쇄시켰다(Bruendel, 2003).

나치 정권 당시의 학교 수업 과목은 1937년까지는 기본 지침이 크게 바뀌지 않았으며, 대체적으로는 바이마르 공화국 시대의 체제를 따르고 있었다. 그러나 그 이후 중등교육과정에서 교과목에 변화가 일어났으며, 그때까지 독립적으로 운영하였던 교과서 출판사가 해체되었다. 그리고 학교에서의 종교수업이 점진적으로 제한되었으며, 종교교육(수업)을 위한 교사양성 과정도 1939년부터 중단되었다. 또한 모든 교과서들이 민족사회주의적 세계관에 초점을 맞추어 개정되었다. 예를 들어 수학교과서에서는 "정신병원은 ○○○RM(Reichsmark, 1924-1948년까지 독일의 공식적인 화폐단위)이다"와 같이 문제를 제시하여, 증오심이나 비인간성에 대한 잠재적인 감정을 자아내도록 유도하였다(Süß, 2008).

그 밖에도 학교 수업 중에 제시된 과제물을 통하여 어린 학생들로 하여금 공포, 분노심을 배가시키고, 전쟁에서 필요한 능력을 학습시켰다. 자연과학과 관련된 교과목들도 마찬가지로 오로지 병역(국방) 의무에 대한 정신교육의 일환으로만 사용되었다. 지리학과 역사를 혼합한 이른바 독일학 과목들로 구성된 독일어 교과에서는 고대북구 및 중세의 문학 작품이며 고대 아이슬란드의 신화, 영웅전설 및 시법(詩法)에 관한 책인 에다(Edda)와 독일 중세의 영웅서사시인 니벨룽겐의 노래(Nibelungenlied)에서 민족사회주의적 이념에 합당한 것만 선택하여 발췌하였다. 지리학(지정학) 과목에서는 나치 시대의 급진 보수주의가 표방하고 추진한 팽창적 대외 정책의 핵심 개념인 '생활공간(Lebensraum)' 이념을, 역사 과목에서는 1919년 6월 28일에 프랑스의 베르사이유에서 조인된 제1차 세계대전의 강화조약인 베르사이유 조약(Treaty of Versailles)에 대한 보복주의 사상과 인종우월주의를 철저하게 학습시켰다. 그 밖에도 체조 과목은 그 의미와 중요성을 더욱더 강조하게 되었으며, 추가적으로 학교 외의 교육과정으로 군인스포츠를 포함시키기도 하였다. 히틀러는 다양한 청소년 단체를 조직하여 이념적으로 무장시키고 강화하여 준군사적인 교육을 실시한 반면에 학교교육은 상대적으로 상당히 소홀하였다. 1943년부터 민족사회주의자들은 1926년생에서 1928년생의 미성년자들을 고사포대 부사수로, 1944년부터는 16세에서 60세의 남자로 구성된 군부대 형태의 조직인 '국민돌격대(Volkssturm)'에 군인으로 각각 투입되었다(Janka, 1997).

히틀러의 대학 정책 중 한 가지는 1926년에 조직된 민족사회주의 독일 노동자당의 하부조직 중 하나인 '민족사회주의 독일대학생연맹(Nationalsozialistischer Deutscher Studentenbund)'을 중심으로 독일 대학생들을 대상으로 정치 이념을 펼친 것이다. 1933년 5월에는 독일 총통이 된 히틀러가 독일 사회를 자신의 정치사상에 맞도록 재구성하기 위하여 노력하였다. 이에 나치 정권은 라디오와 영화 등 대중 매체를 통하여 그들의 정치사상을 전파하고, 또한 민족사회주의적인 교수들의 지지 가운데 대학생회가 주축이 되어 '비독일적'인 책과 문헌을 공공연하게 불태운 사건도 발생하였다. 당시 독일학교와 대학교의 과잉공급에 대한 법의 제정으로 1933년 4월에 민족사회주의 정권은 대부분 유대인들에게 교육권을 박탈하였다. 그리고 히틀러 정권 말경에는 대학교수의 약 60-70%가 민족사회주의 독일 노동자당 조직의 회원이거나 당원으로 가입하여 활동하였다. 그리고 1936년에는 베를린 남부의 란켄하임(Rankenheim)에 일선 교사들에게 학문적인 요소는 제거하고 단지 히틀러의 정치 이념을 주입시키기 위하여 민족사회주의 교육부 산하의 '교육과 수업을 위한 중앙연구소(Zentralinstitut fuer Erziehung und Unterricht)'라는 교육연수를 목적으로 한 교사 야영지를 설립하기도 하였다(Grüttner, 1995).

한편 바이마르 공화국 시대에서는 비록 사회적 소수자들이 실제 이질적으로 보인다 하더라도 그들에 대한 학교 교육적 차별은 가능한 지양하였지만, 1933년 4월 7일 '직업공무원 제도 복구를 위한 법' 제정과 함께 유대인 교사들과 교수들이 국가직에서 해고되었다. 1935년에는 뉘른베르크법을 통하여 유대인들뿐 아니라 독일제국 내에 거주하는 집시들의 정치적, 사회적 혹은 법적인 평등권과 각종 권리들이 근본적으로 박탈되었다. 아울러 민족사회주의자들은 독일 내에 거주하고 있는 폴란드 소수민족도 매우 엄격하게 다루었다. 즉 폴란드인들에게 그들의 단체를 유지하도록 허락하였지만, 점점 더 국가적인 통제와 금지 조치를 내렸으며 결국 1938년에 전격적으로 해체시켰다. 같은 해에 수많은 폴란드 혈통의 아이들에게 퇴교지시가 내려졌고, 그들의 가게도 문을 닫거나 독일인들의 손에 넘어갔다. 이에 따라 많은 폴란드인들이 실업상태가 되었는데, 이는 민족사회주의자들이 그들이 폴란드로 다시 돌아갈 결심을 하도록 유도한 것이었다. 그럼에도 불구하고 1938년에 독일의 중서부 지역의 노트라인 베스트팔렌(Nordrhein-Westfalen) 주에 소재한 루르 지역(Ruhrgebiet, 즉 Bochum, Bottrop, Dortmund, Duisburg, Essen, Gelsenkirchen, Hagen, Hamm, Herne, Mülheim, Oberhausen, Recklinghausen, Unna, Wesel, Ennepe-Ruhr-Kreis)이나 베를린 등에는 여전히 15만여 명의 폴란드인이 거주하고 있었다(Göppinger, 1990).

아울러 히틀러 독재정권은 독일 학교의 각 학급에 외국인, 특히 유대인 학생의 비율을 1.5% 이하로 하도록 제한하였다. 이어서 1939년에는 외국인 학생(비아리아인)이 학교행사, 학급 수학여행, 학교 부속의 임간(林間) 시설 방문 등에 참여하는 것이 모두 금지되었다. 또한 민족사회주의자들이 1938년 11월 9일 밤부터 10일까지 유대인들을 대상으로 수많은 살해, 자살충동 부여, 각종 유대인 시설파괴 등을 자행한 이른바 소수민족학살(November-pogrome) 사건 이후에 유대인 아동 및 청소년들을 위한 공립학교나 대학교들이 모두 문을 닫았다. 그리고 많은 특수학교의 교사와 교장들이 청소년 강제수용소로 보낼 학생들의 선발작업에 관여하였다. 그중 대다수는 소위 '반사회적(asozial)'으로 분류된 가족 출신의 '중도급(中度級) 교육 불가능 아동(schwer erziehbare Kinder)'이었다(Steinweis, 2013).

반유대주의 사상을 배경으로 유대인 소수민족 학생들은 맨 먼저 지방 관청에 의하여 교육의 질이 낮은 유대인 학교로 강제 전학되었으며, 1942년 6월 30일에는 국가적으로 수업금지령을 내렸다. 또한 유대인 혈통과 배경을 가진 아동과 청소년들은 결국 강제수용소에서 '유대인 문제의 종결(Endloesung der Jugendfrage)'이라는 은폐된 표현을 통하여 처참하게 대량 학살을 당하게 되었다. 공공 기관에서 제외된 학생들은 유대인 마을이나 집시 마을의 학교에서 수업을 받아야 했다. 유대인 시설들은 초기에는 독일에 대한 학생들의 소속감을 강화하는 일을 하였지만, 나중에는 특히 이주를 준비하는 일에 조력하도록 하였다. 이러한 유대인들만의 학교시설들은 날마다 일상에서 무시당하는 유대인 학생들이 사회적 차별로부터 보호되는 공간이기도 하였다. 이를 통하여 유대인 아동들과 청소년에게 자신의 정체성을 긍정적으로 평가하는 기회를 제공하였지만, 한편으로는 그들의 이러한 강력한 자존심은 동시에 민족사회주의자들로부터 평가절하를 당하는 수모를 겪기도 하였다. 또 다른 한편으로 이러한 유대인들만의 분리된 집단 시설이나 거주지는 권력자들에게 통제의 편리성을 제공하였고, 나중에는 추방이나 대량 학살을 손쉽게 할 수 있는 환경을 제공하기도 하였다. 유대인들에 대한 잔인한 대량 살해행위와 함께 민족사회주의자들은 1942년에 이러한 특별 시설들조차도 폐쇄하였다(Aly, 1998).

그 밖에도 독일 국적을 가진 집시 등의 소수민족 출신의 취학대상 학생들의 경우에는 해당 관청이 공립초등학교 입학에 대한 가치평가를 실시하였으며, 비독일국적의 아이들은 퇴학을 당하기도 하였다. 또한 학교 현장에는 지방의 주무 관청의 제안에 따라서 '집시학급' 혹은 '집시학교' 등이 증가하였다. 그러나 집시들과 집시혼혈인들의 아우슈비츠 집시 수용소로의 대대적인 이송 개시와 함께 1943년 3월부터 이들에 대한 학교교육이 전면 금지되기에 이르렀다.

마찬가지로 유럽의 다른 독일군 점령지에서도 학교 정책은 주로 인종주의 일변도로 펴나갔다. 특히 폴란드에서는 독일인들이 주로 학교제도를 정립하였는데, 독일계 아이들은 게르만화(化)를, 반면에 폴란드 학생들은 독일계 학생들과 분리시켜, 노예화하는 것을 학교교육의 주목적으로 하였다. 폴란드 출신의 교육자들은 교육현장에서 해고되었으며, 히틀러에게 지배당하는 기간 동안 17,000여 명이 학살되었다. 그 가운데는 폴란드군(軍) 의사이자 소아과의사, 아동 문학가이며 교육자였던 야누츠 코르착도 포함되었다. 또한 히틀러 친위대와 돌격대의 지도자 하인리히 힘러는 1940년에 슬라브인들에게는 상급학교 교육을 금지할 것을 요구하며 다음과 같이 발언하였다(Gilbert, 1982).

> 이들을 위한 초등학교의 목적은 다만 다음과 같다. 기껏해야 500까지의 간단한 계산, 자신의 이름을 쓸 정도, 독일인들에게 복종하는 것과 근면하고 용감하고 정직한 것이 신적(神的)인 계명임을 가르치는 것이다. 그리고 읽기는 꼭 필요하지 않다고 여긴다.

한편 소련인들의 강제노동수용소에는 아이들의 비율이 꽤 높았는데, 일부는 자신의 고향에서 끌려왔으며 또 다른 일부는 어릴 때 그 어머니들과 함께 독일로 오거나 수용소에서 출생하기도 하였다. 어린 아이들은 '우량종(gutrassig)'으로 평가되면 자신의 어머니로부터 분리되어 독일 가족들에게 양도되었다. 인종학 전문가의 견해에 따라서 독일의 민족공동체(Volksgemeinschaft)로의 아리안족화(化)에 적합하지 않는 아이들은 '외국 아이들을 위한 복지시설(Auslaenderkinder-Pflegestaette)'이라는 미명하에 다른 시설로 이송되었다. 나치 정권은 그곳에서 아이들을 의도적으로 영양실조 상태로 방치하여 사망률이 25~50%에 달했으며, 어떤 경우에는 90%까지 이르렀다. 수만여 명이 이런 방법으로 고통스럽게 아사당하였으며, 당시 15제국마르크였던 장례비용도 가난한 그들의 어머니에게 지불하도록 하였다. 그 밖에 10세 이상의 아이들은 강제노역에 동원되었으며, 모든 동부유럽출신의 아이들은 강제노동으로 인하여 학교교육이 금지되었다(Reiter, 1993).

한편 중도(重度)급의 교육 불가능하거나, 버려지거나, 게으르거나 혹은 반항적인 청소년들은 제국 형사계경찰서(Reichskriminalpolizeiamt, RKPA)에 의하여 1940년에 이른바 '청소년보호소(Jugendschutzlager)'라는 미명하에 남자아이는 모링엔(Moringen), 여자아이들은 우커마르크(Uckermark) 지역의 청소년 강제수용소에 각각 수감되었다. 폴란드의 바르샤바(Warszawa) 근교에 위치한 리츠만쉬타트(Litzmannstadt)에는 폴란드 청소년들을 위한 시설이 따로 생기기도 하였다.

1) 일반교육 정책

나치 시대에 대부분의 아이들은 국민학교교육(Volksschulabschluss)이라 일컫는 8학년까지의 학업을 마치고 졸업하였다. 그중 약 3.5%만이 상급학교인 김나지움으로 진학하였고, 적은 수가 고등학교 졸업시험인 아비투어를 치렀다. 학교를 졸업한 이후에 대다수는 직업세계로 진출하였는데, 졸업생의 약 25%는 특별한 교육을 받지 않고 곧바로 일을 시작하여 대부분 비숙련공이었으므로 좋은 보수를 받지 못하는 일을 할 수밖에 없었다. 그러나 1938년 제국취학의무법(Reichsschulpflichtgesetz) 제정과 함께 오늘날과 같이 만 6세부터 18세까지, 직업학교를 포함하여 12년간을 의무교육 연한으로 정하였다.

그 당시 민족사회주의자들의 교육적 관점에서의 세계상은 매우 단순하였는데, 학생들의 정신적인 도야보다는 그들의 정치적인 체제 속에 아동과 청소년들을 구속하는 것이었다. 즉 남자아이들의 교육은 나중에 좋은 군인이 되는 것에, 여자아이들의 교육은 미래에 정치이념에 적합한 많은 군인을 생산하는 것에 초점이 맞추어져 있었다. 그러나 당시 국가적으로 긴급하게 요구된 것은 금속 산업이나 금속 가공에서 다양한 무기를 생산하는 군수산업 및 경영을 위한 숙련공들이었다. 대다수의 소녀들은 상업과 관련된 직종에서 일하였는데, 1940년부터는 이 분야에서 여성이나 소녀들이 차지하는 비율이 약 70%를 넘었다. 아울러 젊은 여성들은 전쟁에 투입된 남성들을 대신하여 근로를 담당해야 했다.

히틀러 독재 시대의 학교교육에서 특히 유대인에 대한 증오와 차별은 사회상에서도 극심하게 나타났다. 민족사회주의자들에게 어린 아이들은 매우 중요한 의미를 가졌는데, 독일민족의 획일적인 사상을 가능한 한 조기에 주입시키려 했던 주요 대상이었기 때문이다. 그래서 아이들은 어릴 때부터 민족사회주의자들의 정치 선전·선동에 깊이 세뇌되었는데, 특히 동화책은 아이들을 의도적인 이념이나 사상으로 끌어가는 데 매우 유리한 도구였다. 어린아이들은 이러한 집요하고 은밀한 독재자들의 의도를 전혀 모른 채 서서히 유인되어 간 것이었다. 이처럼 민족사회주의자들은 동화책을 이용함으로써 아동과 청소년들에 대한 자신들의 홍보나 정치적 선동 정책에서 괄목할 만한 상당한 효과를 거두었다.

특히 여러 동화책들 중 1938년에 발간된 에른스트 히머(Ernst Hiemer, 1900-1974)의 『독버섯*Giftpilz*』이 있었고 이러한 선동적인 동화책은 아이들에게 유대인의 부정적인 특성을 은연중에 가르쳐 주었다. 예를 들어, 모든 유대인들은 아무 소용없는 매부리코를 가졌으며, 입술은 비유대인들과 비교하면 더 두툼하고 눈썹은 더 두껍게 보이고, 짧은 다리와 평발, 보기흉한 두상을 가졌다고 보았다. 또한 유대인들의 외모 특성을 범죄자들과 비교하였고 매우 모욕적으로 표현되었다. 민족사회주의자들은 유대인들을 거짓말쟁이, 범죄자 혹은 살인자 등으로 묘사하는 등, 유대인들은 아이들에게 나쁜 짓을 한다고 하여 항상 그들을 경계하고 조심해야 할 대상으로 선동하였다. 또한 독일의 소녀 환자들이 유대인 의사에게 가는 경우에는 해를 입는다는 이유로 이를 경고하였다. 또한 유대인들은 동물을 괴롭히기도 하고, 고용인을 학대한다고 소문내기도 하였다. 이처럼 거의 모든 동화책들은 주로 유대인들의 악행을 비난하는 내용으로 왜곡되어 구성되었다(Ruault, 2006).

동화책은 결국 세상이 유대주의로부터 해방되어야 한다는 결론으로 다음과 같은 시(詩)로 마무리되었다.

이 세상은 유대인의 쇠사슬로부터 눈을 떠야 한다.
독일만이 유일하게 이 세상을 구원할 수 있다.

독일적인 생각과 독일적인 것만이...
언젠가 온 세계가 자유롭게 해방된다면...
승리 만세!

한편 나치 독재정권 시절에 이른바 '국가 정책적 교육시설(**Na**tional**poli**tische Erziehungs**a**nstalt, Napola)'이 있었는데, 이는 민족사회주의자들이 권력을 이양한 1933년에 곧바로 설립한 기숙학교였다. 이 시설의 목적은 청소년들에게 가능한 일찍이 민족사회주의적 이념을 철저히 주입시키고, 이를 교육시키는 데 있었다.

이 교육기관은 후일 나치스 당이 자신들의 지도자를 선발하기 위해 특별한 엘리트층들로 구성되었다. 공식적으로 이 기관은 '**N**ational**p**olitische **E**rziehungs**a**nstalt(NPEA)'이었지만, 약칭 'Napola'라는 개념으로 명명하였다. 시설은 히틀러의 생일인 1933년 4월 20일에 처음 설립되어 전쟁이 끝날 즈음에는 총 43개 시설이 존립하였으며, 그 가운데 세 곳은 소녀들을 교육하고 훈련하는 곳이었다. 당시에는 이 교육기관에서 교육받는 것을 기회라 여겨 모두가 열망하고 바랬다. 이에 지원자들은 매우 어려운 입학시

NAPOLA의 물리학 수업

험을 통과하여야 했는데, 결과적으로 매우 적은 수의 학생들만이 입학할 수 있었다. 입학시험의 중요한 합격기준 중에 한 가지는 '인종적 적합성(Rassische Eignung)'이었으며, 아리아인만 선발되었다. 또한 안경을 낀 사람은 제외되었고 신체적으로 건강한 사람만이 지원할 수 있었다. 다시 말해 선발기준은 신체적 능력으로, 지능은 신체적인 면과 비교했을 때 덜 중요했으며 오히려 입학조건에 방해요소로 작용하였다. 이 교육시설에 재학 중인 학생들은 공무원 가족 혹은 자영업자 가족 출신들이 높은 비율을 차지하였다(Montanus, 1995).

이곳에서는 전통적인 라틴어나 헬라어 등과 같은 고전적인 인문교육은 전혀 실시하지 않았으며, 대신에 체육 과목이 주를 이루었다. 또한 인종학 역시 매우 중요한 과목 가운데 하나였다. 모든 학생들은 제복을 착용하였으며, 8단계의 학년으로 구성되었다. 그 밖에도 학생들은 분대장, 소대장 등으로 진출할 수 있었고, 매우 엄격한 군대조직처럼 운영되었다. 종교수업은 점진적으로 축소하였고 1938년부터 더 이상 실시하지 않았으며, 외국어 수업도 금지되었다. 학생들은 핸드볼, 수영, 권투, 조정(漕艇, Rowing) 등을 필수로 배웠고, 산야행군이나 야산에서 행하는 야외 스포츠 등 교육 프로그램을 통하여 서로 간의 동료의식을 함양해야 했다. 모든 교육과 수업이 민족사회주의적 사상을 중심으로 구성되고 실시된 것이다.

사실 1936년까지 학교교육과정은 바이마르 공화국 시대(1918-1933)와 비교했을 때 크게 바뀌지 않았다. 그러나 1937년경부터는 교육내용과 교육과정을 대대적으로 개정하고자 시도하였다. 이때부터 교육과정에 큰 변화가 일어났는데, 특히 체육 수업이 매주 5시간씩 실시될 정도로 대폭 강화되었다. 히틀러의 저서 『나의 투쟁』에서 볼 수 있는 것과 같이 학생들에 대한 지적인 교육은 스포츠를 통한 신체 단련에 비하여 후순위로 밀려났다. 독일의 제3제국인 나치 정권은 제2차 세계대전을 일으키기 위해서는 준비되지 않은 청소년들은 필요치 않았으며, 다만 탄탄하게 단련된 신체를 철저히 요구하였던 것이다. 또한 수학 과목에서조차 민족사회주의적 이념을 바탕으로 수업내용을 구성하였는데 과제 중 하나의 예를 살펴보면 다음과 같다(Sardina, 2002).

> 한 개의 정신병원을 운영할 경우에 1만 제국마르크의 비용을 필요하다. 그렇다면 이 비용으로 몇 명의 건강한 독일 가족들이 거주할 수 있는 집을 구입할 수 있는가?

이러한 질문을 통하여 정신병원 운영을 위한 막대한 비용 투입은 독일 가정들이 마땅히 가져야 할 주택소유권을 박탈하는 것으로 선동함으로써 장애인이나 정신질환자들에 대한 증오심이나 분노심을 불러일으킨 것이다. 또 다른 교과목의 과제물에는 "프랑스 파리나 영국 런던 중심지 등을 파괴하기 위해서는 얼마나 많은 폭탄이 필요한가?"와 같이 황당한 문제가 제시되기도 하였다.

한편 독일어 교과목에서도 이와 유사한 민족사회주의적 사상을 주입하려는 시도가 자행되었다. 그들은 수많은 근대 혹은 유명한 문필가들의 작품을 국민들이 더 이상 읽지 못하도록 하였다. 대신에 교육과정에 게르만족의 영웅 전설들을 넣었으며, 동시에 외래어들을 독일어화하였다. 또한 역사 과목은 독일사에 대한 수업으로 한정하고 독일인이나 북게르만 종족의 업적만을 강조하였다. 생물 수업은 주로 인종학, 특히 유전학에 대한 내용으로 구성되었다. 하지만 민족사회주의자들의 이러한 계획과 실행에도 불구하고 학교에 미친 영향력은 그들이 기대한 만큼 크지 않았다. 이에 그들은 민족사회주의 이념에 부합하는 엘리트 선발 과정으로 1937년의 '아돌프 히틀러 학교(Adolf-Hitler-Schule)'나 앞서 언급된 '국가 정책적 교육시설' 등의 특별학교를 건립하였던 것이다(Schäfer, 1997).

민족사회주의 정권이 들어서기 전인 1920년대와 30년대 초에는 학교교육에서 교사와 학생의 상호 관계를 개선하고자 노력하였다. 아동들은 단지 엄하게 다스려야 하는 존재만이 아니라, 피후견인으로서 보호해야 할 대상으로 간주하였다. 그러나 1933년 이후로 이러한 기본적인 교육관이나 아동관은 바뀌어야만 하였다. 즉 아동들은 약간 비스듬한 책상 앞에 설치된 딱딱한 긴 의자에 앉아야 했고, 책상과 의자는 바닥에 단단히 고정되어 있었는데, 이는 아이들이 처음부터 의자를 뒤로 젖히지 못하도록 하기 위함이었다. 그뿐만 아니라 필기구들은 긴 의자마다 넓게 판 홈 속에 보관하였으며, 잉크병들을 보관할 둥근 구멍도 함께 만들어져 있었다. 그 당시 교사들은 학생들 위에 군림하는 위치에 있었는데, 아동에 대한 교사의 체벌도 여전히 행해지고 있었다. 학생들은 문장을 유창하게 읽지 못하거나, 대답할 때 더듬거리는 경우 등 아주 사소한 계기로도 체벌을 받았다. 교사들은 몽둥이로 엉덩이를 때리거나 귀를 길게 잡아당겼고, 뺨을 꼬집거나 혹은 때리기까지 하였다. 심지어 교사들은 아이를 향하여 물건을 던져 맞추기도 하였다. 특히 고통스러운 것은 교사들이 아이들의 손바닥이 아닌 손등과 손가락 마디를 때리는 경우였다. 하지만 모든 교사들이 이러한 방법을 사용하지는 않았고, 오히려 체벌을 하지 않는 교사들도 더러 있기는 하였다. 물론 그 당시 민족사회주의적 교육은 아이들로 하여금 장차 단단한 군인의 삶을 준비하는 데 있었기 때문에, 대다수의 교사들은 매우 엄격한 방법을 통하여 학생들을 다루었다. 1936년부터는 민족사회주의 국가에 충성을 맹세하지 않았던 교사들은 교직을 떠나야 했다. 또한 거의 모든 교사들은 민족사회주의 교사연맹 회원들이었다. 이에 대해 학부모들은 거의 항변하지 않았는데, 아이들에게 약간의 훈육과 기율은 해롭지 않다고 보거나 혹은 교사들에게 반대하는 것을 두려워하기도 하였다(Schneider/Stillke/Leineweber, 1996).

한편 나치 정권 시절 많은 유대계 아이들은 학교에서 매우 우수한 능력을 보였다. 그들은 일반적으로 교육에서 아이들의 성장 및 발전을 위해 중요한 요소에 해당하는 가정에서 자랐는데, 이는 학교생활을 제대로 못하는 이들에게 시기심과 질투심을 유발했다. 민족사회주의자들이 정권을 장악하고 새로운 정부를 형성한 후에 학교수업은 완전히 달라졌다. 1937년부터 그 이전에는 없었던 인종학이 교육과정에 추가되었다. 셈하기, 쓰기, 읽기 혹은 지리 등의 이전의 교과목들도 계속하여 수업했지만, 인종학이 매우 중요한 비중을 차지하였다. 민족사회주의자들은 인종학과 관련하여, 유대인들은 아리아족에 비해 훨씬 가치가 적은 것으로 주장하였지만 많은 유대계 출신 학생들이 뛰어난 재능과 우수한 성적을 보이는 등 매우 탁월하여 민족사회주의자들이 주장하는 세계상과는 맞지 않았다. 이에 히틀러 정권은 유대계 아이들을 따로 분리시켜 그들만의 학교에만 다니게 하였다. 1938년부터 시작된 유대인들에 대한 통제와 차별 정책은 그해 유대인들을 대상으로 한 학살과 파괴를 자행한 11월 탄압사건(Novemberpogromen)과 함께 계속 진행되었다. 그동안은 학교 내에서 분리시킨 유대인 학생들의 학급을 유대인들만의 공동체 안으로 옮기도록 하였고, 제2차 세계대전 발발 이후에는 유대인 아이들은 독일 국가로부터 공적인 수업을 더 이상 받지 못하였다. 다만 유대인 공동체 안에서만 수업이 가능한 정도였다.

그 당시 엘리트 코스인 아돌프 히틀러 학교는 이른바 '지도자(Fuehrer)'의 이름을 딴 학교로서 민족사회주의당의 차세대 당원들을 교육하기 위하여 1937년 설립된 교육 시설이었다(Klüver, 2007). 이 교육 시설의 목적은 정치지도자에 대하여 맹목적으로 복종하는 강한 인간을 육성하는 데 있었으며, 디플롬 학위로 학교를 졸업한 후 민족사회주의 독일 노동자당이나 관련 조직에서 일할 수 있었다. 또한 학생들이 지불해야 할 학비가 없었으며, 여학생들은 입학이 허락되지 않아 순수한 남자학교 형태로 운영되었다.

학교는 매우 엄격한 선발기준을 통과한 소수의 학생들만이 입학할 수 있었다. 또한 모든 학생들은 히틀러 청년단에 가입해야 했으며, 히틀러 청년단에서 이미 기량이 확인되고 각별한 지도력이 있는 학생들은 아돌프 히틀러 학교에 대한 추천 대상이었다. 학생들은 반드시 아리아인 증명서를 제출해야 했으며, 유전적으로도 건강해야 했다. 가족 내에 어떤 종류, 형태든 간에 장애를 가진 사람이 있는 경우는 제외되었으며, 부모들은 당(黨)이나 혹은 당과 관련된 하부조직에서 활동해야 했고 민족사회주의 사상으로 철저하게 무장되어야 했다. 아돌프 히틀러 학교는 이른바 순수한 당립(黨立) 학교 형태였으며, 기숙사에 거주하였고, 졸업 후에 의무적으로 군인으로서 전쟁에 참여해야 했다. 또한 7학년에서 12학년까지의 학생들 중 선발된 학생들은 추후에 더 중요한 역할을 할 당의 지도자로서의 준비를 해야 했다. 제2차 세계대전까지 독일 전역에는 모두 10개의 아돌프 히틀러 학교가 운영되었다(Klüver, 2007).

결국 히틀러 독재 시대의 학교교육의 주 목적은 아이들로 하여금 민족사회주의적 인종주의 이데올로기를 가능한 이른 시기에 주입하는 데 초점이 있었다. 히틀러는 학교를 학생들을 장차 독일 국방군으로 만들기 위한 하나의 예비 단계 시설로만 인식하였던 것이다. 따라서 당시 학교는 학생들에게 교양을 가르치거나 성숙하게 하거나 비판적인 인식을 기르도록 하거나 혹은 독립적인 인간으로 자라도록 교육하기보다는 민족사회주의에 대한 무조건적인 추종자로 만드는 데 관심을 집중하였다. 그들은 이러한 정치적인 의도를 학생들에게 가능한 한 조기에 주입하려고 했던 것이었다. 히틀러와 민족사회주의자들이 권력을 이양하자마자 유대계 교사들은 학교를 떠나야 했다. 마찬가지로 사회주의자나 공산주의자 혹은 평화주의자 등과 같이 민족사회주의자들의 정치 이념과 상반되는 사상을 가진 교사들도 대부분 해고되었다. 이는 1933년 4월 7일 제정된 '직업공무원 제도의 복구를 위한 법'을 바탕으로 탄압과 차별행위가 자행된 것이다. 아울러 당시 학교 현장에서 교직을 수행하는 교사들은 반드시 '민족사회주의 교사연맹'에 가입해야만 했다(Mommsen, 1966).

학교에는 어디서나 늘 잘 보이는 위치에 민족사회주의와 총통인 아돌프 히틀러의 상징이 설치되었다. 교실에는 히틀러의 사진이 걸려 있었으며, 학생들은 히틀러식 경례를 했다. 그리고 나치스의 휘장인 갈고리십자나 깃발이 학교에 늘 나부끼고 있었다.

2) 특수교육 정책

계몽주의 시대 이후로 교육의 목적이 아동의 잠재능력 계발이나 성숙성에 초점이 맞추어진 반면에, 히틀러와 민족사회주의 시대의 교육은 오로지 획일적인 민족공동체(Volksgemeinschaft)를 조직하는 데만 급급하였다. 1933년 4월 7일 제정된 '직업공무원 제도의 복구를 위한 법'에 의해 이념적 혹은 정치적으로 당시 권력과 대립적인 공무원들은 국가직에서 엄히 추방되었다(Mühl-Benninghaus, 1996).

나치 시대에는 국민 공동체에 대한 절대적이고 지나친 이념을 강조한 나머지 개인의 삶에 대한 개성이나 특성은 전혀 고려되지 않았다. 이러한 이념은 사실 민족사회주의자들의 발명품이 아니라, 다윈주의와 사회적 다윈주의(social darwinism)에 그 기초적인 뿌리를 두고 있었다. 독일 가톨릭의 성직자이자 민족사회주사상의 반대자였던 미하엘 회크(Michael Höck, 1903-1996)는 사회적 다윈주의를 동식물계에서 생존을 위한 투쟁이나 강한 자의 권리를 강조하는 자연도태설이 인간세계의 사회적, 정치적 영역으로 전이되어 적용된 관념의 집합체라고 주장했다. 당시 사회적 다윈주의자들은 20세기로 접어들면서부터 인간의 개인 능력은 대체적으로 유전학적인 요인에 좌우된다는 사상에 깊이 젖어 있었다. 이러한 유전학적인 이념은 우수한 유전자 보존과 열등한 유전자 제거를 주장하는 우생학에서 구체화되었다(Dahm/Feiber/Mehringer/Möller, 2008).

이에 따라 긍정적 유전자로 평가된 경우에는 독일계 혈통 부부를 통하여 "품종개량(Aufartung)"을 하고, 부정적인 경우에는 불임시술, 수용시설에 수용조치 혹은 강제적인 안락사를 통하여 멸절시켰던 것이다. 그 당시 지적장애학생에 대한 사회적 인식은 유전적 원인이 가장 크다는 생각이 지배적이었다.

1938년 7월 6일 "제국의무교육법(Reichsschulpflichtsgesetz)"이 공포됨에 따라 8세에 초등학교 의무교육이 확정되었고, 아울러 장애학생의 의무적인 특수학교 교육에 관한 규정도 제정되었다. 장애학생의 거주지와 학교가 먼 경우에는 동법 제7조에 의거하여 기숙사에 입소하기도 하였다. 동법 제11조에는 학교교육의 의무로부터 자유로운 이른바 교육불가능 학생에 대한 제한 사항도 포함되어 있었다. 하지만 사실 이러한 제한 사항도 온전히 자의적인 것이었다. 왜냐하면 법 조항 중 어디에도 교육불가능 학생에 대한 기준이 규정되어 있지 않았기 때문이었다(Bruendel, 2003).

아울러 당시 국가의 교육·문화 분야에서의 주 과제는 정치적인 것과 동일시되었다. 즉 민족사회주의 시대의 교육은 주로 "민족의 품종개량"에 주 목적을 두었다. 히틀러는 교육이 국민 개인적인 차원에서뿐만 아니라, 민족공동체와 히틀러에 대한 책임의식을 함양하기 위하여도 반드시 필요하다고 강조하였다. 그 당시 지체장애학생들은 국민들에게 부담을 지우지 않도록 학교교육이나 직업교육을 통해 자신의 생계비를 스스로 벌어야 했다. 학교교육의 여부는 학생의 교육가능성에 따라 결정되고, 나중에는 노동능력 유무가 주요 판정 기준으로 작용하였다. 나치 시대의 특수학교는 장애학생들로 하여금 겨우 일반 초등학교 졸업자의 교육 수준 정도에 초점을 맞추는 것을 목표로 하였다. 히틀러는 교육에 있어서 주목적의 순위를 다음과 같이 언급하기도 하였다(Raßloff, 2003).

> 독일의 총체적인 교육활동은 단순한 지식을 주입하는 것에 맞춰진 것이 아니라, 무엇보다도 강인한 신체의 단련 활동이 가장 중요하다. 그 다음 순서로 정신적인 능력의 함양이 이어진다. 여기에서 특히 강조되는 교육은 의지력, 결단력 및 책임감의 촉진이라 할 수 있다.

히틀러는 1938년에 다시 한번 민족사회주의적 입장에서 매우 단호하게 피력하면서도 학교에 대해서는 특별히 언급하지 않았다(Bolz, 2001).

> 독일 청소년들은 독일식으로 생각하고, 독일식으로 행동하는 것 외에는 아무것도 배우지 않는다. 남자아이든 여자아이든 간에 모든 청소년들이 10세 때에 민족사회주의적인 조직체 안에 가입하여 처음으로 새로운 분위기를 느낀다면, 4년 뒤에는 히틀러 청년단(Hitler-Jugend, HJ)으로 간다. 그곳에서 우리는 그들을 다시 4년간 교육시키고 즉시 당(黨)이나 혹은 노동전선이나 나치스 친위대(SS), 나치스 돌격대(SA), 혹은 민족사회주의 자동차 운전자 조합(NSKK) 등으로 보내어진다. 그곳에서 3년 반 정도 지낸 후에도 여전히 완전히 민족사회주의자가 되지 않는다고 한다면, 근로봉사로 보내어져서 그곳에서 다시 6~7개월 동안 혹독한 훈련을 받게 될 것이다. 6~7개월 후에도 여전히 계급의식이나 신분에 대한 자만심이 있을 경우에는 2년간 국방군으로 입대를 시킨다. 그 후 2년이나 3년 혹은 4년 후에 다시 돌아오면, 어떤 경우에도 나쁜 버릇이 다시 나타나지 않도록 그들을 즉시 나치스의 친위대나 돌격대로 다시 받아들여 그들은 평생 동안 더 이상 자유롭게 살 수 없을 것이다.

이미 1933년에 우생학과 인종학이 모든 학교에서 가르쳐야 하는 주요 과목으로 결정되었는데, 부득이한 경우 다른 과목들의 수업을 못할지라도 이 과목은 반드시 교육해야만 했다. 1933년 12월 15일 함부르크(Hamburg)의 주(州) 교육부는 모든 초등학교가 1학년부터 독일국민의 인종학적인 기초와 새롭게 조직된 정치 이념을 함께 다룰 것을 지시하기도 하였다. 이어서 1935년 1월 15일 독일제국의 교육부장관이었던 베른하르트 루스트(Bernhard Rust, 1883-1945)는 유전학, 인종학, 인종(민족)우생학, 계보(족보)학 등을 모든 학생들에게 적용하는 의무적인 시험영역으로 공포하였다(Eilers, 1963).

교사 양성 제도에도 마찬가지로 변화가 있었는데, 1933년에 종합대학교의 교사 양성 과정이 단과대학으로 분리되었다. 아울러 교육 과정도 유전학, 인종학, 군사학과 국경지역학 등의 과목들을 중심으로 구성되어 모든 예비교사들이 반드시 수강하여야 했다.

또한 각 학교들의 학생 선발과정도 매우 엄격해졌고 적은 수의 아동들만이 상급학교로 진학하였다. 특히 초등학교 교육은 매우 중요하게 평가되었는데, 이는 아동들 가운데서 잠재적인 특수교육 대상자들을 엄격하게 골라내기 위함이었다. 1933-1935년 작센 주의 교육부장관이었던 빌헬름 하르트나케(Wilhelm Hartnacke, 1878-1952)는 이러한 학교교육 정책을 열성적으로 옹호한 교육학자였다. 모든 형태의 학교는 공통적인 교육 목적을 지향하였는데, 즉 학생들을 강인한 성격의 소유자로 육성하는 것과 국민에게 봉사하기 위하여 준비하고 능력을 가지도록 교육하는 것이었다. 1933-1943년까지 독일제국의 내무부 장관을 지낸 빌헬름 프리크(Wilhelm Frick, 1877-1946)는 1933년 5월 9일 독일의 각 주(州)지사 협의회의 한 연설에서 다음과 같이 발표하였다(Richardi, 1991).

> 국가적인 혁명은 독일의 교육기관과 교육적 과제에 새로운 원칙과 규범을 부여하였다. 즉 독일 학교는 국민들을 기꺼이 섬기고 국민들을 위하여 희생할 수 있는 인식에 뿌리를 둔 정치적인 인간을 형성하여야 한다. 아울러 독일의 학교교육은 국가의 역사와 운명에 매우 밀접하게 관련되어 분리될 수 없이 내적으로 연합되어 있어야 한다.

특수교육 대상자들은 사회적 낙인 외에도 1933년부터는 특수학교를 다니는 것 자체가 불임(不姙)을 의미하였는데, 대부분의 선천적인 지적장애 학생은 교육이 불가능한 것으로 간주되어 강제적 안락사의 대상으로 분류되었다. 이미 앞에서 언급한 것처럼 모든 학교에서 인종학이나 유전학은 전 과목에 걸쳐서 수업이 실시되었는데, 이는 청소년들에게 유전병이나 인종학과 관련된 법들의 필요성을 인식시키기 위함이었다.

지적장애인을 돌보기 위한 첫 번째 시설은 1846년 작센 주에 소재한 후베르투스부르크(Hubertusburg) 교육 시설이라 볼 수 있을 것이다. 그리고 마침내 1867년에 첫 번째 독일의 특수학교가 문을 열었다. 그와 동시에 일반학교에서 신체적 혹은 인지적 측면 등에서 가장 약한 아동들을 모아서 특별한 촉진 서비스를 제공한 이른바 '보충학습학급(Nachhilfeklasse)'도 생겼다. 이어서 1887년에 '독일의 일반교사협회(Der Allgemine Deutsche Lehrerverein)'는 다음과 같은 내용을 가결하였다(Jungk, 1991).

> 능력이 떨어지는 아동들, 즉 초등학교에 입학하여 최소한 2년 후에 건강한 또래 아이들과 함께 보조를 맞추어 발달하기가 어려울 정도로 지적 문제가 나타날 경우에는 특별한 학교로 보내야 한다.

이에 1893-94년도에 이미 32개의 독일 도시에 특수학교가 설립되었고, 1914년에는 320여 개 도시에 총 43,000여 명의 장애학생이 재학 중이었다. 그 후 1927-28년에는 71,902명의 특수교육 대상자가 약 750여 개의 지역에 설치된 특수학교에서 교육과 수업에 참여하였다. 함부르크의 경우에는 1892년 6월 13일 킬러가(街)(Kieler Str.)에 처음으로 특수학교가 설치되었고, 1918년에는 함부르크의 남동쪽에 위치한 베르게도르프(Bergedorf)에도 잇달아 세워졌다. 사실 특수학교가 세워질 당시에는 초등학교의 부담을 덜려는 의미와 학력이 낮은 단순 노동자들에 대한 경제적인 결핍의 충족적 차원이 강하게 작용하였다. 이것이 특수학교와 관련한 당시 민족사회주의적 학교 정책의 기본 생각이었다. 히틀러와 민족사회주의자들이 집권한 1933년부터 1945년까지의 특수학교는 오늘날의 학교유형을 거의 포함하고 있었다. 1898-99년까지 특수학급의 이름은 '지적장애아를 위한 보조학급(Hilfsklasse fuer Schwachsinnige Kinder)', 이후에는 '저지능아를 위한 특수학교(Hilfsschule fuer schwachbefaehigte

Kinder)'로 불리었다.

1908년 함부르크에는 이미 12개 특수학교에 1,574명의 특수교육 대상자가 재학 중이었다. 제2제국이라 불리는 독일제국(Deutsches Kaiserreich, 1871-1918) 시대의 특수학교 교사들의 정치적 성향은 당연히 보수적-민족주의적인 사고로 각인되어 있었다. 당시의 신분 사회적인 질서 체제는 대체적으로 자연스럽게 인정되고 수용된 상태였으며, 각 개인의 사회적 신분이나 지위의 다양성은 이미 자신들의 예정된 운명을 의미하기도 하였다. 또한 특수학교 교사회의의 한 참여자는 지리 및 역사학이 포함된 지역사회학 수업은 아동 및 청소년들로 하여금 사회 및 정치적 생활에 대하여 이해하는 길을 열어주어야 하며, 정부에 대한 존중과 사회질서나 황제 및 조국에 대한 사랑을 가슴 속 깊이 심는 것이 주된 목표가 되어야 한다고 강조하였다. 따라서 당시 특수학교 교사들이 대체적으로 전쟁이나 희생적 자세 및 제국주의 사상을 지지하는 것은 크게 놀랄 만한 점이 아니었다.

독일 특수교육학의 선구자였던 하인리히 킬호른(Heinrich Kielhorn, 1847-1934)은 1881년에 독일의 니더작센(Niedersachsen) 주의 남동쪽에 위치한 브라운슈바이크(Braunschweig)에 도움반(Hilfsklasse)을 설치하였다. 여기에는 지적 장애인과, 시설의 보호나 도움을 필요로 하지는 않지만 일반 수업에 참여하기는 어려운 정도의 지적 기능을 가진 아동들이 해당되었다. 그는 1887년에 특수학교 아동들의 지적장애는 결코 치료할 수 없는 것으로 확신하였는데 이러한 주장은 학생의 학업 실패의 원인이 개인의 내적, 선천적인 것에 있음을 내포하고 있었다(Ellger-Rüttgardt, 1981).

1차 세계대전 후에도 특수학교 교사들에게 실리주의적 사상은 더 강화되었는데, 장애학생들은 국가에 부담을 주지 않기 위하여 큰 지원을 기대할 수 없었다. 그리고 1925년경부터는 특수교육학자들이 사용하는 언어에서 사회적 다윈주의적인 표현이 더 빈번하게 발견되었는데, '생존투쟁'이라든지 '국민품종개량(Volksaufartung)', '양육부적합판정(Ausmerzung)', '인적자원(Menschenmaterial)'이나 '저능아(Minderwertige)' 등이 대표적인 용어들이었다. 특수교육학에서는 이러한 표현방식과 더불어 학습능력의 저하 원인을 사회화 이론에서 점차 유전적 요인에 기인하는 것으로 보기 시작하였다.

동시에 '유용성(Brauchbarkeit)'이라는 개념이 등장하였는데, 물론 그때까지도 루퍼트 에겐베르거(Rupert Egenberger, 1877-1959) 등의 몇몇 특수교육학자들은 여전히 사회화 이론을 강조하기도 하였다. 사실 당시 특수학교 교사들은 특수학교 학생들이 비장애 학생들과 기본적으로 다르다는 시각과 또는 유사하거나 동등하다는 입장 등 기본적인 인식에 큰 차이를 보이기도 하였다(Hänsel, 2006).

페터 페터젠

그러나 독일과 유럽 지역의 창의-혁신학교 창시자이자 예나(Jena) 대학 교수였던 페터 페터젠(Peter Petersen, 1884-1952)은 1929년 특수학교 학생들에 대한 사회의 이질적인 태도에 대하여 매우 강력하게 반대하였다. 바이마르 시대의 특수교육학자 빌헬름 하르트나케(Wilhelm Hartnacke, 1878-1952) 등 대다수의 학자들은 특히 특수교육 대상자들의 지적장애에 가장 큰 관심을 가졌다. 그들은 특수교육 대상자들의 낮은 능력이나 문제적 행동의 원인을 유전적인 것으로 봄에 따라서 이런 특성들이 후손들 대대로 이어지는 것을 염려하였다. 전체적으로 바이마르 공화국 시대의 특수교육학자들이나 특수교사들은 특수교육 대상자들을 비장애학생들이 가진 일반성과는 매우 큰 대조를 이룬다고 보는 부정적인 경향이 강하였음을 알 수 있다.

1933년 교사이자 정치가였으며, 함부르크의 교육부장관이었던 칼 율리우스 비트(Karl Julius Witt, 1885-1969)는 취임 후 바로 교육청을 폐쇄하고, 독일 사회민주당(Sozialdemokratische Partei Deutschlands, SPD)과 독일민주당(Deutsche Demokratische Partei, DDP)의 당원들을 해산시켰다. 이와 같은 처사는 1933년 4월 7일의 '직업공무원 제도의 복구를 위한 법'에 의거하여 실행되었다. 동시에 민족사회주의 국가에 호의적이지 않는 교사들에 대한 고발이 시작되었다. 그 당시 교장직은 대부분 민족사회주의 독일 노동자당의 당원에게만 주어졌다. 또한 1933년부터 1935년까지 총 637명의 교사들이 해고되었는데, 이들은 대개 독일 공산당(Kommunistische Partei Deutschlands, KPD), 독일 사회민주당(Sozialdemokratische Partei Deutschlands, SPD), 독일민주당(Deutsche Demokratische Partei, DDP)과 관련되거나 혹은 유대인들로서 민족사회주의 독일 노동자당으로부터 정치적으로 배척당하는 교사들이었다. 아울러 해고된 교사들 중에는 비정규직의 기혼 여교사들이 포함되기도 하였다(Büttner/Groschek, 1999).

1934년 1월 30일의 "제국의 재건에 관한 법률(Gesetz ueber den Neuaufbau des Reichs)"에 의거하여 독일제국의 주(州) 정부는 교육제도에 대한 일체의 권한을 박탈당하였다. 이어 1934년 5월 1일 제국교육부(Reichsministerium fuer Wissenschaft, Erziehung und Volksbildung, REM)가 설립되어 획일적인 학교교육 정책과 규정이 결의되었다. 그 당시 교육부장관은 바이마르 공화국 시절에 불명예스럽게 교직에서 해고된 교사 베른하르트 루스트(Bernhard Rust, 1883-1945)였다. 히틀러와 민족사회주의자들이 권력을 마음대로 휘두르는 이른바 '총통(지도자) 전권(專權) 원칙(Fuehrerprinzip)'은 학교조직 및 교육 정책에도 직접 적용되었다. 이에 학교에서조차도 군사적인 혹독한 교육이 점차 증가함으로써, 함부르크에 소재한 학교에서는 교육학적인 관점의 학교생활이 거의 사라지게 되었다.

또한 교사들이 민족사회주의 독일 노동자당이나 민족사회주의 교사연맹 등의 조직에 가입하도록 미행이나 강요가 극심하기도 하였다. 민족사회주의 교사연맹은 1933년 4월 8일 이후에 조직된 당시 독일의 유일한 교사단체였으며, 설립자이자 회장은 바이에른 지역의 대관구(大管區) 지도관이자 주(州) 교육부장관이었던 한스 쉠(Hans Schemm, 1891-1935)이었다. 그가 사망한 후에는 나치스 친위대(Schutzstaffel, SS)의 최고위 지도자를 역임한 프리츠 베히틀러(Fritz Waechtler, 1891-1945)에게 이 조직의 관리·감독이 위임되었다(Frei, 2007).

독일의 민족사회의자들의 실리주의적인 기본 인식과 우생학적인 사상은 특수학교의 존재 의미에 대한 질문으로 이어졌다. 1933년 독일의 병리학자이며 인종주의 이념의 주창자였던 마틴 쉬탬러(Martin Staemmler, 1890-1974)는 이미 다음과 같이 제안하였다(Klee, 2005).

> 특수교육 대상자 가운데 정신박약 가족 출신이 매우 높은 비율을 차지하고 있는데, 이는 유전적으로 결함이 있기 때문이다. 또한 이러한 열등한 유전적 성향은 계속하여 후손에게 이어질 것이다.

이러한 그의 발언에서 유전학적 측면에서의 당시 특수학교의 과제와 역할을 쉽게 짐작할 수 있다. 회크(Hoeck, 1979)에 따르면 민족사회주의 독일 노동자당이 권력을 잡자마자 곧바로 특수학교의 폐지가 있었다고 한다. 특히 프로이센(Preussen) 지역에서는 재정난과 더불어 지역 당의 압력 가운데 학교행정당국에 의하여 특수학교가 문을 닫게 되었다. 1935년 베를린의 제국교육부(Reichsministerium fuer Wissenschaft, Erziehung und Volksbildung)는 특수학교의 미래를 결정해야 하는 압박을 받기도 하였다(Bock, 2010).

1933년 7월 14일, 차세대 유전성 질병 예방법의 규정에 따라 특수학교의 교육을 필요로 하는 장애 아동으로 진단·평가된 학생이 일반 초등학교에 남아있는 것은 결코 허용되지 않았다. 또한 이 법의 시행을 위하여 특수학교 교사들을 대상으로 한 교육이나 연수는 주로 대학교, 보건당국, 인종정책 관련기관 혹은 민족사회주의 교사연맹 등이 주최하는 행사를 통하여 실시되었다. 그러나 한편으로는 몇몇 특수학교 학생들이 교사들에 의하여 고무되어 국가적인 강제불임수술 조치에 대항하는 일이 발생하기도 하였다(Benzenhöfer, 2006). 예를 들어, 1934년 10월 9일 함부르크 보건당국과 사회복지국이 주(州) 교육부에 보낸 문서는 다음과 같이 밝히고 있다.

> 특수교육 대상자들이 보건당국의 소환에 응하지 않고 있다. 불임수술을 위한 진단 과정에서 특수학교 학생들이 겁에 질려 오는 경우들이 눈에 띄었다. 한 여자아이는 울부짖으면서 아버지에게 강제로 끌려오기도 하였다. 조사에 의하면 아이들은 이미 특수학교에서부터 선동되고 겁에 질리게 된다고 하는데, 특히 아이들에게 다음과 같이 이야기를 한다고 한다. 즉 보건당국에서 아이들을 억류하여 강제적으로 불임수술을 시행한다는 것이다. 이에 그들은 상호 간에 보건당국의 소환에 가지 않을 것을 약속한다는 것이다. 실제로 1919년의 특수교육 대상자들 중 매우 적은 수만이 불임수술을 위한 의료적 진단을 받았다.

이와 동시에 국립보건청(Staatliches Gesundheitsamt)은 교사들을 통하여 선천성 지적장애로 추정되는 모든 특수교육 대상 학생에 대하여 지능검사를 실시하였다. 1935년 12월 20일 학회지인 '독일 학문, 교육 및 국민교육(Deutsche Wissenschaft, Erziehung und Volksbildung)'의 제24권 "특수학교의 성과"에서는 유전성질환을 가진 아동의 불임수술 준비를 위한 진단·평가에서 선천적인 지적장애의 경우에는 국립보건청을 통하여 지능검사가 실시되었다. 아울러 장애아동들의 특이 사항은 즉시 국립보건청에 전달되었다. 한편 1933년 법학자이며 독일 민족민주주의당의 정치가였던 한스 브라이트바르트(Hans Breitbarth, 1928-2010) 등은 지적장애를 가진 특수교육 대상자의 불임수술을 환영하였다(Broszat, 1969).

1938년 2월 8일 함부르크의 초등학교와 특수학교에 발송된 서신에 의하면 함부르크의 교육부나 교육청은 다음과 같이 특수학교의 과제를 정확하게 규정하였을 뿐만 아니라 특수학교 재학생들의 불임수술에 대한 문제도 다루었다.

특수학교의 과제는 다음과 같다.

a) 특수학교로 보내진 아동들을 특별한 치료 교육학적 과정을 통해 '민족공동체(Volksgemeinschaft)' 가운데서 유용한 구성원으로 교육하는 것.
b) 일반 초등학교의 부담을 덜어주고, 그곳의 일반아동들에게 모든 촉진 및 교육 활동을 최대한으로 가능하도록 하는 것.
c) 국가의 유전 혹은 인종 정책에 있어서 효과적인 지원과 실행 작업을 할 수 있도록 돕는 것 등

이와 같은 특수학교의 과제 실현을 위한 몇 가지 전제조건이 특별히 강조되었는데, 먼저 가능한 한 조기에 모든 특수교육 대상 아동들을 진단·평가하고 모든 교사들이 이러한 특수학교의 과제를 해결하기 위하여 공동 책임자로서 인식하는 것이었다.

사실 특수학교를 다니는 모든 장애아동이 불임수술의 대상이 되는 것은 아니었다. 선천적인 지적장애나 그 밖의 유전성 질병이 후손에게 유전될 위험성이 있는 경우의 선별은 그때그때에 맞춰 결정을 내린 것이었다. 특수학교에 취학해야 하는 것으로 진단·평가된 아동의 가족들은 불임수술과 관련된 법에 두려움을 느낀 나머지 자녀를 가톨릭교회 재단의 학교로 전학시키려고 하였다. 이에 대하여 1938년 2월 19일자에 함부르크의 장학관이자 정치가였던 알베르트 만스펠트(Albert Mansfeld, 1901-1995)는 가톨릭 재단의 학교장에게 보낸 회람에서 지금까지 국립 초등학교를 다녔고, 특

수학교로의 입학이 결정된 아동들이 가톨릭 재단 학교로 전학하는 것을 허용하지 않는다는 내용을 전달하였다.

한편 1701년에서 1918년까지 군주제로, 1918년에서 1947년까지 공화제로 존속했으며 독일제국의 중심적 역할을 한 독일 북부 지역의 왕국 프로이센의 1938년 4월 27일 '특수학교에 대한 일반적 규정(Allgemeine Anordnung ueber die Hilfsschulen in Preussen)'을 살펴보면 특수학교의 과제 설정이 구체화되어 있음을 알 수 있다. 당시 제국교육부장관이었던 베른하르트 루스트(Bernhard Rust, 1883-1945)는 다음과 같이 요구하였다.

> 나는 이 규정을 실행하기 위한 방법을 곧 찾기를 바라고, 이와 관련하여 1939년 4월 1일까지 보고하기를 요구한다. …(중략)… 특수학교는 신체적으로나 지적인 면 등 총체적인 발달 지체나 인지, 감정 및 자발적인 생활영역에서의 장애로 인하여 초등학교의 일반적인 교육과정을 따라갈 수 없는 장애아동들을 대상으로 초등학교 수준의 의무 교육을 충족시키는 것이다.

이처럼 특수학교에서는 장애아동들의 이질성을 특별히 강조하였으며, 특수학교의 과제는 다음과 같이 세 가지로 압축되었다. 첫째는 일반 초등학교의 부담을 덜어주고 이를 통해 초등학교의 평가절상을 꾀했으며, 둘째는 국가의 유전학 및 인종우생학적인 정책을 지원하는 데 중요한 의미를 가졌다. 셋째로 그들의 특성에 적합한 교육을 시킴으로써 나중에 민족공동체(Volksgemeinschaft)의 일원으로 유익하게 활동할 수 있도록 하는 데 주요 역할과 과제가 부여되었다. 1934년부터 1945년까지 존재했던 독일제국의 교육부(Reichsministerium fuer Wissenschaft, Erziehung und Volksbildung, REM)가 각 주(州)의 교육부에 하달한 공문서에도 이와 같은 특수학교의 역할과 기능이 잘 기록되어 있음을 알 수 있다.

초등학교에서 특수학교로의 전학은 아동에게 다음과 같은 기질이나 증상이 나타날 경우에 결정되었다. 먼저 초등학교 2학년까지 학교를 다닌 후에 엄격한 기준을 가지고 평가하여 1학년의 학습목표도 달성하지 못한 아동이나, 3학년까지 재학 후에 2학년 수준, 또는 4학년까지 재학하는 동안 3학년에 해당하는 일정 수준에 도달하지 못하는 경우에는 특수학교로 보내지게 되는 것이다. 하지만 특수학교 전학 신청서는 아동이 교육과정을 확실히 따라가지 못하고 학급공동체에 부담을 주는 경우에는 더 일찍 제출할 수도 있었다.

아울러 과거에 특수학교를 다닌 아동이 일반 초등학교로 돌아갈 가능성은 매우 희박하였다. 즉 그 당시 특수학교에 재학 중인 아동의 초등학교 재복귀는 매우 특별한 경우를 제외하고는 생각할 수도 없었다. 아울러 특수학교의 특수교육학적 소견서와 공의(公醫) 혹은 학교 보건의(保健醫)의 의료적인 소견서는 특수교육 대상자가 특수학교로 이송되는 판별 과정에 포함되었다. 특수학교는 기본적으로 독립적이며, 초등학교에 편입되지도 않았던 기관이었다. 당시 각 학급의 학생 수는 저학년의 경우 20명, 중등과정은 25명을 넘지 않았다. 이른바 교육 불가능한 아동들을 위한 집합학급(Sammelklasse)은 허용되지 않는 것으로 선포되었으며, 대신 이러한 아동들을 공적인 복지사업에 맡긴 것이었다(Stutzkowsky, 2003).

이후 특수학교는 전쟁 준비와 전쟁의 발발에 의한 국가 노동력의 결핍에 부딪힌 나머지 다시 한번 교육권 등에 부정적 변화를 맞이하게 되는데, 특수학교도 제2차 세계대전 동안 심각한 인적 및 물질적인 결핍 현상에 봉착한 것이다. 전쟁의 한복판에 있던 1942년 2월 18일 '특수학교의 교육과 수업 지침(Richtlinien fuer Erziehung und Unterricht in der Hilfsschule)'이 채택되었고, 특히 눈에 띄는 점은 각각의 교과목들의 지침서에 따르면 특수학교는 더 많은 교육 및 수업 공간을 필요로 한다는 것이었다. 또한 특수학교에 맡겨진 장애아동들의 기질에 따른 특수학교의 독특성이 강조되었다. 그렇지만 특수교육 대상자들도 기본적으로는 아동이라는 본질적인 관점은 고려되었으며, 교육적 활동에서도 일부 긍정적인 측면을 살펴볼 수 있다. 장애아동들은 신체적, 혹은 지적인 독특성으로 가정에서 대부분의 부모들이 성공적으로 대처할 수 없는 교육 문제들을 종종 겪게 되고, 이 때문에 가정에서 장애아동들에 대한 방치의 위험성은 매우 클 수밖에 없었다. 그래서 특수학교에는 장애아동들을 대상으로 책임감 있는 교육적 과제가 주어질 뿐만 아니라, 동시에 그 아동들의 독특한 기질에 대한 교육적 조치를 고려해야 했다. 다시 말하자면, 특수학교는 장애학생들의 나약한 의지력, 낮은 자아의식, 감정의 결핍, 이기주의적인 태도, 충동성 및 부정적 사고방식 등을 제거하는 것이었다(Rudnick, 1990).

1942년 3월 14일 독일제국의 교육부는 주(州) 교육부에 보낸 공적 서신을 통해 다양한 전제조건에 해당하는 모든 아동들을 반드시 특수학교에 보낼 것을 다시 한번 강조하였다. 아울러 특수학교가 장애학생을 수용하는데 환경적 어려움이 있는 경우에는 새로운 학교 건립과 교사 양성 교육을 위하여 가능한 국가적 지원을 언급하기도 하였다. 그러나 전쟁 중에는 수업 진행에 어려움이 있어, 새로운 특수학교의 수업지침 적용도 매우 미진할

베를린 안전 교육소의 지리 수업

수밖에 없었다(Nagel, 2012).

1942년과 1943년에는 몇몇 학생들에 대한 방치 위험을 줄이고자 전체 독일제국 내에 특수학교와 특수학급을 재차 건립하기도 하였다. 그러나 1943년부터는 공습경보, 징발, 학교건물의 파괴와 난방연료, 교재 및 교사의 부족으로 인하여 수업은 거의 불가하였다. 그 당시 독일 공군이 영국 런던의 민간인 지역에 무차별 공습을 감행함에 따라서 영국도 베를린에 보복 공격을 가하였다. 이에 히틀러는 1940년 10월부터 베를린 등 영국의 공습 목표 도시에 있는 학령기 아동 및 청소년들과 그 어머니들을 대도시에서 멀리 떨어진 지역으로 장기간 대피시킬 것을 명령하였고, 이러한 시설을 "어린이 안전 교육소(Kinderlandverschickung, KLV)"라 불렀다. 총 2백만 명 이상의 아동들이 제2차 대전이 끝날 때까지 독일 전역에 설치된 시설에 대피하였으며, 여기에는 10~14세 사이의 아동 약 85만 명이 포함되었다. 그러나 1945년 초기부터는 독일의 대부분의 학교들이 문을 닫게 되었다(Boberach, 1982).

1933년부터 특수학교에서 가르치는 각 교과목은 다른 유형의 학교와 마찬가지로 학생들에 대한 정치적인 이념의 주입에 큰 관심을 기울였다. 특수학교는 총 6개 학년으로 구분하였으며, 이를 2개 학년씩 묶어 저학년(1-2학년), 중학년(3-4학년), 고학년(5-6학년)으로 분류하기도 하였다. 특수학교와 특수교육 대상자의 수도 증가하였는데, 1940년 5월에는 독일제국 전역에 총 1,094개의 특수학교가 있었고 10만 3,094명의 장애학생이 재학하였다. 1937년에 함부르크에는 11개의 특수학교가 설립되어 있었고, 3,905명의 장애학생들이 있었다.

1933년부터 1936년까지 특수학교의 학생들은 히틀러 청년단이나 독일 여성청년단(Der Bund Deutscher Maedel, BDM)에 가입하는 것도 제한되었다. 이는 히틀러 청년단이 엘리트식 사고방식과 조건을 요구하며, 더 나아가서 1933년의 '차세대 유전성 질병 예방법'에 근거하여 유전성 질병

보유자로 의심되는 증상의 경우에는 히틀러 청년단의 전문 의료진의 진단 및 평가에 따라서 국가적인 강제불임수술이 행해질 가능성이 매우 높았기 때문에 대부분 가입이 허용되지 않았던 것이다(Larass, 1992).

독일의 민족사회주의적 국민복지(Nationalsozialistische Volkswohlfahrt, NSV)의 특성은 주로 파시즘적인 사회복지 정책을 바탕으로 입안하고 실천한 것이다. 이전까지 특수학교의 학생들은 학교의 급식에서조차 기본적으로 배제되었는데, 1936년에 이르러 관련 배제조항이 해제되었다. 국가적 의무를 이행함에 있어서도 최소한의 평균적 지적 기능이 요구되었기 때문에 특수학교에 재학 중인 학생들은 제외시키도록 지시하였지만, 제2차 세계대전 중에는 인력부족으로 인하여 특수학교 학생들에게도 국가적 의무 이행이 허용되기도 하였다. 즉 노동업무나 국방과 관련된 영역에서 특수학교 학생들도 기본적으로는 의무와 참여를 제한하지 않았다(Vorländer, 1988).

독일에서는 1933년을 전후하여 우생학적인 근거를 바탕으로 관련 대상자들에 대한 불임수술을 논의하였다. 독일은 이미 1899년에 이에 관한 토론을 시작하였고, 1924년 독일 작센 주의 츠비카우(Zwickau) 사람이며 바이마르 공화국 시대의 기업 전속 의사(Betriebsarzt)였던 구스타프 뵈터스(Gustav Boeters, 1869-1942)의 '수술적 조치를 통한 가치 없는 생명의 예방(Die Verhuetung unwerten Lebens durch operative Massnahmen)'이라는 불임수술에 관한 법을 구안하여 제국법무부에 건의하였다. 그가 제출한 법안은 1933년의 '차세대 유전성 질병 예방법'과 유사하였는데 그 가운데 몇 가지를 인용하면 다음과 같다(Beyer, 1934).

1. 학령기 시작 연령에 선천적 맹이나 선천적 농, 혹은 간질이나 정신박약 등으로 인하여 일반 초등학교 수업에 참여하기 어려울 것으로 평가된 아동들은 생식능력을 제거하기 위하여 가능한 속히 불임수술을 받도록 한다.
2. 정신질환자, 지적장애인, 간질 환자, 선천성 맹, 선천적 농 및 행동장애인

등 공공시설이나 민간시설에서 수용 · 관리되는 사람들은 시설에서 퇴원하기 전 혹은 일시적인 휴가 전에 불임수술을 한다.

3. 정신질환자, 지적장애인, 간질, 선천적 농 및 맹 등은 먼저 불임수술을 시행한 후에 결혼을 허락한다.
4. 친부가 분명하지 않은 아이를 출산한 여성들은 자신의 정신(심리) 상태를 검사받을 수 있다. 만일 유전적으로 열등한 결과가 나올 경우에는 불임수술을 실시하거나 혹은 임신 능력을 제거할 때까지 폐쇄된 시설에 감금된다.
5. 유전적으로 문제가 되지 않는 재소자들이 자의적으로 불임수술을 받게 되면 일부 특별 사면을 위한 신청서를 제출할 수 있다. 성범죄의 경우 재판과정은 특별법에 의하여 규정된다. …(중략)…
7. 만일 심신이 건강함에도 불구하고 불임수술을 받은 경우에는 심각한 처벌을 받게 된다.

그리고 이에 대하여 다양한 인종학자들이 우생학적 이론과 배경을 바탕으로 한 불임수술을 지지하였다. 정치적인 측면에서도 민족사회주의 독일노동자당뿐만 아니라, 1919년에서 1933년까지 바이마르 의회에서 활동했던 보수파 우익정당이자 연합국의 배상요구에 대항하고 군주제 부활, 국민화합, 기업 활동의 자유 등을 주장했던 독일민족국민당(Deutschnationale Volkspartei, DNVP)과 독일 사회민주당(Sozialdemokratische Partei Deutschlands, SPD)도 불임시술 정책을 적극 지지하였다. 다만 독일 공산당(KPD)은 명확하게 반대를 표명하였다(Richter, 1933).

이러한 국가적인 불임수술과 관련하여 1932년에 프로이센 주 보건위원회는 제국의회에서 더 이상 다루지 않았던 새로운 법안을 가결시켰다. 이와 같은 인종정책은 1933년의 '차세대 유전성 질병 예방법'의 제정 전에 이미 바이마르 시대에도 우생학적인 이유로 불임수술이 행해졌음을 짐작하게 한다. 그러나 바이마르 시대에 우생학적인 불임수술의 구체적인 통계 현황은 정확하게 파악할 수 없다.

함부르크의 지도자급들도 열등한 사람들에 대한 불임수술을 높은 비율로 찬성하였는데, 1929년 함부르크 인근의 란엔호른(Langenhorn) 지역의 신경-정신과 수석의사였던 오토 크란케라이트(Otto Krankeleit, 1887-1973), 1904년 함부르크 대학의 정신과 교수이자 1933년까지 프리드릭스베르크(Friedrichsberg) 지역의 국립병원장이었던 빌헬름 바이간트(Wilhelm Weygandt, 1870-1939) 등을 꼽을 수 있다. 이러한 인종우생학자들의 대량 선전선동으로 말미암아 히틀러와 민족사회주의자들이 권력을 장악하기 전인 1933년 초에 이미 우생학적인 불임수술이 합법화되었던 것이다(Sammet, 2006).

결국 독일의 민족사회주의 독일 노동자당은 1933년 중반인 7월 14일에 '차세대 유전성 질병 예방법'을 최종적으로 다루었고, 이를 민족사회주의자들의 첫 번째 유전생물학적인 법으로 공포하였다. 그와 관련된 몇 가지 법 조항을 살펴보면 다음과 같다(Buurman, 1934).

제1조

(1) 의학적인 근거와 경험을 바탕으로, 중증의 신체적 혹은 지적으로 유전적 결함이 동반되는 유전성 질병 가능성이 있는 자는 외과적 수술을 통하여 불임조치를 받을 수 있다.

(2) 본 법률에 의거한 유전성 질병은 다음의 각 호의 질병을 앓는 자를 말한다.

1. 선천성 지적장애
2. 조현병(調絃病, Schizophrenia)
3. 주기적 정신질환
4. 유전성 간질(뇌전증, Epilepsy)
5. 유전성 무도병(舞蹈病)
6. 유전성 맹
7. 유전성 농

8. 중증 유전성 신체 기형

(3) 중증 알코올 중독증을 앓는 사람에게도 불임수술이 행해질 수 있다.

제2조

(1) 불임수술 신청 자격자는 기본적으로 불임수술을 받아야 하는 본인이다. 그러나 신청자가 낮은 지적기능으로 금치산 선고를 받은 경우나 만 18세 미만인 경우에는 법적 대리인이 신청 자격을 가진다. 만약 이런 경우에는 후견인 재판소의 허가서를 제출하여야 한다. …(중략)…

제3조

불임수술은 다음과 같은 사람들이 신청할 수 있다.

1. 공무원 의사(公醫)
2. 병원, 요양원, 교도소의 수감자 및 수용자의 경우에는 각 기관의 원장 혹은 소장

제12조

(1) 법정에서 불임수술에 대한 최종 결정이 난 경우, 당사자가 반대 신청서를 제출하지 않으면 수술 당사자의 의지에 반할지라도 수술이 시행될 수 있다. …(이하 중략)…

이 법률은 1933년 7월 14일에 제정되어 1934년 1월 1일부터 효력이 발생하였으며, 이로써 인종우생학의 목적인 이른바 열등한 사람들의 생식을 제한하는 데 이르게 되었다. 1933년 7월 26일 '독일제국신문(Deutscher Reichsanzeiger)' 제172호와 '프로이센 관보(Preussischer Staatsanzeiger)'에 제보된 '차세대 유전성 질병 예방법' 공표 이유에서도 이 법이 분명하게 인종 우생학적 뿌리에 근거를 두고 있음을 알 수 있다.

독일 민족사회주의자들의 우생학적인 사상을 근거로 한 '차세대 유전성 질병 예방법'의 실제적인 적용과 실행은 대부분 공무원 의사, 이른바 공의(公醫)들이 제출한 신청서와 함께 시작하였으며, 특수학교 학생의 경우에는

학교전담의사, 즉 교의(校醫)들이 중추적인 역할을 담당하였다. 신청서의 최종 결정은 각 주(州)의 법무장관 명령에 따랐으며, 당시 지방법원 산하에 조직된 전국의 약 220여 개의 유전성 건강 법원에 권한을 부여하였다. 유전성 건강 법원은 지방법원의 대표재판관, 공의, 유전성 건강 학계의 유력한 의사 등으로 구성되어 수사권, 증인이나 전문가에 대한 질문, 의료적 진단 의뢰권 등 모든 권한을 위임받아 불임수술 여부가 결정되었지만, 회의는 공개되지 않았다. 이렇게 결정된 불임수술에는 이의 제기가 가능했는데, 최종결정권은 고등법원에 예속된 유전성 건강 고등법원(Erbgesundheitsobergericht, EGOG)이 담당했다(Ganssmüller, 1987).

불임수술 결정이 내려진 경우에는 2주일 내에 최고위 주(州) 관청의 권한을 위임받은 병원에서 면허 의사를 통한 수술이 실시되어야 했다. 1936년 10월 4일 '차세대 유전성 질병 예방법'의 2차 개정을 통하여 여성의 경우에는 방사선을 이용한 불임수술도 허용되었다.

당시 시설수용자들은 퇴원, 퇴소 혹은 휴가 전에 반드시 불임수술을 받아야만 했다. 아울러 불임수술 조치과정에서 수술 당사자의 구인(拘引), 유전성 건강 법원에의 출두, 수술 일자와 장소에 수술 대상자의 불출석, 잠재적인 도주의 위험 상황 등이 있을 경우에는 경찰력을 동원한 강제 집행이 실시될 수 있었다.

한편 1935년 6월 26일 '차세대 유전성 질병 예방법'은 유전학적인 이유로 인한 인공임신중절(낙태)이 즉시 허용되도록 개정되었다. 이는 종종 강제 집행되었고 임산부 당사자의 동의도 형식적인 조건에 불과했다. 또한 유전성 건강 법원이 '차세대 유전성 질병 예방법'을 근거로 불임수술의 당위성이 있다고 결정한 경우에는 임신 6개월 후반까지도 인공임신중절이 허용되고 자행되었다. 이러한 규정은 미혼과 기혼 여성 모두에게 적용되었다(Fuchs, 1936).

이와 같은 사회 정책 가운데서 특수교육 대상자에 대한 사회적 낙인은 매우 당연시되었다. 차세대 유전성 질병 예방법의 해설을 근거로 살펴보면 특수교육 대상 학생들의 약 63%가 이른바 선천성 지적장애의 대상으로 분류되었다. 이러한 분류에서 제외된다 할지라도 노동력이 없거나 반사회적이거나 성적으로 비윤리적인 정신질환자 등으로 진단되어 강제적인 불임수술이 실시될 수 있는 위험성은 항상 존재하였다. 대도시인 함부르크에서는 약 3만 5,000-4만 명에 이르는 사람들이 불임수술의 대상이 되었다. 또한 방송을 비롯하여 학교, 전시회, 연수, 강연 등 다양한 선전과 선동을 통하여 수많은 유전성 질환자들의 자진신고를 유도하였으며, 이러한 불임수술은 1945년까지 지속적으로 진행되었다(Ristow, 1935).

한편 차세대 유전성 질병 예방법과 유사한, 유전학적 맥락과 의도를 가진 법률이 세 가지 더 있었다. 먼저 '위험한 상습범 방지 및 개선 조치에 관한 법(Gesetz gegen gefaehrliche Gewohnheitsverbrecher und Massregeln der Sicherung und Besserung)'이 1933년 11월 24일 제정되어, 다음 해인 1934년 1월 1일부터 효력이 발생하였다. 이 법은 치료감호소, 구호시설, 강제노동시설, 알코올 중독 치료소 등에 범죄자를 강제 입소시키는 것에 관한 규정과 재범자에 대한 형량의 과중, 성 범죄자에 대한 거세 등을 규정하고 있었다.

이어서 '독일혈통 및 독일 명예보호법(Gesetz zum Schutz des deutschen Blutes und der deutschen Ehre)'이 1935년 9월 15일에 제정되어 유대인과 독일국적 혹은 유사혈통 간의 결혼이나 혼외 성관계를 금지하였다. 아울러 1935년 10월 18일 공포된 '독일 국민의 유전성 건강 보호법(Gesetz zum Schutz der Erbgesundheit des deutschen Volkes)'을 통하여 결혼 예정자가 차세대 유전성 질병 예방법 상의 다양한 유전성 질병을 가진 경우에는 결혼을 금지하였다. 이를 위하여 혼인 체결이 성사되기 전에 이른바 "결혼적격증(Ehetauglichkeitszeugnis)"을 관계 보건당국에 반드시 제출하여야 했다(Detzel, 1992).

쉬물(Schmuhl, 1987)에 의하면 그 당시 독일 전역에서 수백만 명에 가까운 사람들을 대상으로 국가적인 불임수술을 실시한 것으로 보고하고 있다. 실제로 1934년부터 1945년까지 약 40만 명에게 불임수술을 시행했는데, 그 가운데서 약 4만여 건의 수술은 1938년 이후 점령지에서 실시되었다. 수술 대상자의 약 3/4 정도는 개전 초, 병원 시설의 절대 부족으로 수술을 실시할 수 없었는데 이러한 상황은 1939년까지 지속되었다. 그 밖에도 이른바 '저가치(열등한) 생명(minderwertiges Leben)'에 대한 멸절 단계인 안락사가 대대적으로 실행되기도 하였다. 또한 제3제국 시대에 불임수술 중 또는 강제집행 도중에 사용된 폭력으로 인해 약 5,000-6,000여 명의 여성과 약 600여 명의 남성들이 사망하였다.

함부르크에서는 약 3만 명의 여성들에게 유전학적인 근거와 사상을 바탕으로 인공임신중절 수술이 자행되었다. 희생자 가운데 약 96%는 지적장애, 조현병, 뇌전증, 조울증 등의 진단을 근거로 불임수술이 시행되었다. 1936년에 이미 3,326건의 불임수술에 대한 신청서가 제출되었고, 그 가운데 2,335명에게 실시되었는데 그중 1,335명의 경우에는 선천적인 지적장애가 불임수술의 이유로 제시되었고, 1934년과 1935년에 불임수술 대상자의 약 54%가 선천성 지적장애로 진단되었다. 1939년 이후에도 불임수술에 대한 국가 정책적 결정과 더불어 실제로 많은 대상자들에게 이를 시행하였다(Hoeck, 1979).

1933년에서 1945년 사이에 함부르크에서만 총 24,260여 명에게 불임수술이 자행되었다. 또한 500여 명의 남성들이 거세를 당하였고, 약 800여 명의 여성들, 특히 폴란드 및 러시아 여성강제노역자에게는 강압적으로 인공임신중절이 행해진 것이었다. 그뿐만 아니라 약 14,000여 명의 소위 사회생활 능력이 없는 사람들을 대상으로 강제이주와 동시에 금치산 선고를 내렸다. 당시 법무부, 내무부, 보건부 및 사회부 등 주요 정부 기관들은 빈곤자, 사회 및 국가적인 열등자들을 제거하기 위해 대대적인 캠페인을 벌였고 이는 최소한의 비용으로 은밀하게 실시되었다.

차세대 유전성 질병 예방법의 제정은 더 이상 열등한 사람들에 대한 예방이나 저지보다는, 오히려 이른바 '살 가치가 없는 목숨'으로 간주되었던 사람들의 멸절을 위한 전(前) 단계에 불과했다. 다시 말하자면, 전쟁초기부터 광범위하게 자행된 불임수술과 더불어, 장애 어린이에서 시작해 나중에는 성인에 이르기까지 적용된 강제 안락사에 대한 국가적 정책은 상호 긴밀한 관련이 있었던 것이었다. 그 밖에도 주목할 만한 사항은 민족사회주의자들의 이상적 인간상이자 정치 선전으로 선동하는, 유전적으로 건강하고 근면하며 순수한 게르만 민족이나 아리아인에 부합되지 않는 사람들, 즉 열등한 사람, 반사회적인 사람, 조현병 환자 등에 대한 차별 대우가 유전건강법에 의거하여 점점 증가했다는 점이다. 비록 국민들의 저항이 두려워 비밀리에 강제적인 안락사를 시행했지만 이는 민족사회주의자들과 히틀러가 인종위생학이나 사회적 다윈주의에 기본적인 사상의 뿌리를 두고 있었음을 알 수 있다(Gisela, 1993).

한편 1935년 민족사회주의 독일 노동자당의 전당대회에서 제국의사회의 최고지도자였던 게르하르트 바그너(Gerhard Wagner, 1888-1939)가 '안락사(Euthanasie)'를 주제로 연설을 하였다. 히틀러는 기본적으로 안락사의 실행을 승인하였지만, 이를 제2차 세계대전의 촉발 때까지 잠시 유보하기를 원하였다. 1938년에서 1939년으로 해가 바뀔 무렵 히틀러는 아동들에 대한 안락사를 허락하는 위임장에 서명하였다. 이에 따라 1939년부터 1945년까지 치료 및 보호시설에 설치된 약 30여 개의 이른바 아동전문부서에서 최소한 5,000여 명 이상의 장애아동 및 청소년들이 대부분 약물과다로 인한 중독과 아사(餓死)를 통하여 무참히 살해되었다(Schmuhl, 1987). 또한 1940년 1월에서 1941년 8월 사이에 그라페넥, 브란덴부르크, 하르트하임, 존넨슈타인, 베른부르크 및 하다마르 등 여섯 지역에서 안락사 프로그램인 이른바 'Aktion T-4'라는 미명으로 약 7만여 명의 시설 장애 성인에 대한 안락사가 계속하여 자행되었다. 1939년 9월 1일 히틀러는 이러한 국가적인 조직적 범죄 행위에 대한 전권을 당시 총통실장인 필립 보울러(Philipp Bouhler, 1899-1945)와 히틀러의 외과 주치의 격인 칼 브란트(Karl Brandt, 1904-1948)에게 위임하였다. 이들은 특정 의사들에게 환자의 질병이 치료 불가한 것으로 판명 난 경우 인간적(임의적) 판단에 따라서 이른바 "은혜로운 죽음(Gnadentod)"이라는 이름으로 인위적으로 생명을 거둘 수 있는 권한을 부여하였던 것이다(Rudnick, 1985).

1941년 8월에 히틀러는 국민들과 일부 교회의 강력한 항의로 인하여 장애인에 대한 살육 작전인 'Aktion T-4'를 일시 중단하였다. 그러나 실제로는 1945년까지 산발적으로 안락사 행위가 은밀하게 지속되었다. 수많은 환자들이 일상 시설생활에서 음식물 박탈로 인한 영양결핍이나 약물과다처방 등을 통하여 죽음을 맞이하였는데, 최소한 약 3만여 명이 이렇게 희생되었다. 1937년 11월에 함부르크에서는 시 소속 공의(公醫)의 제안으로, 질병을 치료할 수 없거나 혹은 일부분만 치료가 가능한 환자와 허약자들의 배급을 끊음으로써 기아 살인을 자행하였다(Ebbinghaus, A. et al., 1984).

아동에 대한 살해 행위는 함부르크에서는 랑엔호른(Langenhorn) 지역의 치료 및 보호시설이나 혹은 로텐부륵스오르트(Rothenburgsort)에 있는 개인 아동전문 병원에서 이루어졌다. 희생된 대부분의 함부르크의 장애아동들은 이 시설들로 수송되었고, 1939년에서 1945년 사이에 처참한 집단살해가 이루어졌던 것이다. 또한 안락사로 희생된 함부르크의 성인은 2천여 명 이상이며 시설에서 가스중독, 독살 혹은 기아로 숨진 것으로 추정된다. 여기에는 정신병 환자 외에도 사회 시설에 거주하는 동성애자, 노동능력이 없는 외국인, 노인 및 허약한 사람 등도 포함되었다.

지체장애 및 지적장애 학생들은 다른 학생집단과는 달리 민족사회주의자들의 강제 안락사 대상이 되었다. 이들이 가진 유전적인 장애나 외현적인 기형 등은 차세대 유전성 질병 예방법에서 제시한 성립요건에 해당되어 아동 안락사나 이른바 작전명 "Aktion T-4"의 희생의 대상에 포함되었다. 또한 이미 1933년부터 중증 지적장애 학생이나 혹은 백치로 일컬어지는 학생들을 퇴출시키려는 노력이 특수교육영역에서 시작되었다(Kinast, 2010).

1938년 프로이센의 "특수학교에 대한 일반적 규정"에서는 지적장애나 지체장애를 가진 학생들을 "교육 불가능 대상"으로 선언하였다. 아울러 1939년 8월에 제국의 내무부로부터 "기형아와 지적장애아에 대한 신고의무(Meldepflicht fuer missgestaltete und idiotische Kinder)"가 규정되었다. 이러한 법 제정은 약 5,000여 명 이상의 지체장애 및 지적장애아동들을 대상으로 자행된 아동안락사(Kinder-Euthanasie)를 위한 준비 과정에 해당하였다. 특히 중복 · 중증장애인들을 요양원 등의 시설에 수용하였는데, 이는 그들을 쉽게 파악하고 대량 살상행위를 효과적으로 자행하기 위함이었다.

한편 차세대 유전성 질병 예방법에서 난청에 비하여 농아에 대해서는 명백하게 언급이 되었기 때문에 많은 사람들은 이들 학생들에 대한 평가절하에 대하여 매우 큰 두려움을 가졌다. 이때마다 난청인들이 지적인 측면에서는 정상이라는 점이 거듭 반복하여 강조되었다. 농교육학과 난청교육학의 구분은 매우 강력한 교육적 효과를 낳았는데, 이는 난청학교에서 수화의 사용을 포기하게 하고 교사들로 하여금 필요한 경우에는 가차 없이 단호한 조치를 취하라고 권고하였다(Nedoschill, 2001).

난청인 협회 등 관련 단체들은 해산되었고, 대신에 "독일 난청인 전국동맹(Reichsbund der Deutschen Schwerhoerigen, RBS)"이라는 이름으로 재조직되었다. 이 단체는 1934년 1월부터 1944년까지, 교육자들이 발표한 논문이 일부 게재되는 월간지인 "난청 및 농인을 위한 독일 월간 정기간행물(Monatszeitschrift fuer Schwerhoerige und Ertaubte)"을 발행하였다. 그 당시 관련 장애 학생들에 관한 정확한 숫자는 알 수 없지만, 히틀러와 민족사회주의자들의 집권초기에 약 24개, 187개 학급에 총 21,000여 명이 재학 중이었고 1938년에는 18개의 난청학교만 남았다. 독일 난청인 전국동맹은 위에 언급된 월간지에 투고하고 정치적인 참여와 활동을 통하여 난청학교의 점진적인 축소를 저지하려고 했지만 실패하였다. 1938년 7월 6일 제정된 제국의 취학의무법(Reichsschulpflichtsgesetz)에 난청인에 대한 교육권 관련 조항은 한마디도 언급되지 않았다(Friedlander, 1997).

농인에 대한 불임수술은 일반적으로 강제로 자행되었으며, 독일의 농인 전국동맹(Reichsverband der Gehoerlosen Deutschland, REGEDE)에 의하여 세밀하게 통제되고 조직되었다. 강제적인 불임수술 외에도 교육 불가한 것으로 결정된 농인들은 이른바 "Aktion T-4"라 명명된 안락사 프로그램으로 희생되었고 유대인이면서 농인인 사람들은 이중으로 열등한 사람으로 간주되어 홀로코스트를 통하여 막대한 희생을 맞이하였다.

다른 특수학교의 유형과는 반대로 특히 맹교육학은 민족사회주의시대에 비교적 적게 영향을 받았다. 이는 무엇보다도 다른 장애유형들보다는 더 이른 시기에 맹교육학(Blindenpaedagogik)과 함께 시각장애인교육학(Sehbehindertenpaedagogik)이 발전하였기 때문일 것이다. 아울러 다양한 맹인 연합들이 이미 바이마르 공화국 시대부터 우생학과 관련한 문제에 대해서 논의를 거친 점이 고려되었다. 그래서 히틀러와 민족사회주의 시대에 불임수술이나 대량 학살의 대상에는 실제적으로는 유대인이면서 맹인이나 시각장애인(저시력인)으로 간주된 사람들만이 해당되었던 것이다. 그리고 추가적으로 약 2,400~2,800여 명의 유전적인 맹으로 구분된 맹인들에게 강제적으로 불임수술이 행해졌다(Ayaß, 1995).

3. 함부르크의 베르그도르프 특수학교

1918년 함부르크의 동남쪽에 위치한 지역인 베르그도르프(Bergdorf) 구역의 로브뤼게(Lohbruegge)의 슐쉬트라세(Schulstrasse) 19번가에 독립적인 특수학교가 설립되었다. 한스 마티센(Hans Matthiessen, 1876-1944)이 학교장으로 재직하였고, 건립 초기부터 활동했던 특수교육 여교사 프리다 쉬톱펜브린크 부흐홀츠(Frieda Stoppenbrink Buchholz, 1897-1993) 등의 협력을 바탕으로 학교 분위기는 매우 사회적이고 자유로운 교육 풍토로 발전하였다(Ellger-Rüttgardt, 2008).

그러나 1933년 민족사회주의 독일 노동자당으로의 권력 이양 후에 학교의 일상생활에 변화가 나타났다. 즉 모든 교사들이 민족사회주의 독일 노동자당(Nationalsozialistische Deutsche Arbeiterpartei, NSDAP)과 민족사회주의 교사연맹에 강제로 가입하도록 압박했다. 이에 특수학교는 독립성을 상실하였고, 민족사회주의 독일 노동자당의 정치노선에 충직한 빌헬름 뤼닝(Wilhelm Luehning)이 교장으로 재직하는 암 브린크(Am Brink) 초등학교의 하부기관에 소속되어 지도받게 되었다. 그러나 특수학교의 수업은 예전처럼 진행되었으며, 교사회에서 가장 먼저 당에 가입하였다는 이유로 후에 교장이 된 리하르트 쉐프(Richard Schaefer) 역시 수업의 교육학적인 구성에는 특별히 간섭하지 않은 것으로 알려졌다. 또한 그 당시 모든 교사들이 학생들과 아침인사를 할 때 히틀러식 인사를 사용한 것은 아니었다.

1940년 11월부터 전쟁이 종식되기까지 베르그도르프 특수학교의 아동들은 당시 영국 공군의 대대적인 보복공습을 피하고자 그들의 여교사인 프리다 부흐홀츠와 함께 이른바 어린이 안전 교육소(KLV)로 보내어졌다. 그 당시 학교 건물 자체는 대부분의 베르그도르프 시와 마찬가지로 폭탄 공격으로부터 손실은 거의 없었지만, 그럼에도 불구하고 학생들이나 교사 등의 학교생활은 점점 악화되는 형편에 놓이게 되었다. 리하르트 쉐프 교장은 1942년에 제시된 새로운 지침의 실행과 관련된 보도에서, 1943년 3월 8일 교육청에 학교운영에 있어서 자신의 고통을 호소하였다. 전쟁으로 인한 어려움이 학교운영 지침의 실행에 매우 큰 걸림돌로 작용하고 있다는 것이었다. 이러한 난제에 대하여 그는 다음과 같이 묘사하였다(Kock, 1997).

> 4학년제인 우리 학교는 전쟁 전에도 군사훈련을 받은 것처럼 전쟁 초기에는 남자교사들이 국방군으로 징집되었다. 징집된 남자교사들을 위한 대체인력이 배치되지 않았기 때문에 학급들은 거의 겨우 명맥만 유지할 정도로 운영될 수밖에 없었다. 재학생 96명 가운데 교사 1인당 평균 32명의 학생들을 담당하게 되었고 이는 교사가 감당해야 할 부담감이 그만큼 막중하였다는 의미였다. 게다가 함부르크는 영국 공군의 공습의 위험으로 인하여 어린이 안전 교육소(KLV)로의 이동이 불가피하기도 하였다. 본 학교는 어린이 안전 교육소 입소를 위하여 여교사였던 프리다 부흐홀츠의 지도하에 불가피하게 두 번이나 학생들을 혼합학년으로 조직하기도 하였다. …(중략)… 이 학교에 세 번째 부임한 특수교사도 1942년 여름에 통역병으로 국방군에 징집되었지만, 중증의 척추관련 질병으로 다시 해고되었다. 그 후에 그는 학교근무에 있어서 전일제는 불가능하여 주무관청으로부터 주당 20시간의 근로를 허락받았다. 이에 1942년 여름에 실제로 본 학교의 교장은 혼자 약 72명의 학생들을 돌보아야 했다. 전술(前述)한 어려움으로 인하여 새로운 운영지침에 의거한 수업 진행이 불가능함을 충분히 밝히는 바이다. 학교는 이 정도로 만족해야 했다. 대체적으로 수업은 규칙적이고 일상적으로 계속 진행되었지만, 학생들이 과밀학급에서 수업을 하는 것이 마치 정상적인 교육인 것으로 볼 정도로 운영되어야만 했다. …(이하생략)…

제2차 세계대전이 종식된 이후에 프리다 부흐홀츠는 자신이 가진 교육학적인 업무 능력 외에도 정치적인 측면에서도 마음에 부담이 없기 때문에 베르그도르프 특수학교의 교장으로 재임하였다.

한편 학생부 자료에 의하면 당시 베르그도르프 특수학교 학생들 중 1904년에서 1939년 사이에 출생한 657명의 성별과 사회구조적인 배경은 다음과 같다(Ellger-Rüttgard, 2006).

먼저 특수교육 대상자들의 아버지들의 사회적 배경, 특히 직업 분야를 살

표 3 베르그도르프 특수학교 학생들의 아버지 직업 현황

직종	단순 노동자	수공 업자	사무직	공무원	의사	상업	경찰	음식점 (숙박업)	농업	어업	상이 군인	기타	미확인	합계
명	330	157	57	6	2	12	3	3	13	2	3	4	65	657

펴보면 〈표 3〉과 같다. 우선 대부분(약 74%)의 아동들이 단순 노동자나 수공업자 가정 출신이라는 점이다. 이 지역 거주민들 대부분은 중산층이 많았고 상류층은 극히 소수였으며, 그 밖에도 다수의 학생들은 인구밀도가 높은 노동자 거주 지역에 살고 있어 거주환경이 협소했고 많은 경우에는 10명의 가족이 함께 살았다. 따라서 일부 부모들은 경제적으로 매우 비참한 환경 가운데 살았음을 짐작할 수 있었다. 특수학교 학생들의 생활기록부에는 아버지의 직업만 기록되어 있었기 때문에 어머니의 직업에 대해서는 알 수 없었다. 그리고 대부분의 어머니들은 결혼 후에는 더 이상 직장을 다니지 않았지만 예외적으로 미혼모이거나 혹은 과부가 되어 가족의 생계를 스스로 책임져야 하는 사례도 있었다.

특수학교 재학생들 가운데는 아버지들의 직업을 알 수 없는 경우도 많이 있었다. 이는 제1차 혹은 제2차 세계대전 중에 사망으로, 혹은 몇몇 아버지들은 조기에 자연사했거나 또는 일부 학생들은 미혼모의 자녀로 태어나서 학생부에 자신의 아버지에 대한 기록이 전혀 없는 경우도 있었기 때문이었다. 장애학생의 아버지가 사망한 경우에는 대부분 아버지의 직업이 학적부에 기록되지 않았다.

한편 전체 657명의 특수교육 대상자들의 성별을 1904년부터 1939년까지 일정 기간으로 구분한 현황은 〈표 4〉와 같다(Höck, 1979). 표에서 살펴볼 수 있는 바와 같이 전체 장애학생들 가운데 남학생의 비율이 약 61%로 절반 이상을 차지하였다.

그리고 초등학교에서 학업성적은 남학생이 여학생에 비하여 대체적으로 더 낮으며, 공격성 등 부정적인 사회적 태도는 여학생과 비교했을 때 더 두

표 4 베르그도르프 특수학교 학생들의 성별 현황

기간	1904-1914	1915-1919	1920-1924	1925-1929	1930-1934	1935-1939	합계
남	85	38	45	52	72	108	400
여	56	28	34	36	48	55	257

드러졌다. 그 당시 학적부에는 여학생은 성격상 더 소심하고, 남학생은 훨씬 더 외현적인 문제행동이 있음이 기술되어 있었다. 이러한 학생들의 특성으로, 민족사회주의적 이념에 따라 공동체 부적응이나 반사회적인 아동들을 분리하고 국가적인 여러 법령들을 통하여 허약한 학생들을 일반 초등학교에서 특수학교로 보내는 조치가 강화되었다. 1935년부터 1939년 사이 장애학생들이 급증한 이유는 아마도 처참한 전쟁의 체험으로 인한 아동들의 외상(外傷, Trauma) 등의 문제에 기인할 것이다. 오늘날 특수학교 재학생들의 특성과 비교해보면 하위계층 가정 출신이라는 사회적 배경이나 남학생의 경우에 여학생보다 더 장애 발생비율이 높은 것 등 성별에 있어서의 큰 변화는 보이지 않는 것으로 알려져 있다.

다음으로 당시 베르그도르프 특수학교 학생들에 대한 다양한 인권침해 사례를 몇 가지 살펴보고자 한다(Ellger-Rüttgardt, 1987; Si-mon, 1993).

먼저 지적장애로 인하여 특수학교에서도 퇴학당한 P학생의 사례이다. P여학생은 1925년에 태어났다. 그녀는 5살 즈음에 성홍열(Scarlet fever)과 디프테리아(Diphtheritia) 등의 이중 감염으로 뇌기능이 손상되는 후유증을 앓았다. 1933년에서 1938년 사이에 이 학생은 특수학교에서 거의 진전이 없었다. 이에 1938년 학교장인 빌헬름 뤼닝(Wilhelm Luehning)에게 이 학생에 대한 퇴학신청서가 제출되었다. 중증 지적장애를 가진 이 아동은 특수학교에서 세 명의 다양한 교사들에게 지도를 받았지만 모든 학과목에서 이렇다 할 만한 기능이 기록되지 않았으며, 기계적인 사소한 능력조차 인정되지 않아 어떤 촉진 경험도 할 수 없었다. 게다가 지난 2년간 신장관

련 질환으로 규칙적으로 학교에 출석할 수 없어, 계획에 따라 진행되는 촉진활동도 곤란한 상황이었다. 이러한 이유로 학교 운영진에서는 7년 동안 학교를 다닌 후에 퇴학신청서를 제안하였던 것이었다.

이어서 학교재학 중에 강제로 불임수술을 받은 K, Z, Y 및 N 학생에 대하여 소개하면 다음과 같다.

1920년에 출생한 남학생 K는 자폐증으로 보였다. 그는 2세 반에서 3세 정도가 되어서야 걷는 것을 배웠고, 말하기는 겨우 3세 반 정도의 수준이었다. 3세에서 6세까지는 경련에 시달렸다. 그의 담임교사였던 마티센(Matthiessen)은 다음과 같이 기술하고 있다.

> 교육하기 매우 어려운 아이이다. 때때로 정신착란도 보인다. 학교 운동장에서 원을 그리며 돌아다닌다. 엄지손가락을 입어 넣고, 다른 손으로는 자신의 뺨을 때린다. …(중략)… 다른 아이들과 결코 함께 놀지 않고 다툼이 자주 일어난다. 이따금씩 거짓말이나 허풍을 떨기도 한다. 선생님을 자극하기도 하는데, 그것을 성공하지 못하면 늘 불만이다. 야단을 맞으면 웃으면서 물러난다.

결국 이 아동은 1935년 3월 16일 학교에서 퇴학당하였으며 '유전성 건강법원'으로부터 불임수술의 대상자로 판명되었다.

이어서 1919년생인 여학생 Z는 베르게도르프 특수학교를 다녔는데, 병약했지만 부단하게 조금씩 발전을 보여 1933년까지는 부정적인 평가를 받지 않았다. 1933년 3월 16일 교사 리하르트 쉐프(Richard Schaefer)는 그녀에 대하여 다음과 같이 서술하였다.

> Z는 만족할 만한 발전을 보이지는 않았다. 그나마 경미한 발전은 혹독한 교육의 열매이다. 연령은 13살이지만 정신연령은 겨우 6살 정도 수준이다. …(중략)… Z에게서 지난해에는 병적인 도벽 증상이 분명히 보이기도 하였다. Z는 도벽 기질이 있는 정신질환자이다.

이후 Z는 퇴학 후 1934년 5월 18일에 바로 보네(Bohne) 박사에 의한 불임수술 신청서가 '유전성 건강 법원'에 제출되었다. Z의 부모는 명목상으로는 이에 동의하였다고 한다. 그러나 Z가 아직 신체적으로 충분하게 발달하지 않았기 때문에 결정은 2년 후로 연기되었고, 1936년에는 '유전성 건강 법원'으로부터 불임수술이 거부되었다. 하지만 보네 박사의 동료는 이러한 결정에 항소하였고 이에 유전성 건강 고등법원(EGOG)은 1937년에 다시 Z의 심장관련 질환을 이유로 불임수술을 2년 이후로 연기시켰다. 결국 1939년 유전성 건강 고등법원은 불임수술 시행을 결의하였고, 1941년 4월 25일 이를 실시하였다.

한편 1920년생인 Y학생은 이른바 범죄조직의 구성원이었다. 가정 상황과 관련하여는 다음과 같이 학생부에 기록되어 있었다.

> Y의 가족 간의 도덕 수준은 매우 논란이 되는 내용이었다. 그의 어머니와 누나는 매음 알선죄로 처벌을 받았다. 6명의 형제자매 가운데 3명이 특수학교를 다녔다. Y는 참을성이 없고 성질이 조급하며 고집이 센 아이였다. 교사들의 평판은 다음과 같았다. "Y는 1934년 부활절(3월 말 혹은 4월 초순)까지의 재학 기간 중 3번의 절도행각을 저질렀거나 이에 가담하였다. 그 외에도 지난해에는 가족들의 상황이 매우 악화되었다. 그 어머니가 매음 알선죄로 구류에 처하게 되었고, 우리 학교에 다녔던 그의 손위 누이 X가 성범죄로 징벌 교육을 받아야 하였다. 또한 Y의 행실은 일반적인 기대에 전혀 부응하지 못하였으며, 학급에서도 많은 방해 행동들을 하였다."

아울러 베르게도르프 특수학교를 다녔던 Y의 두 형제의 학생부에도 그와 유사한 내용들이 기술되어 있었다. 1934년 5월 18일 가족의 범죄성을 기초로 Y에 대한 불임수술 관련 신청서가 제출되었다. 학생부 외에도 가족복지카드에도 이와 유사한 기록이 발견되었다. 결국 1935년 8월 2일 불임수술이 결정되었지만, 2주 후에 그의 아버지가 이이신청을 하였다. 이에 유전성 건강 고등법원은 Y의 발달지체를 근거로 결정을 1년 유예하였다. 1937년 1월 8일 Y의 아버지가 제출한 항고는 유전성 건강기록부, 어머니의 형벌부과 기록부, 알코올 중독 관련 및 청소년복지국의 서류, Y와 그의 형제자매들의 학생기록부 등을 종합하여 기각하였다. 그 밖에도 Y의 모든 형제자매들에 대한 불임수술 신청서도 제출되었는데, 1935년 Y의 누이 X에게 성적 충동성을 이유로 불임수술이 실시되었다.

또한 1914년 출생한 여학생 N은 1929년 3월 19일 학교장인 마티센에게 최종적으로 긍정적인 평가를 받았다. 그에 따르면 "N은 특수학교에서 그런대로 좋은 발전을 보이고 있다. N은 글을 유창하게 잘 읽으며, 필체도 비교적 양호하다. 다만 셈하기를 매우 어려워한다. 또한 다른 친구들과의 상호관계에 있어서는 늘 얌전하고 붙임성이 있다. 아울러 N은 교사에 의존적이며 친밀함을 보인다." 학교의 어떤 서류에도 N에 대한 부정적 평가가 기록되어 있지 않다. 그럼에도 불구하고 보네 박사는 1935년 2월 4일 불임수술 신청서를 제출하였다. 유전성 건강 법원은 1935년 3월 11일에 동의 결정을 내렸고, 특수학교를 다닌다는 이유만으로 차세대 유전성 질병 예방법에 의거하여 같은 해 4월 25일 불임수술이 이루어졌다.

또 다른 경우를 살펴보면, 한 여학생의 학교 학적부에는 어떤 부정적인 기록도 없었지만, 단지 사생아라는 기록이 불리하게 작용하여 결국 불임수술을 당해야 했다.

그러나 1909년생 남학생 O의 경우 제출된 불임수술 신청서가 1936년 10월 9일 유전성 건강 법원에서 기각되기도 하였는데, 그 이유는 다음과 같다. O는 자신의 직장에서 만족할 만한 성과를 이루고 있으며, 과거 특수학교 재학시절 학적부의 긍정적인 평가도 근거가 되었다. 1924년 4월 1일의 학적부 기록에 의하면, O는 특수학교 재학시절에 성품이 매우 온순한 남학생이었으며, 모든 교과목에서도 만족할 만한 성과를 이루었다고 한다. 또한 수공업 분야에 탁월한 재능을 가졌으므로 충분한 의지만 가미된다면 능수능란하게 자신의 삶을 꾸려 갈 수 있을 것이라는 기대가 기술되어 있었던 것이다.

4. 장애인 등에 대한 대량 학살 정책들

히틀러와 민족사회주의자들은 다음과 같이 네 시기로 안락사 프로그램을 구분하여 체계적이고 조직적으로 설정하였다(Rudnick, 1985; 1990).

1. 아동안락사(Kinder-Euthanasie): 1939-1945년
2. 성인안락사(Erwachsenen-Euthanasie): 1940-1945년
   1) "Aktion T-4"프로그램: 1940년 1월부터 1941년 8월까지 중앙 관리식으로 독가스 살해 자행
   2) 1941년 9월부터 1945년까지 주로 각 시설별로 분산식으로 실시하였지만, 일부는 중앙 관리 형태로 약물이나 음식물 박탈을 통하여 안락사 실시
3. 1941년 4월부터 1944년 12월까지 노동 불능자와 시설 수감자 등을 대상으로 "Aktion 14f13" 프로그램을 통하여 안락사 자행
   1) 1단계: 1941년 4월-1944년 4월
   2) 2단계: 1944년 4월-1944년 12월
4. 1943년 6월-1945년: 브란트 프로그램(Aktion Brandt)을 통하여 안락사 실시

1) 아동안락사

"아동안락사"는 민족사회주의시대에 전국에 30여 곳 이상 지역에 조직된 이른바 "아동전문부서"에서 16세까지의 중증 지적 혹은 지체장애 아동 및 청소년들에 대하여 최소 5,000여 명 이상을 대상으로 자행한 국가적인 학살행위였다. 전쟁이 끝날 때까지 제국위원회에 신고되어 희생된 약 5,000여 명의 아이들 가운데 약 10%는 자연사하였으며, 나머지 4,500여 명은 안락

사를 통하여 희생된 것으로 보고 있다. 그러나 1964년 10월의 하노버(Hannover) 검찰청의 기록에 의하면, 그 당시 공의(公醫)를 거쳐 제국위원회에 약 2만여 명의 어린이들이 신고되었다는 보고가 있어 실제 희생자는 훨씬 더 많았을 것으로 추정하고 있다(Schmidt, 2012).

독일 민족사회주의자들의 사회적 다윈주의로 각인된 인종 이데올로기는 개인적인 차원에서뿐만 아니라 민족이나 국가의 차원에서도 늘 더 강한 자가 자신의 모든 주장을 관철시킬 수 있다는 원칙을 신봉하였다. 이로써 더 강한 자만이 생태계의 자연 법칙에 따라서 자신의 생존 권리를 주장하고 유지할 수 있다는 것이었다. 아울러 이에 대립되는 모든 종교적 혹은 인도주의적인 관점이나 입장은 순리에 어긋나는 것으로 간주하였다. 이는 가장 뛰어난 민족만이 끊임없는 생존을 위한 투쟁에서 보존될 수 있으며, 반대로 약한 존재는 필연적으로 도태될 수밖에 없는 것으로 본 것이다. 이에 히틀러와 민족사회주의자들은 독일의 게르만 인종의 유지와 개량을 위하여 우생학 관련법이나 생물학에 기초로 둔 인종우생학에 특히 주목하였던 것이었다. 다시 말하자면, 유전적으로 건강한 사람은 더욱 촉진하는 반면에, 병약자들은 제거한다는 의미이다. 이러한 맥락에서 지적 혹은 신체적 장애를 가진 자들과 유전성 질환자 등은 이른바 "살 가치가 없는 목숨"으로 분류되었고, 이들은 소위 민족사회주의자들의 자연도태의 법칙에 따라서 멸절되어야 했던 것이다. 이렇게 받아들인 우생학은 결국 민족사회주의자들의 유전성 건강 정책의 기초가 되었으며, 국가의 대원칙으로 설정되었다(Kaelber/Reiter, 2011).

민족사회주의자들은 안락사 프로그램으로 성인 장애인들을 대량 학살하기 전에 이미 아동에 대한 안락사를 국가적 목표로 설정하고 실행하였다. 또한 아동 및 청소년 정신과 시설에 거주하고 있는 아동들보다 오히려 자신의 가족들과 함께 살고 있는 장애아동들에게 더 주목하였다. 이 아이들이 민족사회주의자들이 설정해놓은 이른바 순수한 독일 혈통에 대한 가족상을 더 훼손하는 것으로 간주하였던 것이었다. 이와 관련하여 히틀러는 이미 1929년 뉘른베르크(Nuernberg)에서 개최된 제국전당대회에서 "독일에서 해마다 100만 명의 신생아 중 70-80만 명의 허약한 아이들이 제거된다면, 이는 바로 국가의 국력상승을 의미하고 결코 쇠약해지지 않을 것이다"라고 천명하였다. 그는 이러한 이념의 근거로 다윈의 자연도태설을 인간사회에 동일하게 전가한 학문적 권위자들을 앞세웠으며, 그들은 인종우생학을 이른바 "인간품종개량(Menschenzucht)"으로 표현하였다.

히틀러와 그의 측근들 가운데, 독일 의사이자 우생학의 창시자로 인종우생학 개념을 정립한 알프레트 프뢰츠(Alfred Ploetz, 1860-1940)는 이미 1895년에 "만일 신생아가 허약하거나 기형아로 밝혀진 경우에는 시민중 발부 여부를 결정하는 의사회에서 소량의 모르핀을 통한 신생아의 안락사가 준비되는데 …(이하 중략)…"라고 언급하였다. 장애인의 생명을 단축시켜야 한다는 사상은 이미 1차 세계대전 이후에 의사와 법률가들을 중심으로 한 격렬한 토론 가운데 대두되었다. 이에 상급위생국의 고위관리자였던 에발트 멜츠(Ewald Meltzer, 1896-1940)가 지적장애 자녀를 가진 부모들에게 이들의 생명단축에 동의하는지 여부를 알기 위하여 200여 개의 설문지를 발송하기도 하였다. 이를 통하여 그는 장애아동에 대한 안락사를 옹호하는 자들에게 반박하려고 했다. 하지만 멜츠 박사는 깊은 절망에 빠졌는데, 설문지에 응답한 162명의 부모들 중 19명만이 장애 자녀들에 대한 안락사 조치를 강하게 반대하는 것으로 나타났기 때문이었다(Beddies/Hübener, 2004).

히틀러에 의하여 구분되어 명명된 "가장 허약한 자들(Schwaechsten)" 속에는 각종 장애와 더불어 모든 만성적인 질환을 가진 아동들도 포함되었다. 또한 1935년 히틀러는 뉘른베르크의 제국전당 대회에서 의료인이며 제국 의사회장이었던 게하르트 바그너(Gehard Wagner, 1889-1939)에게 치료 불가한 정신질환자들을 늦어도 앞으로 벌어질 전쟁 중에 모두 제거할 것을 지시하기도 하였다. 또한 1939년 2월에 총통 내각사무처의 고위 관리였던 빅토르 브락(Viktor Brack, 1904-1948)은 총통 내각사무처의 또 다른 고위 관리 한스 헤펠만(Hans Hefelmann, 1906-1986)과 제국 내무부 장관을 역임하였던 의료인 헤르베르트 린덴(Herbert Linden, 1899-1945) 등에게 특히 아동안락사를 주제로 긴밀하게 논의할 것을 제안하였다. 이에 그들은 철저한 비밀유지 하에서 국가적으로 원하지 않는 아동들에 대한 대량 학살을 결의하기에 이르렀다. 물론 이와 같은 안락사 계획에서 외부적으로 총통 내각사무처의 이름으로 활동해서는 안 되었으며, 이에 따라서 유전적이거나 선천성의 중증 질환을 학문적으로 파악하기 위한 제국위원회가 창립되었다(Kinast, 2010).

그리고 1939년 8월 18일 법령의 공포와 함께 관련 아동들에 대한 조직적인 조사가 시작되었다. 이에 따라서 의료진들과 조산원 및 산부인과 병원, 출산보조 시설이나 소아과병원 등에는 신생아가 중증의 선천적 장애를 가진 것으로 의심되는 경우 일정한 양식을 갖추어 반드시 해당 보건당국에 알려야 할 의무가 부과되었다. 이에 보건당국의 필요에 따라서는 상급 행정관청이 요구하는 신고서의 견본이 첨부되어 함께 발송되었다. 아동의 장애 의심과 관련하여 신고의무는 우선은 만 3세까지의 아동들에게 적용되었다. 이러한 신고서는 장애 의심 아동을 조사하는 목적이 전문적인 의료 서비스를 제공하기 위한 것인 듯한 인상을 주었다. 그리고 보건소 의사 등 공의(公醫)는 작성된 신고서를 제국위원회(Reichsausschuss)에 발송하였다. 의심 아동의 삶 혹은 죽음에 대한 판단은 심사 의료진들이 환자의 병력부(病歷簿)를 살펴보거나 대상 아동을 직접보지도 않은 채 오로지 신고서에 기록된 내용에만 의존하였다. 만일 의심아동이 안락사에 해당하는 것으로 판단된다면, 심사자는 "+"를 기록해두고, 반대의 경우에는 "-"로 표시하였다. 그리고 명확한 결정이 불가능할 경우에는 "관찰(Beobachtung)"이라는 단어의 첫 글자인 "B"를 기입하였다. 이러한 아동은 죽음으로부터 일시적으로 유보되었지만, 결국은 죽음의 장소인 "아동전문부서"로 보내졌다. 그곳의 의료진들은 세부적인 진단 후에 제국위원회에 관찰보고서를 제출하였다. 대상 아동들에 대한 이른바 긍정적인 평가를 위한 결정적인 기준은 노동이나 교육의 가능성 여부를 판단하는 것이었다. 당시 수석의사였으며, 아이히베르크(Eichberg) 주 요양원의 아동전문부서장이었던 발터 슈미트(Walt Schmidt)의 진술에 의하면 아동전문부서에 보내진 어린이의 약 95%가 "치료"라는 미명 하에 곧바로 죽음을 맞이하였다. 그리고 나머지 약 5%는 계속적인 진단과 관찰의 대상이었지만, 결국은 마찬가지로 죽음으로 최후를 마치게 되었다(Klee, 2004).

아동에 대한 안락사는 나중에 시작한 성인 안락사와는 다르게 자행되었는데, 이는 대부분의 아동들이 방치, 생체실험, 아사 혹은 약물중독 등을 통하여 희생되었기 때문이다. 독가스를 이용한 학살은 이 시점에서는 아직 실시되지 않았다. 여기에서 희생된 많은 아동들 가운데 한 아이의 사례에 대하여 살펴보고자 한다(Friedlander, 1997).

마리레네(Marylene)는 1928년 6월 9일 페터(Peter)와 안나(Anna)의 둘째 아이로 태어났고 그녀에게는 다섯 명의 형제자매가 있었다. 마리레네는 태어난 후 1년 동안을 슐레스비히-홀슈타인(Schleswig-Holstein) 주에 소재한 후줌(Husum) 근교의 작은 마을에서 보냈다. 그녀는 정원에서 자주 즐겨 노는 쾌활한 아이였지만, 형제자매뿐만 아니라 마을의 다른 아이들에게도 장애로 인해 놀림을 받았고 이로 인해 고통스러워했다. 그러나 그녀의 어머니는 지적 장애를 가진 딸을 부끄러워하지 않았고 교육이나 애정, 돌봄에 있어서 다른 자녀들과 차별을 두지 않았다. 1935년 마리레네의 가족은 그녀의 아버지가 4월 1일부터 농장관리인으로 협동농장을 소작하고 있는 플뢴(Ploen)으로 이사했다. 농장의 수주 사정이 매우 좋아서 가족들은 빠르게 부유해졌고 가사 일에 종사하는 사람들을 많이 고용할 만큼 짧은 시간에 농장경영의 이익이 눈에 띄게 좋아졌다. 그리고 그 아버지는 경제적으로뿐만 아니라 정치적으로도 입신출세를 하였다. 그는 이미 1929년 7월 1일에 민족사회주의 독일 노동자당에 관심을 가지고 가입하였다. 또한 1929년부터 나치 돌격대(Sturmabteilung, SA) 회원이 되어 돌격대의 고위 간부를 지내기도 하였다. 1936년 그는 지방지도자학교(Gaufuehrerschule)를 졸업한 후에 새로운 거주지 근처에 있는 민족사회주의 독일 노동자당의 지구당 지도자로 임명되었다. 하지만 확고한 신념을 가진 민족사회주의자에게 장애를 가진 자녀는 큰 부담으로 작용하였다. 한편 마리레네는 뤼트엔부르크(Luetjenburg) 출신의 의사 쉬투테(Stutte)의 지시에 의하여 1937년 10월 18일 슐레스비히-헤스트베르크(Schleswig-Hesterberg) 소재 소아청소년정신과 시설에 수용되었다. 쉬투테는 아이의 입원을 위하여 의료적으로 표준화된 포괄적인 감정서를 1936년 11월 24일 날짜로 발급하였다. 그 병력(病歷) 속에서는 가족 간의 생활은 매우 원만하다고 기록되어 있었으며, 가족 가운데 정신질환자, 간질, 알코올 중독, 자살, 범죄 또는 일탈적인 성격 등 지적 혹은 신경정신 계통의 질환자가 없는 것으로 알려졌다. 마리레네가 출생한 후 겨우 4주 후부터 부모는 아이가 뭔가 이상하다고 생각했는데 사지가 기운 없이 축 늘어진 것처럼 보였다고 한다. 또한 영아 시절에 매우 적게 울었으며, 2세 때에 겨우 걷는 것을 배웠다는 것이다. 그러나 쉬투테 박사는 감정서에서 마리레네에 대해 인형을 가지고 놀기를 좋아하고 음절과 단어를 분명히 말하기도 하는, 생기 있고 성품이 순한 소녀로 기록하였다. 또한 숫자를 열까지 셀 수 있었고, 자신이 종종 만지는 사물들을 구분했으며, 동요의 가사와 멜로디도 이해하였다. 결국 쉬투테가 발급한 입원용 진단은 다운증후군적 지적장애였다. 반면에 헤스트베르크 시설 원장이자 여의사였던 에르나 파우젤리우스(Erna Pauselius)는 마리레네의 능력과 성격특성을 훨씬 더 부정적으로 비판하였는데, 1938년 헤스트베르크 시설의 마리레네 차트에는 계속하여 "신체적, 지적으로 미성숙하다"라고 서술되었다. 즉 그녀는 단지 4까지 셀 수 있고, 교육이 불가능한 상태라는 것이었다. 그러나 그와 반대로 쉬투테 박사는 마리레네가 2년 전부터 초등학교의 저학년에 다녔음을 기록하였다. 1940년 1월 20일, 즉 그녀가 사망하기 5개월 전의 헤스트베르크 시설의 병력부에는 마리레네가 그 전에 기록된 "생기있고 사교적인 소녀"라는 것과는 전혀 반대로, 고립되고 위축된 행동을 한다는 것과 다만 짧은 문장으로나마 불분명하게 말을 한다고만 기입되었다. 그러나 쉬투테 박사는 이미 3년 전에 그녀가 충분히 분명하게 말하고 이해하는 것으로 확인했다. 아울러 쉬투테 박사는 마리레네가 공격적이고 자신의 손을 깨무는 행동을 한다고 기록한 에르나 파우젤리우스 박사의 의견에도 반대하였다. 그럼에도 불구하고 마리레네는 결국 1940년 5월 5일 오후 1시 10분에 사망했으며, 그녀의 병력부상의 사인(死因)은 기관지 폐렴이었다.

그 당시 슐레스비히-헤스트베르크 소재의 소아청소년정신과 시설에서만 총 87명의 아동 및 청소년들이 기관지 폐렴으로 숨졌다. 이는 1939년부터 1945년 전쟁이 끝날 때까지 총 216명의 희생자 가운데 약 40%를 차지하는 비율이었다. 공식적으로는 아동안락사의 희생자가 약 5,000여 명이라고 한다. 그러나 만 12세 이상의 어린이와 청소년들은 그 당시 "Aktion T-4" 프로그램을 통하여 살해되어 사실 청소년이나 어린이는 그 수에 포함되지 않았다. 그 밖에도 점령지였던 폴란드에서 희생된 장애아동의 수도 정확하지 않은데, 최근의 연구에 의하면 안락사 대상이 약 15,000여 명에 이를 것이라고 한다(Aly, 1989).

(1) 희생자의 조사, 파악 및 감정, 평가

1939년 8월 18일 제국 내무부장관의 지시회람에는 "엄격한 기밀유지"라는 메모와 함께 대상자의 범주 및 조사의 유형 및 방법 등이 확정되어 있었다. 이에 따라 의료진들과 조산원, 산파 및 어린이병원 등은 신생아가 다음과 같은 선천성 중증 장애를 가진 것으로 의심되는 경우에는 일정한 형식을 갖추어 관계 보건당국에 신고하여야 했다(Sandner, 2003).

- 다운증후군과 같은 지적장애(특히 맹이나 농이 수반되는 경우)
- 소두증(microcephaly)

- 중증의 수두증(hydrocephalus)
- 사지의 결손, 머리나 척추의 중증 장애 등 기형
- 뇌성소아마비(리틀병, Little's disease) 등의 마비

(2) 아동전문부서

원래 "아동전문부서"는 독일의 민족사회주의 시대에 아동안락사에 참여한 병원이나 요양시설 중 정신과 병원과 관련한 특별한 시설을 미화하여 부르던 명칭이었다. 다시 말하자면, 지체 및 지적으로 중증의 장애를 가진 아동 및 청소년들을 대상으로 연구와 더불어 대량 학살을 자행한 기관이었다.

이와 같은 첫 번째 시설은 1939년 하펠 강변의 브란덴부르크시의 한 구역인 괴르덴(Goerden)에 있었다. 독일의 정신의학, 심리치료, 정신 신체의학 및 신경의학회(Deutsche Gesellschaft für Psychiatrie und Psychotherapie, Psychosomatik und Nervenheilkunde, DGPPN)에 의하면 아동 및 청소년에 대한 안락사는 당시의 독일제국에 국한하여 실시되지는 않았다. 나치스 친위대와 투입된 군대는 이미 1939년 가을에, 점령된 폴란드 지역에서 정신질환자 시설의 환자들을 무참하게 살해하였다(Klee,

도르트문트(Dortmund) 지역의 아동전문부서

1985).

베를린(Berlin)의 주도로 전국적으로 은밀하게 진행된 이러한 조치의 명칭은 이른바 "아동처리(Kinderaktion)"였다. 이를 위한 본부는 이른바 총통의 내각사무국(Kanzlei des Fuehrers) 제II-b부서에 있었다. 안락사를 위하여 신고된 대상자들은 그곳에서 1차적으로 분류되었고, 나머지 약 2만여 명은 제국위원회(Reichsausschuss)의 심사과정에서 평가받게 되었다. 심사자는 정신과 의사였던 베르너 카텔(Werner Catel, 1894-1981)과 한스 하인체(Hans Heinze, 1895-1983) 교수, 소아과 의사였던 에른스트 벤츨러(Ernst Wentzler)였다. 또한 아동전문부서에는 어떤 아이들이 안락사 대상인지, 어떤 아이가 계속적인 관찰이 필요한지에 대해서도 전달되었다. 장애아동 및 청소년에 대한 살해는 루미날의 과잉처방이나 수면제의 일종인 포수(抱水) 클로랄(Chloralhydrat) 혹은 음식물의 박탈, 모르핀 등을 통하여 실시하였다.

1940년 7월 1일자 제국 및 프로이센 내무부의 관보에 발표된 지시회람과 함께 내각은 괴르덴의 주립 시설 내에 청소년 정신과 전문부서를 설립하여 전문적인 감독 아래에서 총체적인 치료가 가능하게 할 것이라고 전달하였다. 실제로 1939년 10월에 이미 첫 번째 아동전문부서가 괴르덴의 주립 시설에 설치되었고, 시설장은 제국위원회의 평가자인 정신과 의사 한스 하인체였다. 한편 총통관저의 부서장이었던 한스 헤펠만은 1961년 5월 17일 진술에서 약 30여 개의 아동전문부서를 기억한다고 하였는데, 당시의 연구에 의하면 이미 존재했던 치료 혹은 요양시설, 소아병원이나 대학 어린이 병원 등에 약 37개의 아동전문부서가 설치되었다(Häupl, 2006).

공의(公醫)들은 일련의 안락사 과정에서 조사원들에 대한 신고의무를 감독하였고, 제국위원회는 이를 지원하는 일을 맡았으며, 필요한 경우에는 당사자의 부모들에게 압력을 행사하기도 하였다.

(3) 의료적 실험 대상자로서의 아이들

1944년 4월 11일 제국위원회의 회람에 의하면, 일반적으로 안락사 대상으로 보내어진 아동 및 청소년들을 즉시 살해하지는 않았고, 오히려 일부 희생자들은 의학적 학문 연구를 위하여 몇 개월 동안이나 죽음이 유보되기도 하였다. 이를 위해 아이히베르크 주립 치료시설의 정형외과 의사이며 아동전문부서장인 발터 슈미트(Walter Schmidt, 1910-1970)와 하이델베르크(Heidelberg) 대학의 신경과 교수이자 병원의 책임자였던 칼 슈나이더(Carl Schneider, 1891-1946) 사이에 긴밀한 협력이 이루어졌다.

즉 안락사 대상자들은 먼저 하이델베르크 대학병원에서 매우 자세하게 임상적으로 관찰되었으며, 그 후에는 아이히베르크로 운송되어 죽임을 당하였다. 그리고 그들의 뇌가 적출되어 해부되었고, 이는 칼 슈나이더 교수가 자신의 조직병리학적 연구를 위하여 보관하였다. 베를린의 부흐(Berlin-Buch) 지역의 카이저 빌헬름 뇌 연구소(Kaiser-Wilhelm-Institut(KWI) fuer Hirnforschung)도 아동안락사의 부당 이득자에 속할 것이다. 이 연구소는 오늘날 프랑크푸르트(Frankfurt a. M.)에 소재한 막스 플랑크 뇌 연구소(Max-Planck-Institut fuer Hirnforschung in Frankfurt am Main)의 전신(前身)이다(Klee, 2005).

뇌조직 병리학의 부서장이었던 율리우스 할러보르덴(Julius Hallervorden, 1882-1965) 교수는 카이저 빌헬름 뇌 연구소(KWI)에 안락사 희생자의 뇌 600여 개를 수집하였다. 아울러 나치스의 베른부르크 안락사 시설에서는 괴르덴 주립시설에서 안락사 목적으로 이송된 수많은 아이들의 시신을 해부하는 데 사용하였다. 이곳에서 독가스로 살해한 의사였던 하인리히 분케(Heinrich Bunke, 1914-2001)는 카이저 빌헬름 뇌 연구소에서 뇌 해부에 관한 특별한 연구를 실시하였다.

즉 아동전문부서의 한 영역에 임상실험, 진단실험 및 해부학 등의 연구부서가 추가적으로 설치된 것이다. 안락사 대상 아동들의 살해는 다양한 방법으로 이루어지는데, 루미날, 페로날(Veronal), 트리오날(Trional) 등의 신경안정제 과다 처방이나 환자의 음식에 모르핀 혹은 소위 항 티푸스제(Anti-Typhusmittel)를 섞기도 하였다. 이러한 의약품들을 통하여 희생된 아동들은 서서히 호흡마비, 혈액순환장애, 신장기능 장애 혹은 폐렴 등으로 죽음에 이르렀다. 이렇게 함으로써 형식적으로 자연스럽게 희생자들의 직접적인 사인(死因) 증명서를 손쉽게 위조하여 발부할 수 있었다. 그 밖에도 체계적으로 은밀하게 음식물을 박탈하거나 난방이 제대로 되지 않은 공간에서 유발된 폐렴, 결핵 혹은 티푸스 등 겉으로 보기에는 자연스럽고 전혀 특별하지 않는 방법으로 이른바 "살 가치가 없는 목숨"들에 대한 제거 프로그램은 현실화되었던 것이다(Lahm/Seyde/Ulm, 2008).

나치 시대에서 아동안락사의 희생자는 최소한 5,000명으로 추정하고 있다. 그러나 무엇보다도 더 나이가 많은 아동이나 청소년들은 "Aktion T-4" 프로그램에서도 희생되기도 하였으며, 몇몇 시설의 경우에는 "Aktion T-4"의 해당 본부에 신고를 하지 않은 채로 약물 과다공급이나 체계적인 음식물 박탈 등으로 숨지게 했기 때문에 전체적인 희생자의 수는 약 5,000여 명에서 10,000명까지 이를 것으로 본다.

나치 시대에 운영된 아동전문부서로 위장한 아동안락사 전문시설 명단은 〈표 5〉와 같다. 그러나 일부 의사들의 경우에는 그 책임이 논란 중에 있거나 혹은 시설장이 안락사 프로그램에 관여하지 않은 경우도 포함된 것으로 알려져 진위 여부는 여전히 연구·조사 대상이라 할 것이다.

표 5 아동안락사와 관련된 전국의 아동전문부서의 현황

	시설명	장소	시설장	아동전문부서장
1	Heil-/Pflegeanstalt Ansbach	Ansbach	Hubert Schuch(자료 없음)	Irene Asam-Bruckmüller (자료 없음)
2	Städt. Nervenklinik für Kinder/ Jugendliche Wiesengrund	Berlin-Wittenau (결핵관련 인체실험 시설)	Ernst Hefter(1906-1947): 독일 정신과 의사	Gertrud Reuter(자료 없음) Ernst Hefter(1906-1947): 좌동
3	Landesanstalt Görden	Brandenburg-Görden	Hans Heinze(1895-1983): 독일 정신과 의사	Ernst Illing(1904-1946): 독일 정신과 의사 Friederike Pusch(1905-1980): 독일 정신과 여의사
4	Krankenhaus Nord	Breslau	Heinrich Tewes(자료 없음)	Heinz W. Neumann(자료 없음)
5	Landesanstalt für psychisch Kranke Konradstein	Starogard Gdański (폴란드의 중북부)	Waldemar Siemens (자료 없음)	Hans Arnold Schmidt(자료 없음)
6	Heil-/Pflegeanstalt Aplerbeck	Dortmund-Aplerbeck	Fritz Wernicke(자료 없음)	Theodor Niebel(1905-1974); 독일의 정신과 의사
7	Heil-/Pflegeanstalt Eglfing-Haar	München	Hermann Pfannmüller (1886-1961): 독일의 신경 · 정신과 의사	Gustav Eidam(자료 없음)
8	Landes-Heil-/Pflegeanstalt Eichberg	Eichberg	Friedrich Mennecke (1904-1947): 독일 의료인	Walter Schmidt(1910-1970); 독일 정형외과 의사
9	Heil-/Pflegeanstalt Am Feldhof	Graz (오스트리아 동남부)	Oskar Begusch(1897-1944): 오스트리아 정신과 의사 Ernst Sorger(1892-1945): 상동 Rudolf Lonauer(1907-1945): 오스트리아 민족사회주의자	-
10	Landesanstalt Großschweidnitz	Großschweidnitz	Alfred Schulz(1890-1947): 독일 정신과 의사	Arthur Mittag(1906-1946): 독일 정신과 의사
11	Heil-/Pflegeanstalt Langenhorn	Hamburg-Langenhorn	-	Friedrich Knigge(1900-1947): 독일 정신과 의사
12	Kinderkrankenhaus Rothenburgsort	Hamburg-Rothenburgsort	Wilhelm Bayer(1900-1972): 독일 소아과 의사	Wilhelm Bayer(좌동)
13	Heilerziehungs-anstalt Kalmenhof	Idstein	Ernst Müller(자료 없음)	Mathilde Weber(1909-1996): 독일 여의사 Hermann Wesse(1912-1989): 독일 정신과 의사
14	Heil-/Pflegeanstalt	Kaufbeuren	Valentin	-

	시설명	장소	시설장	아동전문부서장
	Kaufbeuren-Irsee		Faltlhauser(1876-1961): 독일 정신과 의사	
15	Universitätskinderklinik Leipzig	Leipzig	Werner Catel(1894-1981): 독일 소아과 의사	Hans Christoph Hempel, Ernst Klemm, Hans-Joachim Hartenstein(모두 자료 없음)
16	Heil-/Pflegeanstalt Dösen	Leipzig	Hermann Paul Nitsche (1876-1948): 독일 의사 Emil Eichler, Johannes Gottschick(모두 자료 없음)	Arthur Mittag(1896-1946): 독일 정신과 의사
17	Heil-/Pflegeanstalt Loben	Loben, Oberschlesien (폴란드의 중남부)	Ernst Buchalik (1905-사망일 불명): 독일 정신과 의사	Ernst Buchalik, Elisabeth Hecker (1895-1986): 독일 소아과 여의사
18	Heil-/Pflegeanstalt Lüneburg	Lüneburg	Max Bräuner(1882-1966): 독일 정신과 의사	Willi Baumert(1909-1984): 독일 정신과 의사
19	Heil-/Pflegeanstalt Obrawalde	Meseritz (폴란드 중서부)	Walter Grabowski (1896-사망일 불명): 독일 장애인시설장	Hilde Wernicke(1899-1947): 독일 정신과 여의사
20	St. Johannisstift	Niedermarsberg	Theodor Steinmeyer(1897-1945): 독일 정신과 의사	Werner Sengenhoff(1906-1944): 독일 정신과 의사
21	Provinzial-Heil-/ Pflegeanstalt Plagwitz am Bober	Plagwitz am Bober, Niederschlesien (폴란드 중서부)	-	-
22	Landesheilanstalt Sachsenberg	Schwerin	Johannes Fischer (1881-1945): 독일 정신과 의사	Alfred Leu(1900-1975): 독일 정신과 의사
23	Heil-/Pflegeanstalt Schleswig-Hesterberg	Schleswig-Hesterberg	Alfred Hartwig(자료 없음)	Erna Pauselius(자료 없음)
24	Landes-Heil-/Pflege-anstalt Schleswig-Stadtfeld	Schleswig-Stadtfeld	Carl Grabow(자료 없음)	Erna Pauselius, Johannes Krey, Hans Burckhardt(모두 자료 없음)
25	Landesheilanstalt Stadtroda(ab 1943 Landeskrankenhaus Stadtroda)	Stadtroda, Thüringen	Gerhard Kloos (1906-1988): 독일 정신과 의사	Margarete Hielscher(1899-1985): 독일 여의사
26	Städt. Kinderheim Stuttgart	Stuttgart	Karl Lempp(1881-1960): 독일 의사	Magdalene Schütte(자료 없음)
27	Gauheilanstalt Tiegenhof	Tiegenhof(Dziekanka bei Gniezno) (폴란드 중서부)	Victor Ratka(1895-1966): 폴란드계 독일 의사	Walter Kipper(자료 없음)
28	Landesheilanstalt	Uchtspringe	Ernst Beese(자료 없음)	−Gerhard Wenzel(1905-사망일

	시설명	장소	시설장	아동전문부서장
	Uchtspringe			불명): 독일 정신과 의사 −Hermann Wesse(1921-1989): 상동 −Hildegard Wesse(1911-1997): 독일 여의사
29	Heil-/Pflegeanstalt Ueckermünde	Ueckermünde	Hans-Dietrich Hilweg(자료 없음)	Hans-Dietrich Hilweg(좌동)
30	Heil-/Pflegeanstalt Süchteln-Johannistal - Abteilung Waldniel	Schwalmtal* *Heil-/Pfle-geanstalt Süchteln-Johannistal의 지사	Georg Renno (1907- 1997): 독일 외과 수술 조수, Hermann Wesse (1921-1989): 독일 정신과 의사	-
31	Städt. Jugendfuer-sorgeanstalt Am Spiegelgrund	Wien(오스트리아) (Heil-/Pflegean-stalt Am Steinhof의 부속시설)	Erwin Jekelius, Ernst Illing(1905-1952): 오스트리아 정신과 의사	Heinrich Gross(1915-2005): 오스트리아 의사
32	Gau-Heil-/Pflegean-stalt Wiesengrund	Dobřany, Sudetengau (체코의 중서부)	Karl Hever(자료 없음)	-
33	Heil-/Pflegeanstalt Wiesloch	Wiesloch	Wilhelm Möckel(자료 없음)	Arthur Schreck(1878-1963): 독일 정신과 의사

2) "Aktion T-4" 프로그램

"Aktion T-4"는 독일의 민족사회주의 시대의 일부인 1940-1945년 사이에 지체장애인과 지적장애인 등 약 7만여 명 이상이 국가로부터 조직적으로 대량 학살된 사건을 일컫는 안락사 프로그램 명칭이다. 이 끔찍한 살해행위는 히틀러 집권기간 동안 약 20만 명 이상의 희생자들 가운데 환자 살해의 일부에 지나지 않는다.

우생학적인 이념 외에 전시(戰時)경제적인 관점도 제2차 세계대전 기간 중에 이른바 "살 가치가 없는 목숨"으로 간주한 사람들에 대한 멸절의 근거로 주장하였다. 국가적인 대량 학살 행위는 교회의 저항과 함께 1942년부터는 국가 주도가 아닌 지역적으로 산발적인 형태로 위장하여 비밀리에 계속적으로 동일한 범죄가 자행되었다(Aly, 1989).

"T-4"는 안락사 프로그램의 본거지인 베를린의 주소, 즉 티어가르텐(Tiergarten) 4번가를 의미하였다. 이런 국가적 범죄 행위는 베를린의 포츠다머 플라츠(Potsdamer Platz)에 1932-1957년까지 존재했던 9층짜리 건물 콜룸부스하우스(Columbushaus)에 주무 관청이 설치되면서 시작되었다. 민족사회주의 시대에 자행된 대량 학살은 강제적인 안락사를 "은혜로운 죽음(Gnadentod)"이라는 위장된 용어를 교묘하게 이용하였던 것이었다.

1933년의 콜룸부스하우스

히틀러의 민족사회주의시대에 행했던 안락사는 오스트리아 심리학자였던 아돌프 요스트(Adolf Jost, 1874-1908)의 1895년 "죽음에 대한 권리(Recht auf den Tod)"라는 글을 통하여 널리 알려졌으며, 이미 수백 년 전부터 이어져 내려온 우생학적인 이념에 그 기원을 찾을 수 있다.

그리고 이러한 사상은 법학자였던 칼 빈딩(Karl Binding, 1841-1920)과 정신병리학자이며 신경해부학자였던 알프레트 호헤(Alfred Hoche, 1865-1943)가 1920년에 발표한 논문 '살 가치가 없는 생명의 멸절에 대한 허용(Die Freigabe der Vernichtung lebensunwerten Lebens)'을 통하여 더 구체화되기에 이르렀다.

인종우생학은 아리안족에 대한 최고의 교육적 측면에서 민족사회주의적 이념의 목적과 부합할 뿐만 아니라, 소위 "살 가치가 없는 목숨"을 멸절시키고자 하는 최종목표 설정에 있어서 강력한 유물론적인 논거가 되었다. 그 당시 나치 정권의 입장에서는 유전성질환, 정신질환자, 장애인 및 사회

칼 빈딩

알프레트 호헤

적 혹은 인종적으로 기대하지도 않고 원하지도 않았던 사람들을 주 대상으로 계획적이고 체계적인 대량 학살을 위한 미화법(美化法)이 필요했던 것이었다. 물론 학살 대상자에 대한 결정권은 서류 심사 판결에 따라서 심사자로 투입된 의료인들의 손에 전적으로 달렸다(Burleigh, 2002).

"Aktion T-4"는 민족사회주의 이념과 독일민족의 소위 "품종개량(Aufartung)"과 "아리안족화(Aufnordung)"라는 핵심 목표를 달성하기 위한 단계적인 실현의 한 부분이었다. 아울러 민족사회주의 정권 시절에 다양한 조치가 취해졌는데, 예를 들어, 결혼자금대여, 자녀부양수당, 세금 감면 등이 있었다. 또한 인종적으로 국가가 원하는 수많은 후손을 낳기 위한 출산장려 정책으로서 농지제도와 관련하여 분할되지 않고 맏아들에게 상속되는 세습농장 등이 이에 속하였다. 당시 독일 민족 공동체에 해를 끼치는 요인들은 법적으로 철저하게 규정하여 이른바 순수혈통은 유지·발전시키는 반면에, 사회적으로나 인종적으로 원하지 않는 사람들이나 혹은 유전성 질환을 가진 사람들의 번식은 사전에 예방하고자 하였다. 그 방법은 결국 이른바 "살 가치가 없는 목숨"으로 분류된 사람들에 대하여 멸절의 형태로 나타났으며, "치료(Heilen)" 혹은 "박멸(Vernichten)"이라는 표현은 당시 민족사회주의적 이념에서는 의례적인 용어였다. 그리고 이러한 목적을 달성하기 위한 관련 법령을 제정하는 데 주도적이고 결정적인 역할을 한 사람은 제국내무부장관이었던 빌헬름 프릭(Wilhelm Frick, 1877-1946)이었다(Klee, 1983).

1933년 7월 14일 제정된 차세대 유전성 질병 예방법(GzVeN)의 도입을 통하여 자칭 유전성 질환을 가진 것으로 보았던 사람들에 대한 강제적인 불임수술이 자행되었다. 이를 통하여 약 40만 명의 남녀에게 강제적인 불임수술이 시행되었고, 수술 중 혹은 수술 후에 후유증으로 인하여 6,000여 명 이상이 목숨을 잃었다. 그리고 1935년 6월 26일 차세대 유전성 질병 예방법의 개정을 통하여 태아가 유전성 질환을 가진 것으로 진단된 경우에는 인공임신중절의 시행이 합법화되기에 이르렀다. 또한 이미 존재하는 의학적인 임신중절요건 외에 1938년에는 인종적인 인공임신중절요건과 더불어 윤리 · 도덕적 측면에서의 인공임신중절에 대한 사회적 허용도 도입되었다.

이어서 1935년 9월 15일의 '독일혈통 및 독일 명예보호법'을 통하여 타인종과의 결혼이나 혼외 관계는 철저히 금지되었고, 1935년 10월 18일 제정된 '독일국민의 유전건강보호법(Gesetz zum Schutze der Erbgesundheit des deutschen Volkes: Ehegesundheitsgesetz)'을 통하여 유전성 질환이 있는 사람이나 지적장애를 가진 사람과 건강하고 장애를 가지지 않는 사람들의 결혼이 법적으로 금지되었다.

그리고 1939년 9월 27일에는 독일이 점령한 폴란드에서 정신질환자들에 대한 첫 번째 대량 학살이 자행되었는데, 폴란드의 중북부에 위치한 베이헤로보(Wejherowo) 지역을 시작으로 폴란드의 많은 시설에 있는 환자들에 대한 독일군들의 살해행위가 이루어졌다. 그리고 오늘날 독일의 북동쪽의 메클렌부르크 포어폼메른(Mecklenburg-Vorpommern) 주와 폴란드 접경지역이었던 폼메른(Pommern)에서 독일 환자들이 시설장에 의하여 분류되어, 사살을 위하여 독일이 점령한 서프로이센 지역으로 이송되었다

(Westermann/Kühl/Ohnhäuser, 2011).

1939년 10월 9일을 전후하여서는 독일의 점령지였던 폴란드의 중서부에 위치한 포젠(Posen) 지역의 한 방공호에서 정신질환자들을 대상으로 일산화탄소를 이용한 실험적 가스 살해로 수많은 인명이 희생되었다.

하인리히 힘러

이에 나치스의 지도자 중 친위대 대장이었던 하인리히 힘러(Heinrich Himmler, 1900-1945)는 이러한 독가스 살해방법의 효과성을 1939년 12월 12일 혹은 13일에 소개하도록 지시하기도 하였으며, 얼마 후에는 시설거주자들을 대상으로 자행된 범죄행위인 "Aktion T-4" 프로그램에서 독가스를 사용하였다. 1939년에 자행된 아동안락사를 통하여 최소한 5,000여 명의 유전성질환자, 인지장애 및 지체장애를 가진 영아 및 아동들이 처참한 죽음을 맞이하였다.

또한 성인안락사(Erwachsenen-Euthanasie)와 관련하여 약 7만여 명의 장애인 관련 시설 수용자들이 희생되었다. 여기에는 과거 제1차 세계대전에 참전했던 수많은 군인들도 포함되어 있었는데, 이들은 주로 전쟁 수행 중에 발생한 중증 사회 · 심리적 질환으로 요양 및 치료시설에서 사는 사람들이었다(Beer, 1987).

(1) "Aktion T-4" 프로그램의 시작과 조직

이미 1939년 7월에 히틀러는 당시 제국보건 관련 당국의 지도자들, 즉 스위스-독일계 의사이며 제국보건청의 최고 책임자였던 레오나르도 콘티(Leonardo Conti, 1900-1945), 독일의 재판관이었던 한스 하인리히 람머스(Hans Heinrich Lammers, 1879-1962), 민족사회주의 독일 노동자당의 사무처장이었던 마틴 보르만(Martin Bormann, 1900-1945) 등과 회합을 가졌다. 그들의 주요 논의 주제는 아동 안락사에 이어서 대량 학살 프로그램에 정신질환자들을 포함하여 이른바 '살 가치가 없는 목숨'에 대한 멸절 행위를 계속적으로 진행한다는 내용이었다(Faulstich, 1998).

히틀러는 기존에 레오나르도 콘티가 담당했던 이 일의 실행을, 이미 아동 안락사를 주도적인 책임진 경험이 있던 총통 실장 필립 보울러에게 위임하였다. 이에 필립 보울러는 1939년 8월 10일 히틀러의 외과 주치의 격인 칼 브란트, 레오나르도 콘티, 제국 내무부의 참사관이며 의사였던 헤르베르트 린덴, 독일의 경제학자였던 빅토르 브락, 총통관저의 부서장이었던 한스 헤펠만 등과 함께 성인 안락사 프로그램과 관련하여 대화를 나누었고 여기에서 의료계 책임자로 뷔르츠부르크(Wuerzburg) 대학교의 정신 · 신경계 교수였던 베르너 하이데(Werner Heyde, 1902-1964)가 임명되었다.

1939년 9월 1일자에 히틀러는 필립 보울러와 칼 브란트에게 이른바 '살 가치가 없는 목숨'에 대한 안락사로 미화하여 표현한 멸절 프로그램의 실행을 서면으로 전권 위임하였다. 히틀러의 개인 편지에는 다음과 같은 내용이 적혀 있었다.

> 제국의 수뇌부 지도자인 보울러와 브란트 박사는 특히 질병상태가 불치라는 부정적인 진단 결과가 나오는 환자들의 경우에는 정해진 의사에게 안락사를 확대 시행할 수 있는 권한을 부여할 수 있도록 책임을 위임받는다.

디트리히 알러스(Dietrich Allers, 1910-1975)가 책임자였던 베를린 티어가르텐가 4번지에 위치한 안락사 프로그램의 중앙 본부관청은 외부로는 다음과 같은 네 가지 기구들을 조직하여 철저하게 체계적으로 운영하고 있었다.

먼저 치료 및 요양시설의 제국협의회(Reichsarbeitsgemeinschaft, RAG)

가 구성되어 베르너 하이데의 책임 아래 의학 부서에서 안락사 대상자들에 대한 조사를 담당하였으며, 게하르트 보네(Gehard Bohne)와 1940년 초부터는 프리드리히 틸만(Friedrich Tillmann, 1903- 1964)이 부서장으로 행정적인 업무를 처리하였다. 그리고 공익환자이송 유한책임회사(Gemeinnuetzige Krankentransport GmbH, Gekrat)는 총통실의 관리였던 라인홀트 포어베르크(Reinhold Vorberg, 1904-1983)의 지휘 하에 안락사 대상자들을 중간시설이나 살해시설로 수송하는 책임을 맡는 기관이었다(Hamm, 2005). 이어서 시설관리를 위한 공익재단(Gemeinnuetzige Stiftung fuer Anstaltspflege)은 베를린의 안락사 프로그램 운영을 위하여 중앙관청에 근무하는 약 400여 명의 직원들의 공식적인 경영 주체였는데 1941년 3월까지는 빌리 슈나이더(Willy Schneider), 프리츠 슈미델(Fritz Schmiedel)과 1942년 2월부터는 재정부장으로 프리드리히 로렌트(Friedrich Lorent, 1905-1988)가 책임자였다. 그 밖에 치료 및 요양시설의 중앙회계관리소(Zentralverrechnungsstelle Heil- und Pflegeanstalten, ZVSt)는 부서장인 디트리히 알러스(Dietrich Allers)와 대리인인 한스 요하임 베커(Hand-Joachim Becker, 1909-1974) 등 시설 재단의 관리 및 운영비용을 관리하는 부서였다.

안락사 대상자의 선발을 위하여 40여 명의 심사자가 임명되었는데, 환자들의 인적사항 기록부의 내용만을 근거로 판단함으로써 결국 오로지 심사자들의 생각과 결정에 의하여 생사의 운명이 판가름되었던 것이었다. 1939년 10월 9일의 한 논의에서는 문제가 된 대상 환자의 수가 약 7만여 명으로 정해졌다. 동시에 불치병의 유전적 질환은 아예 멸절시키고, 시설관리와 운영비용을 절감하는 것을 주목적으로 설정하였다. 제국중앙보안청(Reichssicherheitshauptamt)의 범죄청(Reichskriminalamt)장인 아르투어 네베(Arthur Nebe, 1894-1945)는 안락사를 위한 적합한 살해도구 및 방법을 찾기 위한 평가와 관련된 권한을 위임받았다. 그의 동료이자 범죄공학연구소 소속의 화학-물리학의 부서장 알베르트 비트만(Albert Widmann, 1912-1986)은 일산화탄소(CO) 사용을 권유하였다(Fuchs/Rotzoll, 2007).

1939년 10월 9일 제국내무부의 제4부서장인 레오나르도 콘티는 지시회람을 통하여 안락사 대상에 해당되는 사람들의 질병이나 노동능력 등 구체적인 내용에 대하여 환자 개인의 신청서에 구체적으로 기록할 것을 요구하였다. 대상자는 다음과 같은 군(群)을 포함한다고 언급되어 있었다.

- 정신분열병(조현병, schizophrenia), 간질(뇌전증), 뇌염(encephalitis), 지적장애, 마비(paralyze), 헌팅턴 무도병(Huntington's chorea), 노인성 치매 혹은 다른 신경계 관련 질병으로 노동능력이 없는 자
- 이미 5년 이상 시설에 거주한 자
- 범죄성 정신질환자
- 독일 국적을 소지하고 있지 않거나, 독일이나 혹은 유사한 혈통의 민족이나 국민이 아닌 자

그러나 해당시설들은 이러한 선별 신청서가 장차 무자비하게 희생될 "Aktion T-4"에 이용된다는 사실을 전혀 몰랐고, 단지 국가적인 계획 경제를 위한 조사에 필요한 것으로만 이해하였다. 제국내무부의 관련 담당자인 헤르베르트 린덴에게 도착한 신청서는 베를린에 있는 안락사 프로그램 중앙 관청으로 계속해서 전달되었고, 그곳에서 목록카드로 정리된 후에 복사된 각 신청서는 세 명의 심사자에게 발송되었다. 심사자들은 자신의 결정사항을 신청서 복사본에 있는 검은 색으로 테두리된 상자에 표시했는데, 살해 대상자는 붉은색 "+", 생존이 허락된 사람은 파란색 "-"로 구분하였다. 만약 결정을 내리기가 어려운 경우에는 "?"로 표시하거나 특별한 경우에는 개인의 소견을 기록하기도 하였다. 대상자를 판정할 때에 무엇보다도 중요한 심사자의 역할은 환자가 노동 능력이 있거나 혹은 치료가 가능한지를 정

확하게 평가하는 것이었다.

한편 베를린의 안락사 프로그램 중앙 관청에서는 신청서 사본에 기록된 평가 내용을 신청서 원본에 동일하게 옮겨 쓰고, 최종 결정을 위하여 상급 심사자 두 명 중 한 명에게 이를 제출하였다. 그 당시 상급 심사자는 베르너 하이데와 제국 내무부의 참사관이며 의사였던 헤르베르트 린덴이었으며, 이들은 심사과정에서 "살해대상자" 혹은 "생존 허가자" 또는 예외의 경우에는 "?" 등 1차 과정과 동일하게 심사하였다. 네 명의 심사자들은 환자를 직접 만나보는 과정 없이 환자의 신상기록부 등 서류의 내용만으로 결정 내렸던 것이다.

붉은색으로 "+"가 표시된 신청서는 사본과 함께 공익환자이송 유한책임회사(Gemeinnuetzige Krankentransport GmbH, Gekrat)의 최고 책임자인 라인홀트 포어베르크(Reinhold Vorberg)에게 전달되었다. 그곳에서는 제국내무부를 거쳐 해당 시설이나 주무 살해시설에 주둔해 있는 공익환자이송 유한책임회사의 수송 팀에게 보내는 수송목록표가 작성되었다(Kramer, 1996).

안락사 대상자 수송 차량

(2) 폴란드에서의 "Aktion T-4" 프로그램

히틀러의 독일군들은 폴란드를 점령한 후에 비밀국가경찰(Geheime Staatspolizei, Gestapo)과 나치스 친위대를 통하여 폴란드의 중북부 지역인 슈베츠(Schwetz) 등지에서 수많은 시설 거주인들을 대상으로 살해행각을 저질렀다. 폴란드를 점령한 직후에 북쪽에 위치한 피아시니자(Piaśnica) 지역에서 대량 학살된 1,200여 명 이상의 환자들은 북서쪽의 폼메른(Pommern)과 동프로이센(Ostpreussen) 지역의 시설에 있던 사람들이었으며, 이들은 나치스 친위대의 사령관이었던 쿠르트 아이만(Kurt Eimann, 1899-1980)이 지휘하는 특수부대에 의하여 1939년 9월에서 12월 사이에 사살당하였다(Braß, 2004).

1939년 10월에는 폴란드의 중서부에 위치한 포젠(Posen), 중북부 지역의 헬름노(Chelmno)에서 1940년 1월에 독일의 북동쪽의 브란덴부르크와 하펠 등지에서 사용했던 동일한 방법으로 많은 인명이 살상되었다. 살해된 유대인이나 기타 환자들의 경우에는 위조된 사망진단서가 발급되기도 하였다. 그 밖에도 나치스 친위대장이었던 헤르베르트 랑에(Herbert Lange, 1909-1945)가 이끄는 랑에 특수부대는 1939년과 1940년경에 "Aktion T-4"와 연계하여 약 6,000여 명 이상의 폴란드인과 독일 환자를 독가스차로 살해하였는데, 그 당시 폴란드 지역의 약 20여 곳의 시설에서 15,000여 명 이상의 생명이 강제적 안락사로 희생되었다(Peters, 2011).

(3) "Aktion T-4" 프로그램을 위한 시설 설립

히틀러와 민족사회주의자들은 안락사 대상자를 파악하기 위해 각 시설에 보내는 신고 서식을 발송함과 동시에 두 번째 신고서에는 설립연도, 규모, 특별시설, 철도연결 상황, 기타 시설 자체와 관련되는 질문도 동봉하였다. 이러한 방식으로 나치 정권은 안락사 대상자들을 살해하기 위한 적합한 시설에 대한 정보를 수집하였던 것이다.

1939년 10월 초에 제국내무부장관이었던 헤르베르트 린덴이 당시 독일의 남서쪽에 위치한 비템베르크(Wuettemberg) 주의 의사이자 내무부 소속의 보건청장인 오이겐 슈텔레(Eugen Staehle, 1890-1948)를 방문하였고, 그에게 제국정부가 시설에 있는 유전성 질환자와 정신 질환자의 수를 감축하고자 비템베르크에서 안락사를 위한 적당한 시설을 수배하고 있다는 계획을 털어놓았다. 이에 오이겐 슈텔레는 독일 남서쪽의 고마딩엔(Gomadingen) 지역의, 마르바흐(Marbach) 근교에 있는 그라페넥 구급대 시설을 제안하였다. 얼마 후 1939년 10월 12일에 이 시설은 국가에 압류되어 곧 시행될 안락사 프로그램을 위한 개조 작업이 시작되었다. 사무실과 생활시설 등의 공간 외에도 300m 떨어진 목재 가건물에 "샤워실(Duschraum)"로 위장된 독가스가 새지 않도록 만들어진 살해 시설도 설치하였다. 이 임시 구조물 외에도 이동 가능한 시체 소각장을 3개 설치하였으며, 전체 시설은 판자 울타리로 높이 봉쇄 처리하였다. 시설의 주변은 나치스 친위대 보초병들이 철저히 감시하였으며, 1940년 1월부터 그라페넥의 죽음의 시설은 서서히 가동되기 시작하였다.

샤워실로 위장된 가스실 입구

1939년에서 1941년 사이에는 독일제국 전 지역에 6개의 안락사 시설이 각각 건설되어 운영되었다. 즉 오늘날 바덴 뷔템베르크 주의 그라페넥, 브란덴부르크 주의 브란덴부르크, 작센 주의 존넨슈타인, 작센 안할트 주의 베른부르크, 헤센 주의 하다마르 지역 및 오스트리아의 오버외스트라이히(Oberoesterreich) 주의 하르트하임 등이다(Hamm, 2005).

이 중 일부는 1941년 8월 3일 뮌스터(Muenster)의 람베르트(Lamberti)

가톨릭교회의 추기경이었던 클레멘스 아우구스트 그라프 폰 갈렌이 히틀러와 민족주의자들에 의하여 자행되는 국가적인 안락사를 공개적으로 항의하여, 1941년 8월 24일에 히틀러가 공식적으로 안락사 프로그램의 일시 중단을 명령했다. 그러나 이러한 국가적인 범죄행위는 그 이후에도 지속적으로 자행되었고 비밀리에 수많은 인명이 희생되었다. 동시에 수많은 대상자들은 약물의 과다 처방이나 영양 공급의 결핍 등으로 목숨을 잃었으며, 이른바 "Aktion 14f13" 프로그램에 의하여 노동능력이 없는 수만 명의 수감자들이 희생되기도 하였다.

"Aktion T-4" 설계자인 빅토르 브락과 베르너 하이데는 환자의 안락사 여부는 오로지 의사의 판단에 따라서 결정할 것을 지시하였는데 이는 1938년 9월 1일 히틀러의 서신 속에 각 시설에 있는 의사들에게 전권을 위임한다는 내용이 언급되었기 때문이었다. 앞에서 언급된 독일제국의 총 6군데에서 실시된 "Aktion T-4" 프로그램 실행을 위하여 약 20여 명의 의사들이 1940년 1월부터 1945년 4월까지 안락사 시설에서 이러한 대량 학살 범죄에 가담하였던 것이다(Kaul, 1973).

(4) 대량 학살 과정

히틀러와 민족사회주의자들에 의해 자행된 안락사는 먼저 선별 과정을 비롯하여 정밀심사, 수송, 안락사 실행, 소각(燒却), 사망증명서의 위조 및 희생자의 금니 인도 등 일련의 과정을 거치게 되었다. 장애인 시설 등지에서 안락사 대상자로 선별되었거나 정밀심사를 통하여 분류된 사람들은 중간 과정의 대기시설로 수송되었다. 일반적으로는 대형버스를 통해 수송되었지만, 예외의 경우에는 부득이하게 대중교통을 이용하기도 하였다. 한편 안락사 대상이 머무는 중간 과정의 대기 시설은 그들의 종착점을 은폐하려는 목적이 있었다. 즉 동행자들은 중간 대기 시설까지만 따라갈 수 있었다. 또 다른 한편으로는 살해 시설의 규모보다 많은 안락사 대상자들이 한꺼번에 몰리는 것을 막는 데 그 목적이 있었다. 안락사를 자행할 살해시설에 설치된 접수용 가건물에서는 이송된 모든 대상자들의 옷을 다 벗겨 신장과 체중을 측정하고 사진촬영을 한 후에 담당 의료진에게 인계되었다. 동시에 인적사항이 다시 확인되었고, 명목상의 사인(死因)을 준비하기 위해 요긴할 수 있는 수술흉터 등과 같이 눈에 띄는 특성들이 기록되었다(Schmidt, 2012).

아울러 그들을 기만하기 위하여 가스실은 모두 샤워기의 꼭지 모양들이 내부에 설치되었다. 그곳으로 수송된 많은 살해 대상자들은 시설 담당 의사들이 약 20분 동안 가스실에 주입시킨 일산화탄소에 중독되어 희생 당하였고, 대상자들이 아무런 움직임이 없는 것으로 확인되면 가스 주입을 중지하였다. 사망자들의 시신은 일반적으로는 시설 자체에 설치된 소각장에서 화장되었다. 희생자들의 치아 중에서 금치관(金齒冠)은 그 전에 뽑아내는 과정을 거쳤는데 그렇게 모은 원료는 베를린의 티어가르텐 4번가의 중앙기관을 거쳐 금 거래 시설로 수송되어 순금으로 가공되었다(Cervik, 2001).

안락사 시설과 연결된 호적사무소에서는 날조된 병력기록부를 가지고 자연사한 것과 같이 사망증명서를 발급하였다. 아울러 희생자의 사망증명서는 자체적인 특수배달차량으로 우편 배달되었는데, 이때 지역적으로 먼 안락사 시설끼리 발신자의 성명이나 주소가 인쇄된 편지봉투를 서로 위조·

멸절 수용소에 설치된 소각장

표 6 1940-1941년 사이의 안락사 희생자 수

시설명	연도		희생자 수 (명)	시설명	연도		희생자 수 (명)
	1940	1941			1940	1941	
Grafeneck	9,839	-	9,839	Hartheim	9,670	8,599	18,269
Brandenburg	9,772	-	9,772	Sonnenstein	5,943	7,777	13,720
Bernburg	-	8,601	8,601	Hadamar	-	10,072	10,072
소계			28,212	소계			42,061
합계: 70,273명							

조작하여 전달되었다. 그러면 유가족들은 그의 가족이 매우 멀리 떨어진 시설에서 사망한 것으로 믿었던 것이다. 그뿐만 아니라 개인적인 시설 방문이나 사실을 규명하고자 하는 시도 혹은 먼 여정을 필요로 하는 이의 신청조차도 어렵도록 유도하였던 것이었다. 즉 히틀러와 민족사회주의자들은 안락사로 희생된 가족의 죽음에 대한 유가족들의 항의나 문의조차도 기본적으로 최소화하려고 획책하였다. 더 나아가서 안락사 시설에 도착하자마자 희생되었을지라도 숙소, 음식, 관리 등 모든 희생자들의 시설 이용비용 청구서가 유가족이나 보호자 앞으로 발급되었다. 그리고 유가족들은 희생자의 화장재가 든 항아리를 수령하고, 함께 동봉된 서류와 조작된 원거리 안락사 시설로부터 쉽게 기만을 당하였던 것이다. 이렇듯 안락사 시설은 의도적으로 잘못 청구된 비용을 청구하여 부당이득을 취하기도 하였다.

현재 오스트리아의 하르트하임 지역의 통계 발표에 따르면 〈표 6〉과 같이 대량 학살 프로그램인 "Aktion T-4"를 통하여 1940년부터 1941년 9월 사이에 6곳의 안락사 시설에서 독가스로 참혹하게 희생된 사람들의 수는 총 약 70,273명에 이르렀다(Klee, 1985).

연도별로 보면 1940년에 약 35,224명, 1941년에 약 35,049명이 희생되었으며, 지역적으로는 오늘날 오스트리아의 오버외스트라이히 주에 소재한 하르트하임에서 총 18,269명으로 가장 많은 희생자가 나타났다. 이어서 작센

주의 존넨슈타인에서 13,720명이 안락사로 희생되었다.

바덴 뷔템베르크 주에 있는 그라페넥의 기념시설에 의하면 1940년 1월 부터 12월 사이에 그곳에서만 약 10,500명에서 11,000명까지 살해되었다고 진술하고 있다. 한편 독일 헤센 주의 하다마르 지역에 설립된 기념시설은 1941년 1월 13일부터 8월 24일 사이에 독가스실에서 총 10,122명의 희생자가 발생하였다고 보고하고 있다. 아울러 하다마르 주립요양시설(Landesheilanstalt Hadamar)에서는 1942년 8월부터 1945년 3월 26일 사이에 4,411명이 계속적으로 희생을 당하였다(Merkel, 2007).

하다마르 지역 안락사 시설의 지하 가스실 일부

(5) 안락사에 대한 항거

한편 히틀러와 민족사회주의자들에 의해 계획되고 실행된 "Aktion T-4"에 대하여 희생자의 부모들과 더불어 저명한 교회의 대표자들도 이에 적극적으로 항의하였다. 가톨릭교회의 경우에는 로텐부르크 지역 주교였던 요안네스 밥티스타 슈프롤(Joannes Baptista Sproll, 1870-1949), 뮌스터 지역 주교였던 클레멘스 아우구스트 그라프 폰 갈렌, 베를린의 주교좌 성당 참사회 회장인 베른하르트 리히텐베르크(Bernhard Lichtenberg, 1875-1943), 파더본(Paderborn)의 주교좌 성당 참사회의 보좌 신부였던 아우구스티누스 필립 바우만(Augustinius Philipp Baumann, 1881-1953), 림부르크 지역의 주교인 안토니우스 힐프리히(Atonius Hilfrich, 1873-1947) 등이, 개신교 쪽에서는 목사이자 시설장이었던 파울 게르하르트 브라우네(Paul Gerhard Braune, 1887-1954), 빌레펠트(Bielefeld) 지역의 목사였던 테오필 부름(Theophil Wurm, 1868-1953)과 개신교 신학자였던 프리드리히 폰 보델슈빙(Friedrich von Bodelschwingh, 1877-1946) 등이 참여하였다. 이 외에도 당시 안락사 프로그램의 희생자들이 거주했던 몇몇 장애인시설의 시설장 및 직원들도 반대 시위에 참여하였다(Fieber, 2006).

아울러 판사로서는 유일하게 브란덴부르크 출신의 로타 크라이식(Lothar Kreyssig, 1898-1986)이 히틀러 및 민족사회주의자들의 하펠 강변의 학살 만행에 대하여 공개적으로 지탄하며 항거하였다. 그는 후견재판관으로서 장애를 가진 미성년자들의 죽음에 대한 다양한 정보들을 기록하였다. 그리고 그는 자신의 생각에 따라서 1940년 7월에 제국 법무부장관인 프란츠 귀어트너(Franz Guertner, 1881-1941)에게 환자들에 대한 대량 학살 혐의를 신고하였다. 법무부장관이 살해행각은 총통 내각사무처의 책임 아래에서 수행되고 있음을 전달 받았을 때에 로타 크라이식은 제국 수뇌부 지도자 중 하나인 빌립 보울러를 살인혐의로 고발하였다. 크라이식은 자신의 판결에 따라서 시설에 머물렀던 미성년자들이 자신의 승인 없이는 이동하지 못하도록 엄격하게 금지 조치를 취하였다. 이 일로 크라이식은 즉시 체포될 것이라고 생각했지만 국가로부터 퇴직 처리 당한 것으로 종결되었다(Foitzik, 1986).

요셉 괴벨스

(6) 안락사의 일시적 중단

나치스의 선전부장관이었던 요셉 괴벨스(Joseph Goebbels, 1897-1945)는 1941년 1월 31일 자신의 일기에 다음과 같이 기록하였다(Zelle, 2010).

필립 보울러와 함께 정신질환자들에 대한 암묵적인 숙청에 대한 문제를 이야기하였다. 4만여 명이 사라졌다. 아직도 6만여 명이 더 사라져야 한다. 이것은 힘든 일이기도 하지만 반드시 해야 할 일이다. 그리고 이것은 지금 실시되어야 한다. 보울러는 이 일에 적합한 사람이다.

일기에 언급된 10만여 명의 안락사 목표는 위에서 언급된 오스트리아 하르트하임 지역의 통계에서 밝힌 희생자 수에는 미치지 못하지만, 그의 일기는 참혹했던 안락사 프로그램인 "Aktion T-4"가 이미 조직적이고 의도적으로 계획된 범죄행위였음을 증명하는 증거이기도 하였다.

아울러 1941년 8월 24일 히틀러는 자신의 외과 주치의 격인 칼 브란트와 제국 수뇌부 지도자 중 하나인 빌립 보울러에게 "Aktion T-4" 프로그램과 여섯 곳의 살해 시설에서의 성인을 대상으로 한 안락사를 중단할 것을 구두로 지시하였다. 그러나 이른바 아동에 대한 안락사 행위는 계속해서 자행하였으며, 또한 장애 성인에 대하여 음식물 박탈, 진정 최면제인 루미날, 중추신경 억제 및 진정작용을 하는 모르핀과 스코폴라민(scopolamine)의 과다 제공 등을 통하여 중앙 집중식 방식에서 각각의 치료 및 요양시설에서 행하는 분산식 방법으로 집단살해를 지속하였다. 그 외에도 베른부르크, 존넨슈타인, 하르트하임 등 3곳의 안락사 시설에서 병약자 및 더 이상 노동 능력이 없는 강제수용소 수감자들에 대한 학살이 소위 "Aktion 14f13"으로 명명되어 자행되었다(Grode, 1987).

독일의 정치학자이자 언론인이며 역사가인 괴츠 알리(Goetz Aly, 1947-현재)에 의하면 가톨릭의 주교이자 추기경이었던 클레멘스 폰 갈렌의 공식적인 항의가 히틀러의 이러한 만행을 일시적으로 중단시키는 유일한 이유는 아니었지만 매우 결정적인 계기로 작용하였다. 그 당시 교회의 고위직에 있는 성직자들이 병약자들을 대상으로 자행했던 안락사에 대해 분명한 반대 입장을 표하면서 특히 가톨릭 교인들에게 많은 영향을 미쳤던 것이다.

또한 전쟁의 확전이 임박한 즈음에서 국가적 범죄 행위에 대한 비밀유지 실패와 독일 국민들의 동요가 히틀러와 민족사회주의자들에게는 일종의 근심거리로 작용하였다. 정치범 강제수용소(Konzentrationslager, KZ)와 마찬가지로 유대인들에 대한 집단학살수용소(Vernichtungslager) 대상자들에 대한 체계적인 선별과정에, 그때까지 "Aktion T-4"에서 협력했던 사무직원과 팀원들이 투입되었다. 이에 독일의 역사학자인 우베 디트리히 아담(Uwe Dietrich Adam, 1940-1987)은 이처럼 다른 지역에서 긴급하게 살해전문가들이 필요했다는 것을 볼 때, 실제로 히틀러와 민족사회주의자들이 학살 만행을 중단했는지에 대해 의문을 제기하기도 하였다(Bautz, 1990).

(7) 유대인 안락사 프로그램에 종사한 대표적인 관계자들

한편 유대인 말살 계획의 한 방편에 해당했던 이른바 "유대인 문제의 최종해결(Endloesung der Judenfrage(Shoa Shoah, Schoah 혹은 Schoa))"이라는 집단 학살과 관련하여 최고의 정점은 1942년과 1943년의 "라인하르트 프로그램(Aktion Reinhardt)"이었다. 이때에 대략 170만 명에서 190만 명에 이르는 유대인들이 폴란드의 동남쪽인 벨첵(Belzec), 소비보어(Sobibor)와 바르샤바(Warszawa) 인근의 트렙린카(Treblinka) 지역의 집단 학살수용소에서 희생되었다. 여기에는 안락사와 관련하여 전문적인 교육을 받고 활동했던 이른바 "살인전문가"들 100여 명 이상이 유대인 멸절 실행에 깊이 관여하였다. 그 가운데 10여 명의 대표 인물을 살펴보고자 한다(Neumann, 1960: Gilbert, 1982).

- 이름프리트 에벨(Irmfried Eberl, 1910-1948): 오스트리아계 독일 의사이며 1940년에서 1942년까지 브란덴부르크와 베른부르크 지역의 안락사 시설장이었고, 1942년 여름에 트렙린카 집단학살수용소의 초대 시설장도 역임하였다.

- 프란츠 슈탕글(Franz Stangl, 1908-1971): 오스트리아 소재의 하르트하임 안락사 시설의 행정실장이며 소비보어와 트렙린카의 집단학살 수용소의 시설장으로 있었다. 그는 1970년 최소한 40만 명에 대한 공동살인혐의로 종신형을 선고받았다.
- 프란쿠르트 후베르트 프란츠(Kurt Hubert Franz, 1914-1998): "Aktion T-4"프로그램의 실행지였던 그라페넥, 브란덴부르크, 하르트하임, 존 넨슈타인 등지의 안락사 시설에서 주방장으로 활동했으며, 라인하르트 프로그램(Aktion Reinhardt)에서는 트렙린카 지역 집단학살 수용소의 마지막 시설장으로 활동하였다.
- 호스트 슈만(Horst Schumann, 1906-1983): 의사로서, "Aktion T-4"와 "Aktion 14f13" 프로그램과 관련하여 그라페넥, 존넨슈타인 지역의 안락사 시설장이었으며, 폴란드의 아우슈비츠(Auswitz) 정치범 강제수용소에서 수감자들을 대상으로 방사선을 도구로 하여 대량 불임수술을 위한 인간 실험에 참여하였다.
- 크리스티안 비르트(Christian Wirth, 1885-1944): 독일 경찰이었으며, 나치스 친위대의 대대장으로 "Aktion T-4" 학살 프로그램에 관여하였다. 아울러 라인하르트 프로그램에서 집단 학살 수용소의 감독관이자 폴란드 지역의 벨첵 집단 학살 수용소의 초대 시설장을 역임하였다.
- 요셉 오버하우저(Josef Oberhauser, 1915-1979): 나치스 친위대의 일원으로서 안락사 프로그램인 "Aktion T-4"와 "Aktion Reinhardt"에 참여하였다. 그라페넥 지역 시체소각장의 노동자로 활동하였으며, 나중에는 라인하르트 프로그램과 관련하여 크리스티안 비르트(Christian Wirth)의 부관으로 근무하였다.
- 에어빈 람베르트(Erwin Lambert, 1909-1976): 민족사회주의 독일 노동자당의 당원이며 건설 현장 감독으로서 소비보어와 트렙린카 지역에서 안락사 프로그램인 "Aktion T-4"와 "Aktion Reinhardt"의 실행을 위한 독가스실을 개축하거나 신설하였다.
- 프란츠 라이히라이트너(Franz Reichleitner, 1906-1944): 오스트리아의 형사이며 나치스 친위대 지도사였다. "Aktion T-4" 프로그램에서 하르트

하임 지역의 안락사 시설에 투입되었고, 그 후에는 "Aktion Reinhard" 프로그램과 관련하여 소비보어 집단 학살 수용소의 시설책임자였다.

- 요셉 발라스터(Josef Vallaster, 1910-1943): 오스트리아 출신의 민족사회주의자로, 1940년부터 안락사 및 유대인 학살에 참여하였다. 특히 하르트하임 및 소비보어 집단학살 수용소에서 노동자로 활약하다가 후에 가스실 및 소각장 시설의 감독관으로 투입되었다. 1943년 10월 14일 독일군 점령지역인 폴란드의 소비보어 안락사 시설에서 600여 명의 수감자들이 일으킨 반란 도중에 수감자들에 의하여 살해되었다.
- 로렌츠 학켄홀트(Lorenz Hackenholt, 1914-1945): 나치스 친위대의 장교로 활동하였다. "Aktion T-4" 프로그램과 "Aktion Reinhardt" 프로그램 실행에 있어서 벨첵 지역의 안락사 시설의 설립과 운영과정에서 미장이, 기술자, 운전사, 시체 소각자 등으로 활동하였다.

3) "Aktion 14f13" 프로그램

히틀러와 민족사회주의자들의 "Aktion 14f13" 프로그램은 그 당시에 "특별대우(Sonderbehandlung)"라는 별칭으로도 불리었는데, 이는 강제수용소(Konzentrationslager, KZ)의 수감자들을 대상으로 가스실로 보내질 사람들에 대한 선별 및 죽음을 의미하였다. 그 대상에는 1941년부터 1944년까지의 환자, 노인 및 더 이상 노동능력이 없는 사람으로 낙인이 찍힌 강제수용소 수감자들이 해당되었다. 이는 노동 불능자 혹은 수감자안락사(Invaliden- oder Haeftlings- euthanasie)라고 일컫기도 하였지만, 나중에는 강제수용소에 있는 다른 부류의 사람들도 희생자에 포함되었다(Kłodziński, 1987).

1941년 봄에 히틀러로부터 나치스 친위대의 최고지도자로 발탁된 하인리히 힘러는 민족사회주의 독일 노동자당의 총통내각부의 지도자이며, 치료 및 요양시설의 정신질환자, 장애인 및 노동능력이 없는 수감자들에 대한 안락사 실행을 위해 위임받은 필립 보울러와 함께 "Aktion T-4"라는 익명으로 나치스 친위대의 관리 하에 있는 강제수용소의 환자와 노동능력이 없는 수감자들을 대상으로 멸절시키고자 합의하였다. 보울러는 독일의 경제학자이자 "Aktion T-4" 프로그램 실행을 위한 다양한 위장 기구의 시설장인 빅토르 브락에게 이러한 새로운 과제의 수행을 위임하였다.

이러한 조치는 강제수용소의 감독자나 혹은 나치스 친위대로부터 이른바 "특별대우(Sonderbehandlung) 14f13"으로 불리었다. "Aktion T-4" 프로그램이 주로 장애인을 대상으로 한 학살 작전이었다면, "Aktion 14f13"은 인종 학살을 자행하기 위한 국가적인 범죄 행위 프로그램이었다. "14f13"이라는 숫자와 알파벳의 조합은 우선 "14"는 강제수용소, "f"는 죽음 그리고 "13"은 죽음의 유형, 즉 여기에서는 "Aktion T-4" 프로그램의 살해 시설에서의 독가스를 사용한 죽음을 각각 의미하였다. 그 밖에도 자연사의 경우에는 서류의 분류기호가 "14f1", 자살이나 사고사 등은 "14f2", 탈출 시 사살로 인한 죽음은 "14f3"으로 각각 기록되었다. 그리고 강제수용소 내의 소련군 전쟁 포로들에 대한 처형은 "14f14", 강제수용소 내의 수감자들에 대한 불임수술은 "14h7"로 각각 기입되었다. 물론 이때 "특별대우"라는 표현은 곧 죽음을 의미하는 그 당시의 일상적인 용어에 속하였다(Klee, 1983).

"Aktion 14f13"이라는 학살 프로그램은 1941년 4월에 시작되었다. 이에 베르너 하이데, 헤르만 파울 니체(Hermann Paul Nitsche, 1876-1948) 등 의료계 교수들과 프리드리히 멘네케(Friedrich Mennecke, 1904-1947), 쿠르트 슈말렌바흐(Curt Schmalenbach, 1910-1944), 호스트 슈만(Horst Schumann, 1906-1983), 오토 헤볼트(Otto Hebold, 1896-1975), 루돌프 로나우어(Rudolf Lonauer, 1907-1945), 테오도르 슈타인바이어(Theodor Steinmeyer, 1897-1945), 게하르트 비셔(Gerhard Wischer, 1903-1950), 빅토르 라트카(Viktor Ratka, 1895-1966), 한스 보도 고르가스(Hans Bodo Gorgass, 1909-1993) 등 의사들로 구성된 의사위원회는

선별 작업 계획을 착수하기 위하여 강제수용소를 전격 방문하였다(Schilter, 1998).

아울러 시간적으로 가속을 더하기 위하여 "Aktion T-4"에서 이미 사용한 바와 같이 수용소의 책임자들에게 신고서에 기록된 내용을 바탕으로 시설 수용자들을 일차적으로 분류할 수 있는 선택권을 부여하였다. 물론 개인 신고서에는 대상자들의 인적사항, 입원날짜, 신체적으로 치료 불가한 질병에 대한 진단서, 전상(戰傷), 형법상의 범죄 행위 등에 대한 항목에 있어서 기초적인 자료들도 기입되어 있었다. 이에 규정된 방침에 의하여 이른바 "필요 없는 짐 같은 존재(Ballast- existenz)", 즉 일정한 기간 동안 혹은 지속적으로 더 이상 노동을 할 수 없는 수감자들이 파악되고 선별되어 의사위원회에 보고되었다.

안락사 대상에 대한 일차선별 과정에서 각각의 강제수용소 책임자들에 의하여 파악된 수감자들은 의사위원회에 출두하여야 했다. 그곳에서도 실제 의학적 진단이나 판단은 이루어지지 않았으며, 단지 수감자들은 전쟁 참여 여부와 그에 따른 훈장 등에 대한 질문을 받았을 뿐이었다. 오로지 수감자들의 인사기록부나 병력기록부에 의거하여 어떤 범주로 분류될지 결정되었다. 안락사 대상자에 대한 최종적인 심사는 신고서에 기록된 내용에 따라서 이루어졌으며, 아울러 이는 대상자가 이른바 "특별대우 14f13(Sonder-behandlung 14f13)"로 처리되어야 하는지에 대한 결정과정에만 국한되었다. 이러한 결정된 결과내용이 첨부된 신고서는 베를린에 주재한 "Aktion T-4" 프로그램의 총괄본부에 공식적으로 등록하기 위하여 발송되었다(Kogon/Langbein/Rückerl, 1986).

또한 학살 대상자를 일차적으로 선별하는 과정에서 일부 강제수용소에서는 본인이 스스로 아픈 것을 느끼거나 노동 능력이 없는 것으로 생각되는 경우 자진해서 신고하도록 유도하였다. 강제수용소 측은 신고자들은 좀 더 쉬운 일을 행하는 이른바 "휴양소(Erholungslager)"로 갈 수 있다고 거짓으로 위장 약속을 하기도 하였다. 이와 같은 방법으로 수많은 수감자들이 자신의 죽음을 의미하는지도 모른 채 자율적으로 신고하였던 것이다. 하지만 학살 시설에서 독가스로 사망한 후에 희생자들의 자질구레한 소유물까지 수하물 보관소에 보내는 등의 철저한 비밀유지에도 불구하고 이러한 사실이 알려졌고, 나치스가 자행한 안락사를 위한 선별(Selektion)의 진정한 이유가 서서히 밝혀져 수감자들은 자신의 중병을 더 이상 스스로 신고하지 않았다.

안락사를 위하여 가스실로 보내질 사람들에 대한 선별은 1941년 4월에 작센하우젠(Sachsenhausen) 강제수용소에서 처음 실시되었다. 1941년 여름까지 이 수용소에서 최소한 400여 명의 수감자들이 희생되었다. 그리고 같은 시기에 부헨발트 시설에서 450여 명, 존넨슈타인 나치스의 안락사 시설에서 아우슈비츠 출신의 수감자 575명이 독가스로 처참한 죽음을 맞이하였다. 또한 마우트하우젠(Mauthausen) 소재 강제수용소 출신의 1,000여 명의 수감자들이 하르트하임 안락사 시설에서 목숨을 잃었다. 1941년 9월부터 11월까지 다흐아우 강제수용소로부터 3,000여 명, 마우트하우젠과 쌍둥이 강제수용소인 구젠(Gusen) 지역의 시설 및 하르트하임의 안락사 시설에서 약 1,000여 명 이상이 독가스로 죽임을 당하였다. 그리고 플로센뷔르크(Flossenbuerg), 노이엔감메(Neuengamme) 및 라벤스브뤼크(Ravensbrueck) 등의 강제수용소에서도 수감자들에 대한 학살행위가 자행되었다. 그 이후에도 재차 부헨발트 강제수용소에서 1,000여 명, 라벤스브뤼크(Ravensbreuck) 수용소에서 850여 명, 또한 안락사 시설인 존넨슈타인과 베른부르크에서 그로스 로젠(Gross- Rosen) 강제수용소 출신의 수감자 214명이 목숨을 잃었다. 1942년 3월과 4월에는 라벤스부르크(Ravensburg) 강제수용소 출신 여성 약 1,600여 명이 베른부르크에서 독가스로 살해되었다(Schwanninger, 2008).

강제수용소의 수감자들을 독가스로 살해하기 위하여 이름프리트 에버를

하르트하임의 안락사 시설

(Irmfried Eberl, 1910-1948)이 시설장으로 있던 베른부르크, 호스트 슈만(Horst Schumann, 1906-1983)이 시설장인 존넨슈타인, 루돌프 로나우어(Rudolf Lonauer, 1907-1945)와 게오르크 렌노(Georg Renno, 1907-1997)가 시설장을 역임한 하르트하임 등 세 곳의 안락사 시설만 각각 운영되었다.

수감자들은 강제수용시설의 의사위원회를 통해 학살당하였고, 안락사 시설이 있는 지역까지는 공익환자이송 유한책임회사의 차량으로 운반되거나 제국철도(Reichbahn) 편으로 수송되었다. 그곳에서 시설 의료진들은 수감자들의 금니 여부 판단을 위해 치아를 진단했으며, 때에 따라서는 가스실로 이동하여 일산화탄소로 죽음을 당하기 전에 특별한 표시를 해두었다. 발치된 금니는 후에 베를린의 중앙본부로 보내졌으며, 시신들은 시설의 소각장에서 화장되었다. 안락사는 대부분 "Aktion T-4" 프로그램에서 정신질환자들게 사용한 동일한 방법과 동일한 직원에 의하여 자행되었다. 하르트하임의 안락사 시설에서 오스트리아의 민족사회주의자였으며 당시 화장장의 노동자였던 빈첸츠 노엘(Vinzenz Nohel, 1902-1947)은 1946년 바이에른 주의 다흐아우에서 개최된 마우트하우젠 재판에서 강제수용소 내부의 환자 및 노동이 불가능한 수감자들에 대한 살인혐의로 사형선고를 받았고, 1947년 3월 27일에 처형되었다. 그는 1945년 9월의 전후심문(戰後審問)에서 린츠(Linz)의 형사에게 "Aktion T-4"의 학살 과정을 구체적으로 자백하기도 하였다(Klee, 1985).

시간의 흐름에 따라서 히틀러와 민족사회주의자들은 정치적으로 혹은 기타 배척의 대상이나 유대인 및 소위 반사회적인 사람들까지 안락사 대상에 포함하였다. 즉 1936년 8월 1일 보호감호 판결과 관련된 바이에른 경찰의 일반지침(Allgemeine Richtlinien der bayerischen Ploizei)에 의거하여 집시, 부랑자, 떠돌이, 게으름뱅이, 거지, 매춘부, 불평꾼, 상습범, 싸움꾼, 교통법규위반자, 정신질환자 등도 안락사 대상이 되었다. 그러나 히틀러와 민족사회주의자들은 장차 전쟁 준비를 위하여 군수산업의 증가와 이에 따른 많은 노동력이 필요하였다. 이에 1942년 3월 26일에 각 강제수용소장에 회람을 발송하여 심사위원회의 평과 결과 특히 더 이상 노동능력이 없는 자들을 대상으로 제거하라는 지시가 하달되었다. 제2차 세계대전이 더욱 격화된 일 년 후에는 안락사 대상자들을 선별하는 과정에 제한을 두게 되었는데, 이는 군수산업에 가능한 모든 노동력을 투입해야 할 상황에 이르렀기 때문이었다. 그러나 1943년 4월 27일에 나치스 친위대 지도자였던 리차르트 글릭스(Richard Gleucks, 1889-1945)는 앞으로 의사위원회의 심사를 거쳐 정신질환을 가진 수감자까지도 살해할 것을 지시하는 회람을 발급하였다. 한편 모든 노동불능자, 예를 들어 결핵환자, 몸져 누워 있는 장애인 등을 학살대상에서 제외하기도 하였는데, 누워 있는 수감자들도 병상에서 가능한 적합한 노동을 해야 할 정도로 많은 노동력이 필요했기 때문이다(Orth, 1999).

이러한 지침에 따라서 노동능력이 없는 수감 대상자들을 중심으로 안락사를 시행하였기 때문에 하르트하임에 소재한 시설만 필요하였고, 베른부르크와 존넨슈타인의 시설은 폐쇄하였다. 이로써 "Aktion 14f13" 프로그램의 제1단계에 해당하는 시기는 막을 내리게 되었다.

이어서 1944년 4월 11일의 명령에 따라서 새로운 지침이 "Aktion 14f13"의 제2단계를 이끌게 되었다. 그때부터는 안락사 대상과 관련하여 신고서도 발급하지 않고, 의사위원회를 통하여 선별하지도 않았다. 안락사 대상 선별과정은 강제수용소의 관리자들에게 전적으로 위임되었는데, 일반적으로 수용소에 소속된 의사가 담당하였다. 그리고 노동능력이 더 이상 없는 신체적인 질병을 가진 사람들에 대한 살해가 계속하여 자행되었다. 이러한 일들은 강제수용소 내부에서 자체적으로 실시하기도 하였고, 수감자들을 가스실이 설치된 강제수용소인 마우트하우젠, 작센하우젠 혹은 아우슈비츠 등으로 이감하여 학살하기도 하였다(Klee, 1986).

하르트하임 강제수용소에서는 수용소 내부의 수감자들 외에 동부유럽 출신의 노동 능력이 없는 강제노동 수형자, 소련군 전쟁포로, 헝가리계 유대인들에 대해서도 독가스 살해를 자행하였다. 1944년 12월 11일 하르트하임으로 마지막 수감자가 수송되었고 "Aktion 14f13" 프로그램은 종결되었다. "Aktion 14f13" 학살 프로그램에서 희생된 사람은 정확하게 알려지지는 않았지만, 여러 자료에 따르면 1943년 말까지 그 수는 약 15,000명에서 20,000여 명에 이른다고 한다(Kohl, 1997).

"Aktion 14f13" 프로그램은 정치적 혹은 인종적으로 배척을 받는 사람들을 대상으로 자행한 대량 학살 사건이었다. 소위 "자비사(Gnadentod)"라는 미화된 용어로 위장한 "Aktion T-4" 프로그램과 달리 "Aktion 14f13"은 이러한 위장조차 하지 않은 채로 오로지 노동의 유용성에 초점을 맞추어 수감자들을 처형하였던 것이다. 동시에 유대인이나 집시들의 경우에는 그들의 건강상태에 대한 고려 없이 단순히 인종주의적인 관점에서 "특별대우(Sonderbehandlung)"의 대상으로 포함시켜 학살행위를 자행하였던 것이었다.

4) "Aktion Brandt" 프로그램

칼 브란트

히틀러와 민족사회주의자들의 주도로 자행된 안락사 프로그램의 두 번째 단계는 이른바 "Aktion Brandt"라고 불린다. 이는 시설의 장애인과 환자들의 대량 안락사 작전을 주도적으로 지휘한, 히틀러의 외과 주치의이자 나치스 친위대의 지휘자였던 독일 의사 칼 브란트(Karl Brandt, 1904-1948)의 이름에서 딴 것이었다.

1985년 정치학자이며 언론인 및 역사가인 괴츠 알리(Gotz Aly, 1947-현재)에 의하면, 브란트가 1943년 7월에 "Aktion T-4" 프로그램의 본부장이자 장애인 시설장이었던 의사 헤르만 파울 니체(Hermann Paul Nitsche, 1876-1948)에게 환자들을 살해할 것을 주문하였다고 한다. 이와 관련된 과거의 출판물들을 살펴보면, 환자들에 대한 대량 학살이 중앙정부 주도가 아니라 장애인 시설 자체적으로 자행되어 일명 "야만적 안락사(Wilde Euthanasie)" 혹은 "지역화된 안락사(Regionalisierte Euthanasie)"라고 불리기도 하였다(Aly/Ebbinghaus at al., 1985).

1940년 초부터 주로 정신질환자 및 지적장애인들을 대상으로 자행된 학살행위인 "Aktion T-4"는 히틀러의 명령으로 1941년 8월 24일의 규정을 통하여 형식적으로나마 일시 중단되었다. 그때까지 총 6곳의 강제 안락사 시설에서 70,273명이 독가스로 사망하였다. 하지만 이러한 국가적인 범죄행각은 미화된 다양한 형태와 속임수를 통하여 계속적으로 자행되었다. 베른부르크, 하르트하임 및 존넨슈타인 등의 시설에서 더 이상 중앙정부적인 차원이 아닌 지역적 혹은 개별적으로, 약물을 과다 처방하거나 계획적으로

굶김으로써 환자들을 사망에 이르도록 방치하였던 것이었다. 이렇게 지역적 혹은 자체적으로 대상자를 선별하여 수용한 후에 안락사를 자행한 치료 및 요양시설에는 오스트리아 빈(Wien)의 암 슈타인호프(Am Steinhof)를 비롯하여 독일의 엘트빌레 암 라인(Eltville am Rhein)시 소재의 아이히베르크, 그로스슈바이트니츠(Grossschweidnitz)시 및 하다마르 시에 소재한 치료 및 요양시설, 이트슈타인(Idstein) 지역의 칼멘호프(Kalmenhof), 카우프보이렌(Kaufbeuren) 지역의 이르제(Irsee), 메제리츠(Meseritz) 지역의 옵라발데(Obrawalde) 치료 및 요양시설과 그네젠(Gnesen) 시의 티겐호프(Tiegenhof) 지역치료시설 등이 해당되었다(Aly, 1989).

이 외의 대량 학살로는 강제수용소 수감자들 중 더 이상 노동능력이 없는 자에게 행한 "Aktion 14f13"과, 지적 혹은 신체적 장애를 가진 세 살 미만의 유아들마저도 전쟁이 끝날 때까지 안락사를 자행했던 이른바 "아동안락사(Kinder-Euthanasie)를 들 수 있다. 아울러 제2차 세계대전 중에도 이러한 학살 프로그램의 특별 시설들이 설치되어 이른바 "아동전문부서"에서 수많은 아동 및 청소년들도 참혹한 죽음을 맞이하였다.

히틀러가 지금까지 계속적으로 자행했던 이른바 "성인안락사(Erwachsenen-Euthanasie)"에 대하여 1941년 8월 24일 일시 중단 명령을 내린 때에 그는 연합군의 공중폭격이 극심했던 대도시에서 파괴된 병원을 대체할 건물을 세울 것을 명령하였다. 이를 위하여 당시 건축기사이자 책임자였던 프리츠 토트(Fritz Todt, 1891-1942)의 이름을 따서 준군사적인 공병부대 조직인 "토트 협회(Organisation Todt, OT)"를 만들어서 치료 혹은 요양시설 등 이에 준하는 대체 병원을 건립하게 하였다. 이는 "토트 프로그램(Aktion Todt)"으로 불리기도 하였다(Seidler, 1987).

또한 1941년 10월 29일 의료인이자 제국 내무부 장관을 역임하였던 헤르베르트 린덴이 "치료 및 요양시설 제국책임자(Reichbeauftragten fuer die Heil- und Pflegeanstalten)"로 임명되었다.

1943년경에는 제2차 세계대전 중에 전상 군인들이 점점 늘어가고 폭격으로 인하여 대도시의 많은 병원이 파괴되었다. 이에 당시 위생시설 및 국민보건시설의 총지휘관이었던 브란트는 격렬한 공중전 위협에서 비교적 안전한 지역의 야전 병원 및 병상을 확보하고 추가 공간들을 마련하기 위하여, 전쟁 후반부에 정신과 시설 내의 수천 명의 환자들을 가혹하고 무분별하게 다른 시설로 옮기게 하였다. 환자들이 강제로 이주된 몇몇 시설에서는 수용자 정원초과 등 열악한 주거환경과 제대로 된 식사를 제공하지 않는 등 의도적인 방임으로 많은 수용자들이 희생되었다(Meusch, 2005).

한편 제1차 세계대전 중 치료 및 요양시설 환자들에게 특히 높은 사망률이 나타났는데, 당시 영양 공급이 매우 부실했기 때문이었다. 1942년 뮌헨에서 개최된 한 회의에서는 치료전망이 보이지 않는 환자들에게는 음식을 제한할 것을 결정하였는데, 즉 이들에게는 물에 삶은 야채 등 지방분이 전혀 없는 음식만을 공급해야 했다. 효과는 3개월이 경과된 후부터 환자들의 체력이 쇠함으로써 서서히 죽음으로 나타났다. 아울러 추운 병실 등 전반적인 부실한 관리는 전염병에 대한 면역결핍증으로 이어져 결국은 희생의 제물이 되었다(Benzenhöfer, 2009).

치료 및 요양시설에서는 환자들의 체중을 매월 기록하였는데, 오스트리아 빈의 노이쉬타트(Neustadt)에서 이송되어 온 한 여자 환자의 병적부에는 1941년 중반에 "53kg"이었지만 15개월 후, 즉 그녀가 숨지기 바로 직전에는 "35.5kg"으로 기입되어 있었다. 이러한 방법으로 희생된 사례는 무수히 많이 발견되었다. 그뿐만 아니라 당시 치료 및 요양시설에서의 사망률이 높음에도 불구하고 각각의 시설은 터무니없이 많은 환자로 넘쳐났으며, 각 시설들에는 이들을 강제로 제거하라는 상부의 명령이 하달되었다. 1943년 2월, 마리아 구깅(Maria Gugging) 지역의 시설은 수용능력을 훨씬 초과하는 400여 명 이상의 환자로 넘쳐났으며 다른 시설들의 상황도 크게 다르지 않았다(Kaelber/Reiter, 2011).

또 다른 시설에서는 희생자들이 그곳으로 옮겨오자마자 대규모로 학살당하기도 하였다. 이와 같이 두 번째 단계의 안락사 프로그램에 해당하는 "Aktion Brandt"는 매우 은밀하게 진행되어, 구체적이고 정확한 정보와 자료를 바탕으로 평가하기에는 어려움이 있다. 사실 환자들을 다른 지역이나 시설로 강제로 옮기는 프로그램은 히틀러와 민족사회주의자들의 보건 정책이 장기적인 전쟁에 대비하지 못하였기 때문이었다.

1943년 6월 말경 라인(Rhein)강의 중하류 지역인 라인란트(Rheinland)의 치료, 요양 및 양로원 시설에서도 처음으로 학살이 시작되었다. 타 시설로 끌려온 정신질환자들의 대량 살해와 관련해 "Aktion T-4" 프로그램의 고위급 심사자였던 의사 헤르만 파울 니체(Hermann Paul Nitsche, 1876-1948)는 이미 1940년에 소위 최면진정제인 루미날 사용법을 발전시켰다. 이러한 수면제 성분의 의약품을 과다 처방하여 간단하고 은밀하게 희생자들을 죽음으로 몰아넣었던 것이다. 니체는 이러한 방법을 1943년 8월 17일 선별된 정신질환자들에게 적용하였고, 이에 해당하는 의약품들은 제국경찰서와 "Aktion T-4" 프로그램 운영 관청 등을 경유하여 각각의 시설에 공급되었다(Hayatie, 2010).

이 외에도 1943년 8월 17일에 오스트리아 빈의 암 슈타인호프(Am Steinhof) 치료 및 요양시설로 이송되어온 함부르크 출신의 300여 명의 여성 환자들 가운데 약 86%에 해당하는 257명이 1945년 말에 비참한 죽음을 맞이하였다. 오스트리아 동북쪽 지역의 마리아 구깅(Maria Gugging)에서는 마리아 구깅과 마우어 욀링(Mauer-Öhling)의 치료 및 요양시설에서 안락사를 담당했던 의사 오스트리아인인 에밀 겔리(Emil Gelny, 1890-1961)에 의하여 1945년 4월에 76명의 남성과 71명의 여성 환자들이 전기의자로 살해되었는데, 원래는 총 700-800여 명을 제거하고자 했었다.

이러한 겔리의 범죄 행각에 대한 저항운동이 몇몇 의사들과 시설 직원들에 의하여 일어나기도 하였다. 예를 들어, 구깅 지역 시설의 부인과 책임자였던 콜로만 나기(Koloman Nagy) 박사의 강제 불임수술과 안락사 행위에 대한 거부행동은 널리 알려져 있다. 그는 진단서를 위조하여 많은 환자들을 퇴원시켜 죽음에서 구하기도 하였다.

그 밖에도 모르핀 또는 중추신경 억제 및 진경작용제인 스코폴라민(scopolamine), 에비판(Evipan) 등을 공기주입이나 음식, 음료수 혹은 주사기로 주입하여 환자들을 살해하기도 하였으며, 일부에서는 특별히 신뢰하는 시설 직원들에게 환자를 살해할 수 있는 권한을 위임하기도 하였다. 그리고 각 환자의 병적부에는 전혀 근거가 없는 사인(死因)을 기록하였는데, 대부분은 심장, 폐 혹은 장 관련 질병이 언급되어 있었다(Klee, 2004).

1941년 8월에 "Aktion T-4" 프로그램이 일시 중단된 이후에도 시설에서는 각종 약제를 이용한 대량 학살이 빠르게 진행되었다. 또한 매우 계획적으로 자행된 당국의 영양실조 정책을 통하여 결국 많은 시설 환자들이 기아사로 희생되기도 하였고, 아울러 시설의 공간이나 인력지원 등도 턱없이 부족한 상황이었다. 이로써 시설 내의 거주인들 가운데서 결핵 등의 전염성 질환이 급속도로 증가하기도 하였다. 그 당시 희생자의 강제 안락사에 사용된 다량의 모르핀은, "Aktion T-4" 프로그램을 주관하는 베를린 본부에서 충분한 양을 공급받고 사용하도록 허용되었다(Kater, 2002).

1944년에 각 시설이나 지역에서 자체적으로 학살한 환자들의 수는 증가하였다. 독일군과 연합국이 상호 군사시설에 대한 폭격을 넘어 거주지에 대한 집중 폭격이 증가함에 따라 병상 문제뿐만 아니라 파괴된 공공건물을 대신할 공간 확보가 시급한 문제로 대두되었다. 따라서 치료 및 요양시설 외에도 특별히 대체 병원이 설립되어 신체질환자, 지적 및 지체장애인, 농, 맹, 결핵환자, 사회복지(구제)대상자, 노동 불능자, 강제노동을 위해서 독일로 이송된 우크라이나, 백러시아, 폴란드 및 러시아인 등 이른바 "동쪽노동자(Ostarbeiter)", 난민, 폭격 후유증으로 인한 정신질환자 및 중상을 입은 군인 등도 함께 수용되었다. 이들은 이른바 "비생산적인 사회의 불량품

(unproduktive Aus- schuss der Gesellschaft)"으로 간주되어 여기에서 은밀하게 조직적으로 제거되었다(Klee, 1985).

"Aktion Brandt" 안락사 정책은 실행 과정에서 등록 자료가 없기 때문에 "Aktion 14f13" 학살 프로그램처럼 구체적인 희생자들의 수는 알지 못한다. 그리고 "Aktion T-4" 작전과 달리 통계적인 문서도 보존되어 있지 않다. 그러나 이때 안락사를 통하여 목숨을 잃은 희생자의 수는 대략 최소 3만 명에서 최대 9만여 명에 이를 것으로 알려져 있다. 희생자 가운데는 결손가정의 아동으로 고아원에서 성장하였고 카우프보이렌의 이어제(Kaufbeuren-Irsee) 지역의 치료 및 요양시설에서 14세의 나이에 독극물 주사로 살해된 에른스트 로사(Ernst Lossa, 1929-1944), 정신질환으로 강제 불임수술을 받았으며 그로스슈바이드니츠(Großschweidnitz) 치료 및 요양 시설에서 죽음을 맞이한 마리안네 쇤펠더(Marianne Schoenfelder, 1917-1945), 선천성 뇌성마비를 가지고 25세에 이어제(Irsee) 치료 및 요양시설에서 기아사로 숨진 발부르가 케슬러(Walburga Kessler, 1918-1944), 20세에 정신질환 판정을 받고 불임수술을 당했으며, 영양부족과 바르비투르산염(barbiturate)이라는 신경안정제 과다 처방을 통하여 살해된 에르나 크론스하게(Erna Kronshage, 1922-1944) 등을 대표적으로 들 수 있다(Lein, 2016).

5) "레벤스보른" 프로그램

레벤스보른(Lebensborn)은 '생명'을 뜻하는 'Leben'과 '샘, 원천'을 뜻하는 'Born'의 복합명사로서 이른바 "생명 샘"을 의미한다. 이는 나치 정권이 아리아인을 보존하고 유지하여 독일제국을 지속적으로 관리하기 위해 완벽한 인간 육성을 목적으로 만든 비인간적인 "인간 교배 실험장" 역할을 하였다.

히틀러의 이상적인 인간상은 금발머리, 푸른색 눈, 건강한 신체 등을 가진 아리아인(Aryan)이었다. 히틀러는 자신의 인종 정책에서 나치스 친위대의 최고 책임자였던 하인리히 힘러의 적극적인 지원을 받았다. 힘러는 1935년 말에 "레벤스보른 협회(Verein Lebensborn)"를 창설했는데, 이를 통하여 아리아인 여성의 출산율을 높이고 더 나아가서 민족사회주의자들을 위한 이상적인 후손들을 얻고자 하였다. 아리아인을 모든 인간을 지배하도록 정해진 민족으로 인식한 히틀러의 광기(狂氣)는 유대인을 대상으로 대량 학살을 명령한 것에서 특히 잘 알 수 있다. 힘러는 히틀러가 신뢰하는 최측근이었으며, 히틀러의 생각과 계획에 동조하여 역사적 비극의 중심에 섰던 인물 가운데 하나였다. 아리아인들은 유대인이나 환자 및 장애인들로부터 어떠한 악영향도 받아서는 안 되는 보호되어야 할 대상으로 보았다. 그들은 세상의 미래를 자신들의 인종을 통하여 지키기 위하여 더 많은 후손을 생산해야 한다고 보았다. 힘러는 1938년 민족사회주의 독일 노동자당의 외국 지부를 조직하기 전의 한 연설에서 북게르만 혈통의 유지와 확대 여부에 따라서 독일민족의 흥망성쇠가 달려 있음을 특히 강조하였다(Baumann/Heusler, 2013).

사실 나치스 친위대 대원들의 가족은 일반적으로 자녀가 많았다. 하지만 미혼여성들은 종종 인공임신중절을 하였으며, 그 가운데 몇몇은 나치스 친위대에 있는 남자대원을 애인으로 두고 있었는데, 힘러는 이러한 낙태행위를 아리안족의 후손에 대한 손실로 여겼기 때문에 이를 최대한 저지하려고 하였다. 1935년 12월 12일 힘러는 "좋은 혈통의 모든 어머니들은 우리에게 거룩해야 한다"라는 표어 아래에서 결국 레벤스보른 협회를 창설하였다. 1936년부터 1945년까지 그는 20개 이상의 관련 거주시설을 건립하였으며, 이곳에서 사생아를 가진 어머니들이 임신기간 동안 관리와 보호를 받았다. 그러나 이곳 시설은 협회

레벤스보른의 휘장

의 규정과 같이 인종적으로나 유전 생물학적으로 모두 건강하고 가치 있는 여성들만 받아들였다. 레벤스보른 협회는 히틀러 친위대에 속하였으며, 재정적인 지원 역시 이들 회원들을 통하여 이루어졌다(Bryant, 2011).

그 당시 레벤스보른 시설은 독일에 10개, 노르웨이에 9개, 오스트리아에 2개, 벨기에, 네덜란드, 룩셈부르크 및 덴마크에 각각 1개씩 설립되어 각각 고유의 호적사무소와 경찰서를 보유하고 있었다. 또한 미혼모들을 보호하기 위하여 나치스 친위대 대원들이 경비를 담당하였으며, 완벽한 익명성도 보장되었다. 레벤스보른 프로그램에서 선발된 여성들의 주요 과제는 건강한 아리안족 간의 성관계를 통하여 독일제국과 우량한 인종을 위한 아동의 생산자로서의 역할이며 일반적으로 가족을 위한 전통적인 결혼은 지양하였다. 이 여성들은 원할 경우에는 아이를 생산한 후에 임신 사실에 대한 어떤 사실도 비밀로 부친 채로 떠날 수 있었으며, 아이들은 레벤스보른의 관리 체제 하에 들어가 나치교육을 받으며 머물게 되었다. 여기서 태어난 아이들은 대부분 자녀가 없는 나치 친위대 대원의 가정에 입양되었다.

이러한 비인간적인 시도로 처음 설립된 레벤스보른 시설은 1936년 8월 15일 독일 남부지역에 있는 뮌헨 근교의 슈타인회링(Steinhoering)에서 문을 열었다. 그 후에 계속하여 1937년 독일북부지역의 하르츠(Harz) 지

레벤스보른 시설

역의 베르니게로데(Wernigerode)와 같은 해에 브레멘(Bremen) 근처의 호엔호르스트(Hohenhorst)에 각각 건설되었다. 그뿐만 아니라 독일군에 의하여 점령된 노르웨이, 프랑스, 벨기에 등지에서도 마찬가지로 이른바 "모자녀시설(Mutter-Kind-Haeuser)"들이 건립되었다. 독일군들은 그곳의 여성들과 자주 정사(情事)를 벌였으며, 힘러는 이때 태어난 아이들을 민족사회주의적 이념을 바탕으로 이 시설에서 교육시키고자 하였다(Koop, 2007).

많은 사람들은 레벤스보른을 일종의 "사육장"으로 여기기도 하였다. 왜냐하면, 나치스 친위대 대원들이 익명의 성관계를 가지기 위해서 선발된 여성들과 그 시설에서 만난다는 소문이 널리 퍼졌기 때문이었다. 나치스 친위대 대원들이 가능한 한 많은 아리안 여성들을 임신시키기 위해 난음(亂飮)과 난무(亂舞) 등의 주연(酒宴)을 벌였다는 주장들도 있지만, 이에 대하여 구체적으로 입증하지는 못하였다(Sandke, 2008).

1936년부터 1945년까지 독일에서 약 1만 명, 노르웨이 등지에서는 약 9천여 명이 레벤스보른 시설에서 태어난 것으로 추정되지만, 전쟁 이후에 많은 자료들이 사라지거나 손상되어 정확한 통계 수치는 알 수 없다. 힘러는 레벤스보른을 건립하고 몇 해 후에 자신의 계획이 성공적이지 못하였다고 확정하였다. 왜냐하면, 레벤스보른 시설에서 태어나는 아이들이 기대했던 것

레벤스보른 시설에서 출생한 아이들

보다 훨씬 적었기 때문이었다. 이에 그는 새로운 전략을 구상해야 했는데, 즉 독일 내의 아리안들이 자신의 아이들을 충분히 생산하지 못한다면, 그 틈을 다른 나라 사람들을 동원해서라도 채워야 한다고 생각하였던 것이다. 그래서 힘러는 외국출신의 아이들을 독일 레벤스보른으로 데려와서 그곳에서 독일의 정체성을 심어줄 것을 명령하였다(Lamey, 2008).

그 후 1942년부터 힘러의 추종자들은 그의 계획과 지시사항을 실행하기 시작하였다. 특히 그들은 폴란드와 체코 등 동부유럽에서 아리아인처럼 보이는 아이들을 찾아나섰다. 그리고 그런 아이를 찾았다면, 아이들을 부모로부터 분리하여 독일로 데리고 갔다. 독일의 레벤스보른 시설에서 아이들은 인종위생학적인 진단을 받아야 했으며, 아리아인으로 진단된 아이는 시설에 머물거나 혹은 입양된 가정으로 가야 했다. 또한 아이의 이름은 독일식으로 바뀌었고, 위조된 이력서로 아이들의 진실한 정체성은 모두 사라졌다. 단지 소수의 레벤스보른 출신의 아동들만이 수십 년 후에 폴란드나 체코 출신이라는 것이 드러나게 되었다(Lilienthal, 2003).

특히 체코의 북서쪽 도시인 리디체(Lidice) 출신 아이들의 운명은 널리 알려져 있다. 1942년 6월 9일 독일 경찰병력이 체코 지방경찰서의 지원으로 체코에 있는 리디체라는 마을을 습격하였다. 독일 경찰들은 그 당시 경찰의 수뇌부인 제국안전청의 책임자였던 라인하르트 하이드리히(Reinhard Heydrich, 1904-1942) 습격에 대한 보복을 하려고 하였다. 그래서 민족사회주의자들은 이 마을에 진격한 다음 날 마을에 거주하는 모든 남성을 사살하였으며, 인종위생학적인 관점에서 선발하기 위하여 이 마을의 100여 명의 아이들을 강제로 끌고왔다. 나치 정권은 약 10여 명의 아이들을 아리안으로 발표한 후에 독일의 레벤스보른 시설로 이송하였고, 그곳에서 그들은 다른 아이들처럼 독일화되어 갔던 것이다(Schmitz-Köster/Vankann, 2012).

1945년 전쟁이 끝난 후에 레벤스보른 협회의 몇몇 관계자들은 자신의 범죄행위에 대하여 법정에 서게 되었고, 이 프로그램과 각종 시설의 창립자인 힘러는 1945년 5월 23일 스스로 목숨을 끊음으로써 자신의 지난 과오에 대한 책임을 대신하였다(Ackermann, 1970).

5. 나치의 강제수용소

나치 시대에 수백 만 명의 무고한 사람들이 히틀러와 민족사회주의자들에 의하여 이른바 강제수용소(Konzentrationslager)와 멸절수용소(Vernichtungslager)에서 잔혹하게 희생되었다. 이러한 수용소 시설은 당시 나치정권의 통치수단 가운데 가장 핵심적인 조직 중 하나였다. 나치정권의 정적(政敵)이나, 인종적 혹은 사회적으로 기대와 규범에서 벗어난 사람들을 재판과정도 무시한 채 강제수용소로 보냈던 것이다(http://www.bpb.de).

대략 80만 명에서 100만 명에 이르는 사람들이 이러한 시설에서 강제노동, 배고픔, 폭력 혹은 의도적인 살해 등 참혹한 방법으로 희생되었으며, 전체 수용자들 가운데 겨우 약 30만 명만이 제2차 세계대전의 말미에 해방되어 생존할 수 있었다.

나치정권은 전형적인 강제수용소 외에도 다양한 용도로 수용소를 설립하였는데, 전쟁포로수용소, 청소년 수용소 혹은 폴란드 소재의 트렙린카와 소비보어 등지에 홀로코스트 실행을 위해 설치된 멸절 수용소가 있었다. 6백만여 명에 달하는 대량 학살행위는 〈표 7〉과 같이 매우 다양한 형태로 나타났으며 강제수용소나 멸절수용소 등에서뿐만 아니라 독일과 유럽 각지의 수많은 수용소에서 총체적으로 자행되었다(Benz/Distel, 2005).

히틀러와 민족사회주의자들은 1933년 권력을 장악하자마자 정치적인 반대세력에 대한 공공연한 테러를 시작하였다. 이에 대한 법적인 근거는 1933년 2월 28일의 국민들의 기본적 인권이 대부분 삭제된 "제국의회 의사당 방화에 대한 법령(Reichstagsbrandverordnung)"에 기초를 두었으며, 이에 따라 국가와 국민을 보호하기 위하여 나치의 정적들을 예방적인 차원

표 7 제3제국 시대의 주요 강제수용소 현황

시설명	현 위치(국가)	운영 형태(운영주체/용도)	운영 기간	수감자 추정(명)	사망자 추정(명)
Ahrensboeck	독일	나치스 돌격대(SA)/강제수용소	1933. 10-1934. 05	300	-
Alt-Daber	독일	나치스 돌격대(SA)/강제수용소	1933. 04-1933. 07	-	-
Arbeitsdorf-Fallersleben	독일	강제수용소	1942. 04-1942. 10	1,200	-
Auschwitz-Stammlager	폴란드	강제수용소	1940. 05-1945. 01	-	-
Auschwitz-Birkenau	폴란드	강제수용소/멸절수용소/전쟁포로수용소	1941. 10-1945. 01	400,000	1,100,000-1,500,000
Auschwitz-Monowitz	폴란드	강제수용소	1942년 말-1945. 01	-	-
Bad Sulza	독일	나치스 돌격대(SA) 및 내무부/강제수용소	1933. 11-1937. 07	800	-
Belzec	폴란드	멸절수용소 (Aktion Reinhardt)	1942. 03-1942. 12	-	434,508(유대인) 1,000-1,500(폴란드인)
Bennning-hausen	독일	나치스 돌격대(SA)/강제수용소	1933. 03-1933. 09	344	불명
Bergen-Belsen	독일	강제수용소	1943. 04-1945. 04	120,000	70,000
Berlin-Marzahn	독일	강제수용소	1936. 05-1937	-	-
Boernicke	독일	나치스 돌격대(SA)/강제수용소	1933. 05-1933. 07	-	최소 10
Bozen	이탈리아	경찰임시수용소	1944. 07-1945. 04	15,000 (유대인 및 기타)	최소 20
Flossenbuerg	독일	강제수용소	1938. 05-1945.04	최소 100,000	30,000
Fort Breendonk	벨기에	임시수용소/장기수	1940. 09-1944. 08	3,500-4,000	300
Fort Goeben	프랑스	나치스 친위대(SS) 특별수용소	1943. 10-1944. 08	1,500-1,800 (나치저항세력 및 기타)	최소 36
Fuenfbrun-nen	룩셈부르크	유대인 양로원/임시수용소	1941. 07-1943. 04	300	20
Gross-Rosen	폴란드	강제수용소	1940. 08-1945. 02	125,000	40,000
Gurs	프랑스	전쟁포로수용소	1939-1944	-	다양한 대상
Gusen	오스트리아	강제수용소	1940. 05-1945. 04	-	44,602
Herzogen-busch-Vught	네덜란드	강제수용소	1943. 01-1944.09	-	749
Heuberg/Ulm (1933년 이전)	독일	보호감호수용소	1933.03-1933. 11/ 1933. 11-1935. 07	800-3,000	-
Hinzert	독일	나치스 친위대(SS)-특별수용소, 임시수용소	1940.07-1945. 03	14,000	최소 302
Hodonin	체코	집시족 수용소 (Boehmen/Maehren 지역)	1940. 07-1945	-	집시족
Hohnstein	독일	나치스 돌격대(SA)/강제수용소	1933. 03-1934. 08	5,600	불명

시설명	현 위치(국가)	운영 형태(운영주체/용도)	운영 기간	수감자 추정(명)	사망자 추정(명)
Innsbruck-Reichenau	오스트리아	임시수용소	1941. 08-1945	8,500	130
Jasenovac	크로아티아	통합강제수용소(강제노동/멸절)(3곳의 아동수용소 포함)	1941년 말-1945	1,000,000	80,000-100,000(세르비아인, 유대인, 집시족, 정교-가톨릭인)
Kaunas	리투아니아	강제수용소	1943. 09-1944. 07	-	18,500-30,000
Kemna	독일	강제수용소	1933. 06-1934. 01	4,500	-
Kislau	독일	바덴(Baden)지역 내무부/강제수용소	1933. 04-1939.04	-	1
Koenigstein-Halbestadt	독일	나치스 돌격대(SA)/강제수용소 나중에 Hohnstein 시설에 합병.	1933. 03. 10- 1933. 05	215	불명
Kuhlen	독일	강제수용소	1933. 07-1933. 10	200	-
Kulmhof	폴란드	멸절수용소	1941. 12-1943. 04/ 1944. 04-1945. 01	-	최소 160,000
Lackenbach	오스트리아	경찰임시수용소/강제노동	1940. 11-1945	-	집시족/유대인
Lemberg-Janowska	우크라이나	강제노동수용소/멸절수용소	1941. 09-1943. 11	-	100,000-200,000(유대인)
Bredow	독일	나치스 친위대(SS)/강제수용소	1933. 10. 20-1934. 03. 11	40	-
Brandenburg an der Havel	독일	강제수용소/멸절수용소(Aktion T-4)	1933. 08-1934. 02	1,000-1,200	최소 3
Breitenau	독일	강제수용소/노동교화소	1933. 06-1934. 03/ 1940-1945	470-8,500	-
Buchenau	독일	강제수용소/노동교화소	1933. 07-1934. 03/ 1941-1945	470-8,500	-
Buchenwald	독일	강제수용소	1937. 07-1945. 04	250,000	56,000
Breslau-Duerrgoy	폴란드	Edmund Heine(경찰서장)/강제수용소	1933. 04-1933. 08	200-400	-
Chaidari	그리스	강제수용소/임시수용소	1943. 10-1944	20,000(나치저항세력 및 기타)	최소 1,800
Columbia-Haus	독일	비밀경찰(Gestapo)/강제수용소	1934. 12-1936. 12	10,000	-
Dachau	독일	나치스 친위대(SS)/강제수용소	1933. 03-1945. 04	200,000	41,500
Drancy	프랑스	운송집결지/임시수용소	-	-	-
Emslandlager	독일	강제수용소(Boergemoor, Neusustrum, Esterwegen 등지에 강제수용소 분소를 둠)/1936년부터는 죄수 수용소로 이용.	1933. 06-1945	80,000(수감자 및 죄수) 100,000-180,000(전쟁포로)	30,000(주로 소련 전쟁포로)
Eutin	독일	나치스 돌격대(SA)/강제수용소	1933. 07-1934. 05	259	-
Leschwitz	독일	강제수용소	1933. 03-1933. 08	1,000-1,500	불명
Lety	체코	집시족 수용소(Boehmen/Maehren 지역)	1939. 12-1945		집시족

시설명	현 위치 (국가)	운영 형태 (운영주체/용도)	운영 기간	수감자 추정(명)	사망자 추정(명)
Le Vernet	프랑스	전쟁포로수용소	1939-1944	-	다양한 대상
Lichtenburg	독일	남성/여성 강제수용소	1933.06-1939. 05	-	-
Litzmann-stadt	폴란드	청소년 강제수용소 (폴란드/체코 아동 및 청소년)	1942. 12-1945. 01	불명	500
Majdanek-Lublin	폴란드	강제수용소/멸절수용소	1941. 07-1944. 07	-	78,000
Maly Tros-tinez	백러시아	멸절수용소	1942. 05-1944. 07	-	40,000-60,000
Mauthausen	오스트리아	강제수용소	1938. 08-1945. 03	195,000	최소 95,000 (Gusen 수용소 포함)
Mechelen	벨기에	운송집결지/임시수용소	1942.07-1944. 09	25,300	1,221
Meisnerhof	독일	강제수용소	1933. 02-1933. 06	-	-
Missler	독일	나치스 돌격대(SA)/ 나치스 친위대(SS)	1933. 03-1933. 09	148-300	-
Mittelbau	독일	강제수용소	1943. 08-1945. 04	60,000	최소 20,000
Moringen	독일	여성 강제수용소	1933. 06-1938. 03	-	-
Moringen	독일	청소년 강제수용소(남성)	1940-1945. 04	1,400	최소 89
Natzweiler/ Struthof	프랑스	강제수용소	1941. 03-1944. 09	52,000	22,000
Neue Bremm	독일	비밀경찰교도소/ 강제노동	1940-1945	20,000	최소 100
Neuengamme	독일	강제수용소	1938. 12- 1945.05	106,000	55,000
Neustadt an der Haardt	독일	강제수용소/보호감호소/ 강제노동수용소/ 전쟁포로수용소	1933. 03-1933. 12	350	-
Niederhagen/ Wewelsburg	독일	강제수용소	1941. 09-1943년 봄까지	3,900	1,285
Nisko	폴란드	유대인 특별거주지/ 나치스 친위대(SS) 주둔지	1939. 10-1940. 4. 14	5,000	-
Novaky	슬로바키아	운송집결지/임시수용소	-	-	-
Oranienburg	독일	운송 집결지	1933. 03-1934. 07	3,000	최소 16
Osthofen	독일	운송 집결지/교화소	1933. 03-1934. 07	3,000	-
Pavlos Melas	그리스	나치스 친위대(SS)소속인 정보기관(SD)의 경찰교도소	1941-1944	-	유대인/공산주의자
Perleberg	독일	나치스 돌격대(SA)/ 나치스 친위대(SS)	1933. 03-1933. 06	34	-
Plaszow	폴란드	강제수용소	1942. 12-1945. 01	최소 150,000	8,000
Pruszkow	폴란드	임시수용소	1944. 08-1945. 01	650,000	-
Ravensbrueck	독일	여성 강제수용소	1939. 05-1945. 04	150,000	20,000-30,000
Risiera di San Sabba	이탈리아	운송집결지/임시수용소	1943. 10-1945. 04	20,000-25,000	3,000-5,000
Riga-Kaiserwald	라트비아	강제수용소	1943. 03-1944. 09	-	-
Sachenburg	독일	나치스 돌격대(SA)/ 강제수용소	1933. 06-1937. 07	2,000	최소 11

시설명	현 위치(국가)	운영 형태(운영주체/용도)	운영 기간	수감자 추정(명)	사망자 추정(명)
Sachsen-hausen	독일	강제수용소	1936. 07-1945. 04	최소 200,000	최소 30,000-40,000 (주로 소련 전쟁 포로)
Schirmeck-Vorbruck	프랑스	감호소/교화소 (알자스·로렌인)	1940-1944	15,000-25,000	76-500
Senftenberg	독일	강제수용소	1933. 06-1933. 08	265	-
Sered	슬로바키아	운송집결지/임시수용소	-	-	-
Skrochowitz	체코	전쟁포로수용소 (주데텐 지방)	1939. 09-?	-	폴란드인/유대인
Sobibor	폴란드	멸절수용소 (Aktion Reinhardt)	1942. 05-1943. 10	-	250,000
Sonnenburg	폴란드	강제수용소	1933. 04-1934. 04	1,000	-
Stutthof	폴란드	강제수용소	1939. 09-1945. 05	110,000	65,000
Theresienstadt	체코	비밀경찰 교도소/ 운송집결지/임시수용소	1940. 06-1945. 05 1941. 11-1945. 05	32,000 140,000	2,500 35,000
Treblinka	폴란드	멸절수용소 (Aktion Reinhardt)	1942. 07-1943. 11	-	700,000-1,100,000
Uckermark	독일	청소년 강제수용소 (청년 여성)	1942. 06-1945. 04	불명	불명
Wasseturm, Berlin-Prenzlauer Berg	독일	나치스 돌격대(SA)/ 강제수용소	1933. 06 월까지	-	-
Vaivara	에스토니아	강제수용소	1943. 09-1944. 03	20,000	950
Vechta	독일	보호감호소	1933. 07. 10- 1934. 07	100	-
Warschau	폴란드	강제수용소	1943. 07-1944. 07	40,000	20,000
Weltzheim	독일	보호감호소/ 비밀경찰 주둔지	1935-1945. 04	최소 2,000	7
Westerbork	네덜란드	운송집결지/임시수용소	1939. 10-1945. 04	102,000	-
Wittmoor	독일	나치스 돌격대(SA)/ 강제수용소	1933. 03-1933. 10	-	-

에서 체포하였고, 합법적인 판결 과정이 없이 구금할 수 있었다. 1933년 3월부터 4월까지 이미 약 35,000여 명이, 경찰이나 나치스 돌격대 혹은 나치스 친위대에 의하여 변호사의 배석조차도 없고 재판을 거치지도 않은 채 수용소에 강제적으로 보호감호 처리되었다. 이러한 국가적인 범죄의 희생자에는 주로 공산주의자, 사회민주주의자, 노동조합원, 기타 나치당의 반대 세력 등이 포함되었다. 그들은 자신의 고향에 있는 지하실이나 임시방편으로 사용한 구금시설 혹은 경찰서나 교도소 시설 등 최소한 70여 곳의 수용소에 감금되어 고문당하였다. 그 가운데 수백 명의 수감자들이 법정이 판

결 과정이 없는 가운데 무참하게 죽임을 당하기도 하였다.

이처럼 경찰서, 사법관청, 나치스 돌격대 혹은 나치스 친위대 등 초기의 다양한 강제수용 시설의 책임자들은 주도권을 잡기 위하여 서로 치열한 경쟁을 하였다. 이와 관련하여 1934년 여름까지는 나치스 친위대가 선도적인 역할을 담당하였다. 특히 테오도어 아이케(Theodor Eicke, 1892-1943)는 나치스 친위대 대장과 강제수용소의 감독관을 역임하였으며, 1933년 3월부터 뮌헨 근교에 위치한 다흐아우 강제수용소 부대의 사령관을 맡기도 하였다. 그는 1934년 7월 4일 힘러에게 전권을 위임받아 과거의 구금시설 가운데 많은 부분을 폐쇄하였고, 다흐아우 강제수용소를 표본으로 하여 통일된 행정조직과 형벌규정을 정립하는 등 모든 수용소의 구조적 개편을 체계적이고 대대적으로 단행하였다. 또한 아이케는 강제수용소의 시스템 개혁을 통하여 사법권이나 행정권의 영향력 행사를 차단하고자 하였으며, 수용소의 재조직화는 1935년 봄에 완료되었다. 이에 따라서 수용소는 다흐아우, 에스터베겐(Esterwegen), 리히텐부르크(Lichtenburg), 자흐젠부르크(Sachsenburg), 줄차(Sulza)와 베를린의 콜롬비아 하우스(Columbia-Haus)에 각각 설치되었다. 그곳의 수감자들은 대부분 가건물로 된 막사에 거주하였고, 종종 의도적으로 그들을 괴롭히기 위하여 신체적으로 막중한 노동에 강제적으로 동원되었다. 수감자들은 다양한 석방 사유와 교도소로의 이감 등을 통하여 1935년에는 약 3,000여 명으로 감소되기도 하였다.

정치적 야당 세력을 축출하고 나치스 친위대 주도의 강제수용소의 존속 등 자신의 정치 이념의 원칙을 선언한 히틀러는 강제수용소 시설을 급진적인 나치정권의 인종 정책의 실천을 위한 도구로 점점 확대 운영하였다. 비밀경찰(Gestapo)과 형사들이 인종적 혹은 사회적 다윈주의를 근거로 하여 이른바 국민공동체(Volksgemeinschaft)에 대하여 소위 "해롭게 하는 자"로 분류되고 박해를 받았던 사람들도 마찬가지로 강제수용소로 끌려갔다.

나치 정권은 이른바 예방구금규정(Vorbeugehaftbestimmung)을 점진적으로 확대 적용하여 상습범, 성범죄자, 반사회적 위험분자 등까지도 체포할 수 있도록 하였다. 이러한 인종주의적인 국가 정책의 정점은 1938년 소위 "노동 기피 왕국 작전(Aktion 'Arbeitsscheu Reich')"에서 찾을 수 있다. 이때 일제 검거령에 의해 약 1만 명 이상이 구금되었는데, 대부분이 유대인, 진티(Sinti)와 로마(Roma)로 구분되는 집시족 등이었다. 그리고 여호와의 증인이나 동성연애자 등 점점 새로운 희생자들이 포함되었다. 또한 1938년부터는 오스트리아, 체코슬로바키아, 슐레지엔과 보헤미아 사이의 주데텐(Sudeten) 지역 출신의 정적들까지도 강제수용소 구금 대상자에 포함시켰다. 강제수용소의 구금자 수는 1938년 말에 총 54,000여 명에까지 이르렀는데, 그 가운데 약 30,000여 명이 1938년 11월 폭동(Novemberpogrom) 이후에 체포되어 특히 나치스 친위대 대원들에 의하여 무자비하게 다루어졌던 유대인들이었다.

1936년부터 집중적으로 강조된 전쟁준비는 계속하여 강제수용소 시설 체계의 재구조화와 확대로 이어졌다. 일부 군 주둔지역에 있었던 기존의 수용소 시설은 다흐아우를 제외하고는 모두 폐쇄하였다. 그 대신에 수감자들의 노동 투입의 효용성에 따라 더 크고 새로운 수용시설이 지역적으로 건립되었다. 이에 1936년에 자흐젠하우젠을 비롯하여 1937년 부헨발트, 1938년 프로센뷔르크와 마우트하우젠, 1939년 라벤스브뤼크(Ravensbrueck) 등지에 각각 새로운 수용시설이 설립되었으며, 다흐아우 시설은 더 확대된 강제수용소로 변모하였다.

아울러 강제수용소는 점점 더 강제노동시설로 변해 가는데, 나치정권은 나치스 친위대의 무력을 이용하여 수용소 수감자들의 노동력을 군사적 혹은 민간의 건설 현장에서 착취하였고, 권력자들 자신의 위치를 더욱더 공고히 하는 도구로 사용하였다. 더군다나 수용소 수감자의 약 1/3은 노동노예로서 수용소의 부설 작업장, 나치스 친위대 소속의 벽돌 제작 공장 혹은 채

석장에서 혹사를 당하였다. 제2차 세계대전 개시까지 강제수용소의 경비병은 2,000여 명이었는데, 1935년 초에는 24,000여 명으로 급증하였다. 이처럼 강제수용소는 경제적인 착취의 장소이며 정치적 또는 인종주의적인 정책 실현을 위한 제도화된 억압 도구로 사용되었다.

제2차 세계대전이 발발하자마자 독일의 비밀경찰(Gestapo)과 형사들은 독일의 전쟁 반대자들 수천 명에 대한 대대적인 체포 작전에 돌입하였다. 아울러 독일군이 점령한 지역에서도 독일경찰은 더욱더 가혹하게 행동하였는데, 수천 명의 정적들과 유대인 수감자들이 강제수용소 시설로 끌려갔다. 특히 폴란드에서는 점령지 지배의 수단으로 일제 검거가 임의대로 자행되었다. 제2차 세계대전 이후에 수감자의 수가 급증함에 따라서 현존하는 강제수용시설의 수용 능력이 월등히 부족하여 독일뿐만 아니라 점령지역에도 신설 수용소를 건립했음에도 불구하고 대부분 관리 환경 전반이 재앙수준으로 대단히 비참하였다. 그 당시 강제수용소의 수감자 가운데 특히 동유럽 출신의 재소자들이 많은 비율을 차지하였는데, 이들은 나치의 인종 이데올로기에 따라서 이른바 열등한 인종, 슬라브인(slawische Untermenschen)으로 분류되어 더욱더 열악하게 취급되었다.

강제수용소의 수감자 사망률은 가파르게 증가하였는데, 이는 살인적인 조건과 환경, 강제노역이 한 몫을 차지하였다. 다흐아우의 경우 1938년에 약 4%였던 수감자 사망률이 전쟁 전반부에는 36%를 육박하였다. 동시에 수감기간 동안에 생존 기회와 생존 확률은 전쟁개시부터 출신이나 인종여부가 결정적인 요인으로 작용하였다.

히틀러가 비밀경찰에게 법정의 사형판결 없이 처형할 수 있는 권한을 부여한 보안경찰 규정(sicherheitspolizeiliche Bestimmungen)의 강화로 말미암아 강제수용소는 1939년부터는 사형집행소로도 이용되었다. 이와 관련하여 함부르크에 소재한 노이엔감메(Neuengamme) 강제수용소에서만 약 2,000여 명의 수감자들이 처형되었다.

히틀러와 민족사회주의자들은 소련에 대한 기습공격과 독일의 전격전 실패 이후인 1942년 가을에 군수산업 분야에 수감자들의 노동력을 총체적으로 투입할 것을 결정하였다. 이를 위하여 힘러는 이미 1942년 3월에 강제수용소의 구조적 변모를 꾀하였으며, 전쟁 물자를 더 많이 생산하기 위하여 특히 동부유럽에서 점점 더 많은 사람들이 강제수용소로 이송되어 잔인한 노동에 투입되었다. 이에 1943년 초반 8개월 동안에만 전체 22만여 명의 수감자 가운데 약 6만여 명이 강제노동, 영양실조 혹은 전염병으로 숨졌다. 1944년 8월까지 등록된 수감자 수는 52만 4,000여 명으로 급증했으며, 이 중 약 10%만이 독일인이었다. 아울러 노동력 투입의 폭발적인 수요증가와 더불어 수용시설의 체계도 변화를 맞이하였다. 1944년까지 22개의 강제수용소가 설립되었는데, 1943-44년 겨울부터 이미 1,200여 개 이상의 지소 및 부속시설들을 광범위하게 갖추고 있었다. 특히 부속시설들은 대부분 전쟁에 긴요한 국가 혹은 민간의 생산시설 근처에 위치하도록 하였다. 아울러 강제수용소의 재소자들은 1942년 가을부터는 연합국의 공습에 의하여 파괴된 건물의 정리정돈 및 건축 작업에 집중적으로 투입되었다.

히틀러와 민족사회주의자들은 수용소 재소자들에 대한 노예 노동의 확대와 더불어 강제수용소는 소련에 대한 멸절 전쟁을 비롯하여 질환자, 장애인, 유대인 및 집시민족에 대한 조직적인 대량 학살 만행 등 급진적인 인종정책의 실행에도 깊이 관계하였다. 전쟁포로 수용소에서 공산주의자, 유대인 등으로 분류된 최소 약 5만여 명의 소련 전쟁포로들이 강제수용소로 이감된 후에 처형을 당하였다. 그리고 제2차 세계대전 후반기에는 거의 모든 강제수용시설에서 나치스 친위대 소속 의료진들에 의해 계획적인 대량 살해행위가 이루어졌고, 희생자들 중 셀 수 없을 정도의 많은 사람들이 잔혹한 의학적인 인체실험으로 인하여 죽음을 맞이하였다.

1942년에 유대인, 집시족 등에 대한 조직적인 민족말살 정책은 폴란드의 첼름노, 벨첵 및 트렙린카 지역에 설치된 이른바 멸절수용소에서뿐만 아니라,

폴란드의 아우슈비츠나 루브린(Lublin) 지역의 강제수용소에서도 1942년부터 조직적인 집단학살이 자행되었다. 이곳에서 나치스 친위대 부대원들은 강제노동을 통하여 멸절시키고자 했던 “노동 가능자(Arbeitsfaehigen)”와 강제수용소 도착 이후에 즉시 가스실에서 대량 학살할 대상이었던 어린이, 노인 및 허약자 등 이른바 “나머지들(Uebrigen)”로 분류하는 작업에 참여하였다. 이처럼 강제수용소와 멸절수용소를 주축으로 수백만 명에 대한 대량 학살이 이루어졌다.

1944-45년에 이르러 강제수용소는 극도로 처참한 모습을 보이게 되는데, 나치 정권의 형사와 비밀경찰 등이 피폐해진 전시(戰時) 사회 가운데서 모든 저항의지를 꺾기 위하여 다시 한번 대대적으로 무차별적인 검거작전을 펼쳤기 때문이다. 강제수용소의 구금자 수는 1944년 8월을 기준으로 약 52만 4,000명에서 1945년 초에는 71만 4,000명으로 대폭 증가하였다. 동시에 수용소에서의 생존기회는 극적으로 악화되었는데, 이는 각 수감자들에 대한 관리가 최저 생계를 위한 기준 이하의 환경에 처해졌기 때문이었다. 특히 독일의 하노버 근교에 설치된 베르겐 벨젠(Bergen-Belsen) 수용소와 같이 전염병 등으로 격리 구역에 있거나 혹은 임종직전에 있는 허약한 수감자들은 보호나 특별한 조치가 없는 가운데 고통스러운 죽음에 내몰렸던 것이다.

제2차 세계대전 말미에는 독일전선이 점차 무너지면서 나치스 친위대들은 결국 수감자들을 강제수용소에서 다른 곳으로 옮기기도 하였는데, 이때 모든 관련 서류와 고문도구 혹은 혈흔 등을 제거하는 치밀함도 보였다. 또한 당시 독일군의 행군로가 연합국에 의해 봉쇄되어 강제수용소의 수감자들은 나치스 친위대의 감시 하에서도 몇 주 동안 아무런 관리 조치 없이 매우 혼란스러운 상태에 빠지기도 하였다. 나치정권은 강제수용소를 떠나 이동해야 하는 수감자들 중 행군이 불가능한 자들은 사살하였다. 이 과정에서 수감자의 최소한 1/3은 전쟁이 끝나기 전에 이른바 “죽음의 행군(Todesmaerschen)”

이나 수송차량 안에서 혹은 지나치게 과밀한 수용소 안에서 비참한 최후를 맞이하였다.

한편 강제수용소의 수감자들은 연합군의 진격에 따른 나치스 친위대 경비병들의 도주 이후에 드디어 해방을 맞이하였다. 1945년 5월 5일 가장 마지막으로 자유를 찾은 수용시설은 마우트하우젠에 소재한 강제수용소와 그 부속시설인 에벤제(Ebensee)였다.

6. 장애인 정책에 대한 저항 운동

1) 갈렌 추기경

독일 로마가톨릭의 주교였던 갈렌은 1878년 3월 16일 독일 니더작센 주의 북서쪽에 위치한 딩크라게(Dinklage)에서 출생하였다. 1933년부터 1946년까지 뮌스터 지역의 주교였다. 그는 나치 정권 당시에 이른바 "살 가치가 없는 목숨"으로 분류된 장애인 등을 주 대상으로 자행된 안락사에 대하여 공개적으로 저항하였다. 1946년에는 추기경으로 추대되었으며, 2005년에 복자위(福者位)에 올랐다. 갈렌은 대대로 귀족 혈통 집안의 출신으로서 독일제국 국회의원이었던 아버지 페르디난트 헤리버트 그라프 폰 갈렌(Ferdinand Heribert Graf von Galen, 1831-1906)과 어머니 엘리자베트 프리데리케 폰 쉬페(Elisabeth Friederike von Spee, 1842-1920)의 13명의 자녀들 가운데 11번째로 태어났다. 그의 부모는 자녀들을 매우 엄격하게 신앙, 규칙, 정확성과 근면성을 기본바탕으로 하는 가정교육으로 양육하였다. 그는 1891년 어머니로부터 수호성인의 날에 인생의 유한성을 인식하고, 또한 하나님을 위해 어떤 일을 하기 위해서는 하루도 헛된 시간을 보내지 않아야 한다는 교훈 등 특별히 금욕주의적인 인생의 기본태도를 익히게 되었다(Bautz, 1990).

그는 종교지도자로서 철저히 자기 자신과 권력에 대한 의식을 자각하였

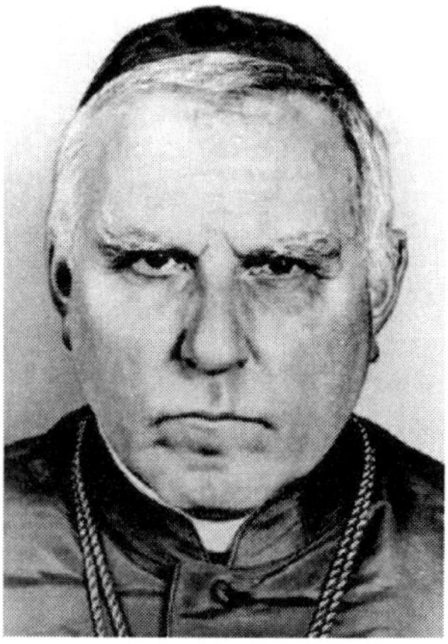
클레멘스 아우구스트 그라프 폰 갈렌

는데, "사랑하는 하나님께서는 나에게 '검은 것은 검다'라고, 그리고 '흰 것은 희다'라고 말할 수 있는 의무를 다하도록 이 자리를 주셨다"라며 소명의식을 언급하였다. 또한 갈렌은 귀족 가문 출신으로 가톨릭 신앙과 권위자에 대한 순종을 철저히 삶의 기준으로 여기며 성장했다. 그러나 교회역사학자인 후버트 볼프(Hubert Wolf, 1959-현재)에 의하면, 이러한 그의 신념은 오히려 그의 삶의 오랜 기간 동안 주교로서 중대한 시련으로도 작용하였다. 왜냐하면 모든 가톨릭 주교들은 서임(敍任) 시에 히틀러 정권 하에서 국가에 대한 충성서약을 실시했기 때문이었다. 이에 갈렌은 늘 "내가 계속 순종을 해야 하는지, 아니면 언젠가는 순종에 대하여 저항 행동을 해야 한다는 양심의 목소리를 크게 내어야 하는지..."와 같은 질문을 하였다고 한다.

갈렌은 훗날 정치인이 된 자신의 동생 프란츠 폰 갈렌(Franz von Galen, 1879-1961)과 함께 부모의 고향인 딩크라게 성(城)(Dinklage Burg)에서 가정교사에게 수업을 받았다. 1890년부터는 가톨릭 예수회에서 운영하는 오스트리아의 펠트키르쉬(Feldkirsch)에 있는 기숙학교인 쉬텔라 마투티나(Stella Matutina)에서 그의 동생인 프란츠(Franz)와 사촌동생이며 대농장 소유주인 에마누엘 폰 갈렌(Emanuel von Galen, 1877-1950)이 함께 수학을 하였다. 1897년 5월에 갈렌은 스위스의 프라이부르크(Freiburg) 대학교에서 철학, 역사, 문학 등의 학업을 시작하였다. 1898년에 3개월간의 이탈리아와 로마 여행 기간 중 교황 레오 13세(Leo XIII, 1810-1903)와의 개인적인 접견은 사제가 될 결심을 하는 계기가 되었다. 이어서 1899년에 인스브루크(Insbruck)에 있는 카니지아눔(Canisianum) 예수회 국제

신학생 기숙사로 들어갔다. 그곳 대학교에서 그는 철학 전공을 계속하였고, 동시에 신학을 시작하였다. 그러나 1903년 부활절에 갈렌은 다시 뮌스터 대학교로 가서 가톨릭 신학부로 바꾸었다. 그곳에서 1904년 로마 가톨릭 신학자이자 주교인 헤르만 야콥 딘겔쉬타트(Hermann Jakob Dingelstad, 1835-1911)를 통하여 사제서품을 받았다(Bierbaum, 1964).

그는 1904년 6월 16일부터 대성당의 보좌 신부와, 그의 삼촌이며 보좌주교였던 막시밀리안 게레온 그라프 폰 갈렌(Maximilian Gereon Graf von Galen, 1832-1908)의 보좌 신부로 활동하였다. 1906년 4월 23일부터는 베를린의 성 마티아스(Matthias) 교회에서 보좌 신부와 그 지역 사제회의 책임자를 역임하였다.

이후 그는 1911년 3월 24일 새롭게 지은 가톨릭 교회와, 헤센 주에 있는 성 클레멘스 마리아 호프바우어(Clemens Maria Hofbauer) 교회의 지도 신부직을 위임받았다. 이어서 1919년 12월 21일부터 성 마티아스 교구의 신부로 재직하였다. 또한 1925년에 제국대통령선거에서 가톨릭 정당인 중앙당(Zentrum)의 후보자였던 법률가이자 정치인 빌헬름 막스(Wilhelm Marx, 1863-1946)를 지지하지 않고, 1925년부터 1933년 초까지 바이마르 공화국의 2대 대통령이었던 파울 폰 힌덴부르크(Paul von Hindenburg, 1847-1934) 후보를 지지하였다. 1929년에 뮌스터로 다시 돌아와서 4월 24일부터 오랜 전통을 가진 시(市) 자치제 가톨릭교회인 성 람베르티(Lamberti)의 신부로 활동하였다.

1933년 그는 뮌스터의 주교로 임명되었는데, 이는 교황청과 국가 간의 종교협약인 이른바 제국화친조약(Reichskonkordat)이 공포된 이후 최초의 취임이었다. 사실 히틀러는 권력을 잡은 후에 가톨릭에 대해서는 민족의식이 결여되었다는 비판적인 입장을 갖고 있었다. 그러나 표면적으로는 정권 초기에 교회와 평화적인 관계를 맺기를 바랐으며, 가톨릭 역시 구교와 교회학교를 지키기 위하여 히틀러 정권과 타협을 하고 지지하였다. 그러나 히틀러 정권은 1933년 7월 14일 "차세대 유전성질병 예방법" 공포를 시작으로 가톨릭 단체를 해산시키고, 신부, 수녀 및 종교 지도자들을 체포·구금하는 등 가톨릭교회를 점점 더 거세게 억압하기 시작하였다. 이에 교황 피우스 11세(Pius XI, 1857-1939)는 1937년 3월 14일에 서명하고 3월 21일에 독일어로 출판된, 교황의 교서인 "극심한 염려로(Mit brennender Sorge)"를 발표하였다. 이러한 교황의 소식지는 당시 독일제국주의 시대의 로마 가톨릭 교회의 어려운 상황을 다루었으며, 민족사회주의 정치와 이념은 종교 탄압 정책이라고 신랄하게 비판하였다(Kuropka, 2015).

한편으로 갈렌은 공산주의를 가장 큰 악으로 간주하였기 때문에 소비에트 공산주의 이데올로기인 볼셰비즘, 특히 소련에 대한 기습을 십자군 전쟁 혹은 성전(聖戰)의 일종으로 정당화하기도 하였다. 그러나 근본적으로는 1936년부터 1945년까지 여러 번 공개적으로 민족사회주의자들의 이념과 정책을 노골적으로 심판하였다. 그가 그때 체포되지 않은 것은 갈렌이 속한 주교구의 가톨릭 신자들의 공로였다. 그는 이에 대하여 감사를 표하며, "그들이 뒤에서 나를 저항의 자리로 보냈고, 이 사실을 당시의 집권자들은 이미 알았다. 만일 그들이 그 당시 나를 물리력으로 공격했다면, 모든 국민들은 자신이 당한 것처럼 느꼈을 것이다"라고 소회를 밝히기도 하였다(Portmann, 1947).

1938년 11월 9-10일에 이른바 "유대인 학살의 밤(Pogromnacht)" 사건이 계획적으로 발생하였다. 이는 다른 말로 "크리스탈의 밤(Kristallnacht)" 혹은 "제국의 유대인 학살의 밤(Reichspogromnacht)"이라 불리는데, 민족사회주의 정권에 의하여 독일제국에 거주하는 모든 유대인에 대한 조직적인 탄압을 위한 강압수단을 의미하였다. 1938년 11월 7일부터 13일까지 약 400여 명의 유대인들이 살해를 당하거나 급기야는 자살로 내몰렸다. 약 1,400여 개의 유대인들의 교회당을 비롯하여 기도 시설, 회의실 및 가게, 가정집, 공동묘지 등이 파괴되었다. 11월 10일부터는 3만여 명의 유대인들이 강제수용소에 구금되었고, 그 가운데 수많은 사람들이 살해되거나 혹은 구금의 결과로 사망에 이르렀다. 이 사건은 1933년부터 자행한 독일 내 유대인들에 대한 적대행위의 한 과정에 불과했으며, 이는 결국 약 3년 후 체계적인 대량 학살인 홀로코스트로 이어졌다(Herbst, 1996).

이 사건 이후에 갈렌은 공개적으로 유대인 교회의 편에 서겠다고 제안하였다. 물론 유대인들의 관점에서는 이러한 입장표명으로 인하여 또 닥칠지 모르는 계속적인 보복을 두려워했기 때문에 결과적으로는 성사되지 못하였다.

전쟁 중에서도 갈렌과 민족사회주의자들의 갈등은 점점 심화되었는데, 당시 히틀러의 대리인이었던 루돌프 헤스(Rudolf Hess, 1894-1987)의 참모장이자 후에는 히틀러의 개인비서였던 마틴 보르만이 1941년 1월 13일 비밀리에 이른바 "수도원의 폭풍(Klostersturm)"이라 불리는 수도원 폐쇄 명령을 하달하였다. 이에 약 200여 개 이상의 수도원이 민족사회주의당에 압류되었고, 독일 내 가톨릭 수도회에 대한 약탈 및 탄압행위가 시작되었다. 아울러 많은 수도원들이 민족사회주의자들이 사용하는 시설로 바뀌었고 수도사와 수녀들이 추방되었다. 이러한 행동에 대하여 갈렌 주교는 1941년 7월 13일 자신의 설교에서 공개적으로 지탄하였다(Mertens, 2006).

또한 갈렌은 안락사 프로그램도 마찬가지로 매우 신랄하게 비판하였는데, 이미 약 10만 명의 장애인들이 독가스로 희생되었고 갈렌은 히틀러 정부를 살인혐의로 고발하였다. 그는 1941년 8월 3일 설교에서 "결코 어떤 상황이나 어떤 경우에서도 전쟁이나 위급 시 정당방어 외에는 무고한 사람을 죽여서는 안 된다"라고 갈파하였다. 이어서 그는 "만일 비생산적인 사람들이 폭력적으로 제거되어야 한다면, 그 바람은 고향으로 돌아간 중상을 입은 전상자, 불구자, 상이군인 등 우리의 용감한 군인들에게도 불어닥칠 것이다"라고 변론하였다. 그 후 3주 뒤에 사회적인 거센 항의로 인하여 장애인에 대한 살인행각이 일시적으로 중단되었지만, 안락사 프로그램은 나중에 다시 엄격하게 비밀을 유지하며 소규모로 계속 진행되었다(Portmann, 1948).

갈렌은 그 당시 '뮌스터의 사자(Loewe von Muenster)'라는 별명으로 유명 인물이 되었고, 가톨릭 신자들은 그의 설교를 받아쓰거나 인쇄하여 퍼트리기도 하였다. 그럼에도 불구하고 민족사회주의자들은 뮌스터의 갈렌 주교를 단호하게 조치하지 못하였다. 히틀러 정권은 전쟁 중에는 베스트팔렌(Westfalen) 지역의 가톨릭 신자들을 자극하기를 원하지 않았기 때문이었다. 대신에 그들은 신부, 인쇄업자 및 추종자들을 강제수용소로 끌고 갔고, 많은 사람들이 수용소에서 목숨을 잃었다. 1946년 2월 18일 그는 교황 피우스 12세(Pius XII, 1876-1958)로부터 추기경 사제로 임명되어 추기경단(團)에 들어가게 되었다(Klocke, 1978). 얼마 후인 1946년 3월 19일, 그는 극심한 복통으로 뮌스터에 있는 성 프란치스쿠스(Franziskus) 병원에 이송되었지만, 같은 달 22일에 맹장염으로 결국 68세의 일기로 숨을 거두었다. 그의 마지막 유언은 "예, 그렇습니다. 하나님의 뜻대로. 하나님께서 당신들에게 보상을 주시길. 하나님께서 사랑하는 조국을 지켜주시길. 그를 위해 계속적으로 일하는... 오, 당신은 사랑하는 구세주!"이었다. 최근 자료에 의하면 히틀러 정권은 갈렌을 교수형에 처하기로 결정했으나, 제2차 세계대전에서 승리할 때까지 이를 유보하였다고 한다(Trautmann/Daldrup/Marliani-Eyll, 2012).

2) 본회퍼 목사

신학자였던 디트리히 본회퍼(Dietrich Bonhoeffer) 목사는 1906년 2월 4일 오늘날 폴란드의 남서쪽 지역에 위치한 브레스라우(Breslau)에서 8명의 아이들 가운데 여섯 번째로 쌍둥이 여동생인 자비네(Sabine)의 오빠로 태어났다.

디트리히 본회퍼

그의 부친은 독일 정신과 의사이자 신경과 전문의인 칼 본회퍼(Karl Bonhoeffer, 1868-1948)였다. 칼 본회퍼는 1887년부터 1892년까지 에버하르트 칼 튀빙엔(Eberhart Karl Tuebingen) 대학교를 비롯하여 프리드리히 빌헬름 베를린(Friedrich-Wilhelm Berln) 대학교 및 루드비히 막시밀리안 뮌헨(Ludwig Maximilian Muenchen) 대학교에서 의학을 전공하였다. 그는 1892년에 튀빙엔 대학교에서 파울 그뤼츠너(Paul Gruetzner, 1847-1919) 지도교수 아래에서 의학박사 학위를 수여받았다. 독일 나치 정권(1933-1945) 시대에는 베를린에 소재한 자선병원의 정신과 및 신경과의 정교수로 활동하였으며, 1936년 정년퇴임 후에는 환자의 유전성 건강 관련 심사자로 참여하였다. 1934년부터 1941년 12월까지 최소한 68명의 환자 소견서를 작성하였는데, 그중 거의 절반의 환자를 불임수술 대상자로 추천하였다고 한다. 또한 1941년 12월 9일 고트프리트 히르쉬베르크(Gottfried Hirschberg)를 "절반의 유대인(Halbjuden)"이라고 분류하여 강제 불임수술을 추천한 심사자이다. 그러나 히틀러와 민족사회주의자들의 정신질환자들에 대한 안락사 프로그램에 대한 그의 태도와 행동은 다양하게 평가된다. 몇몇 역사학자들의 견해에 의하면 칼 본회퍼는 강제불임수술이나 안락사에 거리를 두었고, 이에 당시 안락사 프로그램의 책임자들이나 혹은 그 반대자들과 만나 항의하기도 하였다는 것이다. 아울러 그의 전기(傳記)에 나오는 진술에 의하면 법적 의무에도 불구하고 환자들과의 상담을 통한 불임수술 해당자들을 관계 당국에 신고하지 않았다고 한다(Ackermann, 2005).

아울러 개신교 신학자이며 고백교회(Bekennende Kirche, BK)의 회원이었던 그의 아들 디트리히 본회퍼(Dietrich Bonhoeffer)는 1943년 4월 5일 체포되어 전쟁이 끝나기 전인 1945년 4월 9일 뉘른베르크 근교의 플로센뷔르크 강제수용소에서 저항운동 혐의로 교수형에 처해졌다. 그뿐만 아니라 같은 날 칼 본회퍼의 사위, 즉 딸 크리스티네(Christine Bonhoeffer, 1903-1965)의 남편이었던 법률가 한스 폰 도나뉘(Hans von Dohnanyi, 1902-1945)도 디트리히 본회퍼와 같은 혐의로 작센하우젠 강제수용소에서 처형을 당하였다. 또한 그의 아들이자 법률가였던 클라우스 본회퍼(Klaus Bonhoeffer, 1901-1945)와, 그의 딸인 우어줄라(Ursula Bonhoeffer, 1902-1983)의 남편이자 법률가였던 사위 뤼디그 슈라이허(Ruediger Schleicher, 1895-1945)도 동일한 혐의로 1945년 4월 23일 나치스 친위대에 의하여 베를린 레어터(Lehrter) 기차역 근처에서 함께 살해되었다(Kretschmar, 1983).

디트리히 본회퍼의 어머니 파울라 본회퍼(Paula Bonhoeffer, 1876-1951)는 교사였으며, 개신교 신학자였던 칼 폰 하제(Karl von Hase) 및 독일의 화가였던 에두아르드 슈타니스라우스 그라프 폰 칼크로이트(Eduard Stanislaus Graf von Kalckreuth, 1820-1894)의 손녀였다.

디트리히 본회퍼의 사촌이자 법률가인 아르비드 하르낙(Arvid Harnack, 1901-1942)과 영화감독이었던 팔크 하르낙(Falk Harnack, 1913-1991)도 민족사회주의를 적극적으로 반대하는 투쟁자들이었다. 디트리히 본회퍼는 상류층 가정에서 성장하였는데, 종교적인 문제와는 거리가 먼 아버지와는 달리 그의 어머니는 자녀들에게 특히 기독교 교육을 철저히 실시하였으나 가족들은 가끔씩 예배에 참여하였다(Bethge, 2004).

그의 가족은 아버지가 베를린 프리드리히 빌헬름(Friedrich Wilhelm) 대학교 교수로 초빙되어 1920년에 베를린으로 이사했다. 그의 쌍둥이 누이동생의 표현에 의하면 오빠 본회퍼는 제1차 세계대전이 끝날 무렵인 1918년 4월에 둘째 형인 발터 본회퍼(Walter Bonhoeffer, 1899-1918)의 전사(戰死)와 그에 따른 어머니의 큰 슬픔으로 죽음과 영원의 문제에 대해서 심각하게 고민하기 시작하였다고 한다. 학창시절에 본회퍼 목사는 독일 개신교 신학자이자 교육학자이며 철학자인 프리드리히 슐라이허마허(Friedrich Schleiermacher, 1768-1834)의 『종교에 대한 이야기*Reden ueber die Religion*』와 개신교 신학자이며 자유주의 정치가였던 프리드리히 나우만(Friedrich Naumann, 1860-1919)의 『종교에 대한 편지들*Briefe ueber Religion*』을 읽었으며, 교회사를 연구하기도 하였다(Buchheim, 1955).

그리고 독일 김나지움(Gymnasium)의 상급학년(12-13학년)에서는 선택과목으로 히브리어를 선택하였고, 희망 직업으로 개신교 신학자를 기록하였다. 이에 대해 가족들은 놀랐지만, 그의 계획을 지지하고 지원하였다. 1923년 그는 17살의 나이로 베를린의 그뤼네발트 김나지움에서 독일의 고등학교 졸업시험이자 대학입학자격 시험인 아비투어에 합격하였다.

이어서 본회퍼 목사는 튀빙겐에서 신학을 전공하기 시작하였으며, 철학 강의를 추가 수강하였다. 이후에는 로마에서 수학하였고 1924년 베를린으로 돌아왔다. 그곳에서 그는 독일의 개신교 신학자이자 교회 사학자였던 아돌프 폰 하르낙(Adolf von Harnack, 1851-1930) 등 중요한 인물들을 만났다. 동시에 그는 변증법적 신학(Dialektische Theologie)과 이것의 대표자이며 스위스 개혁교회 목사이자 유명한 신학자인 칼 바르트(Karl Barth, 1886-1968)의 사상에 깊이 들어갔다. 이는 그리스도교의 종말론적 특성과 계시의 초월성을 회복하려는 신학적 비판운동이며, 자유주의 신학의 인간중심성과 역사주의에 기초를 둔 문화적 · 종교적 경향을 배격하고, 정통주의적 그리스도교 신학과 신앙으로 복귀하려는 사상이었다. 그는 하나님의 초월성, 신과 인간의 질적인 차이, 하나님 나라와 역사적 유토피아의 질적 차이를 강조했다. 다시 말하자면, 변증법적 신학은 종교 개혁자들의 "오직 그리스도(Solus Christus)", "오직 은혜(Sola Gratia)", "오직 믿음(Sola Fide)", "오직 성경(Sola Scriptura)", "오직 하나님께 영광(Soli Deo Gloria)"이라는 개신교의 기본적인 믿음 체계와 신학원리를 회복하고자 노력하였다. 디트리히 본회퍼 목사는 항상 칼 바르트와 그의 신학 사상에 많은 공감대를 형성하고 있었다(Kaltenborn, 1985).

1927년, 21세 때에 본회퍼 목사는 베를린 대학교에서 조직신학 교수였던 라인홀트 제베르크(Reinhold Seeberg, 1859-1935) 지도하에 "성도의 교제(Sanctorum Communio, Gemeinschaft der Heiligen)"라는 논문으로 최우수(summa cum laude) 성적으로 박사학위를 취득하였다. 그는 칼 바르트 외에도 독일의 철학자이자 관념론자였던 게오르크 빌헬름 프리드리히 헤겔(Georg Wilhelm Friedrich Hegel, 1770-1831), 독일의 사회학자였던 막스 베버(Max Weber, 1864-1920) 및 독일의 개신교 신학자이며 자유주의 정치인이었던 에른스트 트뢸취(Ernst Troeltsch, 1865-1923) 등의 신학-사회학적인 성찰과 사상에 많은 영향을 받았다.

1928년 본회퍼 목사는 스페인의 바르셀로나(Barcelona) 소재의 독일 개신교 교회의 부목사로 일 년 동안 목회활동을 하였다. 이어서 1929년에는 24세의 나이로 "행위와 존재(Akt und Sein)"라는 논문으로 교수자격을 취득하였다. 25세부터 목사안수가 가능한 교회법에 따라서 1년 후에 목사안수를 받았으며, 진보성향의 신학교인 뉴욕시에 있는 유니언 신학교에서 1년 동안 교환학생으로 머물렀는데 이때 본회퍼 목사는 스위스계 프랑스의 개신교 신학자이며 평화주의자인 장 라세르(Jean Lasserre, 1908-1983)의 영향으로 그리스도의 산상수훈에 신학적 강조점을 바탕으로 기독교 평화주의자가 되었다. 그리고 1931-32년 겨울학기에 베를린 대학교 신학부의 강사로 임명되어 "20세기의 조직신학의 역사(Geschichte der systematischen Theologie des 20. Jahrhunderts)"와 "철학사상과 개신교 신학(Die Idee der Philosophie und die protestantische Theologie)" 등을 강의하였다(Kretschmar, 1983).

그는 1931년 11월 15일 베를린의 성 마태우스 교회(St. Matthaeus-kirche)에 목사로 정식 취임했다. 그는 좋은 설교자로서 교회들 가운데서 빠르게 알려졌다. 아울러 그는 베를린에서 개최된 3주간의 세미나에서 처음으로 칼 바르트를 개인적으로 만났다. 그 후에도 두 사람은 몇 번 더 만나 신학사상을 서로 나누며 호감을 가졌으며, 기본적으로 정치적, 신학적 입장에서 매우 가까워졌다(Marsh, 2015).

1933년 1월 30일에는 민족사회주의자들이 권력을 장악한 후, 본회퍼는 2월 1일에 "지도자 개념의 변화(Wandlung des Fuehrerbegriffes)"라는 제목으로 라디오 강의를 하였다. 여기에서 그는 법치국가의 규정과 국민의 복지를 통하여 수상직의 총체적인 권력에 대한 제한을 요구하였다. 이에 라디오 중계방송은 민족사회주의적 "총통 전권주의(Fuehrerprinzip)"와 히틀러 숭배에 대한 분명한 비판으로 간주되어 즉시 중단되었다.

그뿐만 아니라 본회퍼는 그와 가까운 친구이자 동료 목사였던 프란츠 힐데브란트(Franz Hildebrandt, 1909-1985)와 법률가이자 그의 처남이었던 게하르트 라이프홀츠(Gehard Leibholz, 1901-1982)가 유대인 출신으로서 겪은 민족사회주의자들의 유대인 핍박 과정을 처음부터 함께 경험하였다. 사실 본회퍼 목사는 이미 오래전부터 히틀러의 민족사회주의적 지도자(총통) 전권(專權) 원칙과 정치이념을 강하게 비판하였다. 1933년 본회퍼는 "유대인 문제에 직면한 교회(Die Kirche vor der Judenfrage)"라는 논문을 발표하였으며, 그 안에서 국가적인 폭력의 희생자들을 도울 뿐만 아니라, 이에 적극적인 항거를 해야 한다고 교회에 요구하였다. 그는 1934년 히틀러에 반대하는 그룹에 의하여 설립된 독일 프로테스탄트 교회인 고백교회에 1935년에 가입하였다(Junginger, 2011).

1935년 5월 29일부터 31일 독일 부퍼탈-바르멘(Wuppertal-Barmen) 회의에서는 "하나님의 말씀인 예수 그리스도만이 복종의 대상이요, 하나님의 계시"라는 내용의 "독일개신교회의 현재 상황에 대한 신학적 선언

(Theologische Erklärung zur gegenwärtigen Lage der Deutschen Evangelischen Kirche, DEK)", 즉 "바르멘 신학 선언(Barmer Theologische Erklärung)"을 발표하였다. 이를 통하여 공식적으로 히틀러와 민족사회주의적 이념과 악행에 대한 반대와 불복종을 선언하고, 당시 히틀러 정권의 지원을 받고 독일 개신교를 거의 장악하였으며, 1932년 6월 6일 설립되어 인종주의와 반유대주의를 표방하여 철저히 히틀러를 위한 시녀교회로 전락한 독일 그리스도인 연맹(Deutsche Christen, DC)에 대항하였다. 이 선언에 가장 중요한 신학적 기초와 영향을 끼친 사람은 단연코 칼 바르트였다. 독일 교회의 최대 위기를 인식한 목회자, 개신교 신학자 및 교회 관리자 등은 1933년 9월 21일 독일 그리스도인 연맹에 대항할 목사위기연합(Pfarrernotbund)을 조직하였다. 이러한 저항운동이 확산되어 결국 독일 개신교 고백교회(Bekenntnisgemeinschaft der Deutschen Evangelischen Kirche)를 탄생시켰으며, 이는 또다시 1934년 5월 29일 바르멘 신학 선언까지 이끌어내었다(Hübner, 1988; Busch, 2004).

당시 본회퍼 목사는 독일 내부의 교회 간 갈등을 외국에 알리고, 민족사회주의자들의 교회 정책을 경고하기 위하여 다양한 국제적인 협력과 지지를 호소하였다. 1936년 히틀러 정권은 본회퍼의 대학교수 자격을 박탈하였으며, 1940년에는 연설이나 저술활동도 금지시켰고, 더 나아가 베를린에서의 체류도 더 이상 허락하지 않았다. 비록 민족사회주의자들이 본회퍼 목사의 일거수일투족을 감시하였지만, 1940년 히틀러 정권의 반대자였던 독일의 법률가 한스 폰 도난위(Hans von Dohnanyi, 1902-1945)와 민족사회주의 정권 군부의 반대자였던 독일군 장교 한스 파울 오스터(Hans Paul Oster, 1887-1945) 중심의 뮌헨(Muenchen) 모임에 은밀하게 가입하게 되었다(Landgrebe, 1986).

1943년 3월 13일과 21일 해군제독이었던 빌헬름 프란츠 카나리스(Wilhelm Franz Canaris, 1887-1945), 독일군 장교였던 한스 파울 오스터(Hans Paul Oster, 1887-1945) 그리고 본회퍼 목사의 형이며 법률가였던 클라우스 본회퍼(Klaus Bonhoeffer, 1901-1945) 등이 히틀러에 대한 암살을 시도했지만 실패하였다. 같은 해 4월 5일 본회퍼 목사는 법률가 처남인 한스 폰 도난위(Hans von Dohnanyi, 1902-1945)와 함께 "방위력 붕괴(Wehrkraftzersetzung)" 혐의로 체포되어 베를린 테겔(Berlin-Tegel)에 있는 군 미결감 구치소에 수감되었다가 그 후 1944년 10월 8일에 다시 프린츠 알브레히트(Prinz-Albrecht-Str.) 8번지에 위치한 국가비밀경찰인 게슈타포(Geheime Staatspolizei, Gestapo)의 감옥으로 이감되었다(Paul, 1994).

1944년 7월 20일 클라우스 쉔크 그라프 폰 슈타우펜베르크(Claus Schenk Graf von Stauffenberg, 1907-1944)가 재차 히틀러에 대한 암살을 기도했지만 수포로 돌아갔다. 국가비밀경찰인 게슈타포는 계속적인 집중 심문으로 본회퍼 목사와 다른 공모자 간의 저격사건 관여 사실에 대한 증거를 찾았다(Tödt, 2009).

1945년 1월 17일 본회퍼는 부모에게 마지막 편지를 보냈으며, 2월 7일 부헨발트 강제수용소로 이송되었고, 이어서 1945년 4월 초에는 플로센뷔르크로 재이송되었다. 1945년 4월 5일 히틀러는 1944년 7월 20일 자신에 대한 암살기도 사건에 연루된 공모자들 전체에 대한 처형을 지시하였는데, 여기에는 본회퍼 목사도 포함되었다. 본회퍼 목사는 플로센뷔르크 강제수용소로 옮겨 왔을 때에 자신의 처형될 것임을 예감하였다. 그는 3일 후인 1945년 4월 8일 위에서 언급된 빌헬름 프란츠 카나리스, 한스 파울 오스터와 법률가였던 칼 작크(Karl Sack, 1896-1945), 독일군 장교였던 루드비히 게레(Ludwig Gehre, 1895-1945)와 함께 짧은 재판 가운데 교수형을 선고받았다. 재판의 원고는 제국 안전청본부(Reichssicherhreitshauptamt)의 고위직이며 나치스 친위대의 연대장 급이었던 법률가 발터 후펜코텐(Walter Huppenkothen, 1907-1978)이었으며, 그는 하루 전에 본회퍼 목사의 처남인 한스 폰 도나뉘(Hans von Dohnanyi, 1902-1945)에게 사형언도를 내렸던 인물이었다(Wind, 1990).

이 형식적인 재판의 재판장은 나치스 친위대의 재판관이었던 법률가 오토 토르벡(Otto Thorbeck, 1912-1976)이었다. 그는 발터 후펜코텐의 명령을 따르는 자였으며, 뮌헨의 나치스 친위대 재판소 및 즉심재판의 책임자였다. 배석판사로는 플로센뷔르크 강제수용소의 사령관이며 나치스 친위대의 고위 책임자였던 막스 쾨겔(Max Koegel, 1895-1946)과 더불어 알려지지 않은 한 명의 인물이 재판과정에 동석하였다. 이 재판에서 변호인이나 증인들의 출석은 아예 없었으며, 공판과정에 대한 기록자도 없이 급속하게 진행되었다(Segev, 1995).

본회퍼 목사는 1945년 4월 9일 새벽 여명 즈음에 교수형으로 죽음을 맞이하였다. 처형 대상자들은 완전히 옷이 벗겨진 나체 상태로 교수대로 걸어갔다. 나치스 친위대의 수용소 의사였던 헤르만 피셔(Hermann Fischer, 1883-1955)는 이에 대하여 1955년에 다음과 같이 기술하였다(Tietz, 2013).

> 막사 안의 한 방에서 반쯤 열린 문으로 죄수복을 입은 본회퍼 목사가 자신의 주 하나님과의 깊은 내적인 기도 가운데 무릎을 꿇고 있는 것을 보았다. 이러한 비범할 정도의 호감을 주는 남자의, 청원을 허락할 만큼의 매우 헌신적인 기도가 나의 깊은 내면을 뒤흔들었다. 형장(刑場)에서 그는 짧은 기도를 하고 담대하게 교수대 계단을 올라갔다. 그는 단지 몇 초 후에 죽음을 맞이하였다. 나는 50여 년의 의사생활에서 이렇게 경건하게 죽는 사람을 결코 보지 못하였다.

그러나 1996년 8월 6일 베를린 지방법원은 1945년 4월 8일 본회퍼 목사에 대한 사형판결을 파기하고 그의 명예를 복권시켰다.

7. 뉘른베르크 재판

뉘른베르크 법정 건물의 외부

뉘른베르크 재판(Nuernberger Prozess)은 제2차 세계대전 직후인 1945년 11월부터 1949년 4월까지 나치 정권의 전쟁범죄자들을 처벌하기 위하여 독일의 뉘른베르크 법정에서 개최되었다. 1945년 11월 20일에 처음으로 뉘른베르크 재판이 시작되었을 때 총통인 아돌프 히틀러, 나치스 친위대 책임자였던 하인리히 힘러, 선전부장관이었던 요셉 괴벨스는 이미 스스로 목숨을 끊음으로써 3명의 주요 나치전범들의 책임을 더 이상 물을 수 없었다.

그러나 이 세 명의 대표적인 전범자가 없는 가운데서도 인류역사에서 승전국이 패전국에 전쟁의 책임을 묻는 최초의 국제적 형사소송인 뉘른베르크 재판은 과거의 어두운 역사에 대한 심판을 내렸다(Darnstädt, 2015).

제2차 세계대전의 승리자이자 연합국인 미국, 영국, 소련 및 프랑스는 나치 정권의 주요전범자들을 독일 뉘른베르크에 설치된 국제군사재판소(International Military Tribunal, IMT)에 기소하였다. 여기에서는 전쟁 발발과 전개 등에 주요 책임이 있는 나치당, 내각, 나치스 친위대, 비밀경찰국, 돌격대, 군사령부 등 주 나치 독일의 핵심 정치적 및 군사적 지도자 24명에 대한 재판이 진행되었다(Heigl, 2001; Kastner, 2005). 재판은 독일이 연합국에 무조건 항복한 1945년 5월 7일 이후, 같은 해 11월 20일부터 1946년 10월 1일까지 진행되었다.

이 재판에서 규정한 주요 전범들의 기소내용은 크게 네 분야로 구분되는데, 공격전(攻擊戰)에 관한 음모죄, 반 평화적 범죄, 전범죄(戰犯罪) 및 반 인륜적 범죄 등이었다.

〈표 8〉에서 보는 바와 같이 24명을 대상으로 한 주요 전범자에 대한 재판(Hauptkriegsverbrecherprozess)은 1945년 11월 20일에 시작하여 1946년 10월 1일에 종결되었다. 이 재판 전에 이미 스스로 목숨을 끊은 민족사회주의 독일 노동자당의 사무국장 마틴 보어만(Martin Bormann, 1900-1945) 등을 비롯하여 12명에게 사형이 선고되었고, 제국은행 총재였던 발터 푼커(Walter Funk, 1890-1960) 등 3명에게 종신금고형이 내려지는 등 대부분 중형이 선고되었다. 또한 민족사회주의 독일 노동자당의 조직부장이었던 로베르트 라이(Robert Ley, 1890-1945)는 공판이 열리기 전에 스스로 목숨을 끊었다(Radlmaier, 2001).

뉘른베르크 재판 초기에는 피고인들 가운데 어느 누구도 전쟁범죄와 관련하여 책임을 인정하지 않았고, 모두가 자신의 무죄를 주장하였다. 또한 사형수들에게 집행 전 유언을 할 기회를 부여했지만 대부분 없는 것으로 진술하였고 반성보다는 회한을 남기거나 죽는 순간까지 히틀러를 외치고 유대인 학살을 합리화하며 생을 마감한 전범들도 있었다고 전해진다. 영국의 판사로 뉘른베르크 재판의 재판장이었던 제프리 로렌스(Geofrey Lawrence)는 재판이 시작되고 3일 후에 모든 증거자료들을 법정에서 낭독할 것을 지

뉘른베르크 재판 법정 내부

표 8 주요 전범자 24명에 대한 뉘른베르크 재판 결과

전범자	출생-사망 연도	직위	기소 혐의*	판결결과
마틴 보르만 (Martin Bormann)	1900-1945	민족사회주의 독일 노동자당(NSDAP)의 사무국장	1, 3, 4	교수형(재판 전 자살 혹은 타살의혹)
칼 되니츠 (Karl Doenitz)	1891-1980	해군총사령관(1935-43)	1, 2, 3	10년 금고형
한스 프란크 (Hans Frank)	1900-1946	폴란드 총독	1, 3, 4	교수형 (1946. 10. 16 집행)
빌헬름 프릭 (Wilhelm Frick)	1877-1946	제국내무부장관(1933-45)/체코의 보헤미아와 모라비아 지방총독(1943-45)	1, 2, 3, 4	교수형 (1946. 10. 16 집행)
한스 프리췌 (Hans Fritsche)	1900-1953	제국 행정부의 국민선전선동을 위한 내각 라디오/TV방송책임자	1, 3, 4	무죄
발터 푼크 (Walter Funk)	1890-1960	제국은행총재(1939-45)	1, 2, 3, 4	종신 구금형 (1957년 석방)
헤르만 괴링 (Hermann Goering)	1893-1946	공군참모총장/궁내부장관	1, 2, 3, 4	교수형(교수형 전날 음독자살)
루돌프 헤스 (Rudolf Hess)	1894-1987	민족사회주의 독일 노동자당(NSDAP)의 히틀러 대리인(부총통)	1, 2, 3, 4	종신 구금형(1987년 교도소에서 자살)
알프레트 요들 (Alfred Jodl)	1890-1946	국방군참모장	1, 2, 3, 4	교수형 (1946. 10. 16 집행)
에른스트 칼텐브룬너 (Ernst Kaltenbrunner)	1903-1946	보안경찰청장/친위대(SS) 정보기관장(Sicherheitsdienst, SD)	1, 3, 4	교수형 (1946. 10. 16 집행)
빌헬름 카이텔 (Wilhelm Keitel)	1882-1946	국방군 총사령관(1938-45)	1, 2, 3, 4	교수형 (1946. 10. 16 집행)
구스타프 크룹 폰 보렌 운트 할바흐 (Gustav Krupp von Bohlen und Halbach)	1870-1950	프리드리히 크룹 주식회사의 감사위원장/최고경영자	1, 2, 3, 4	건강상(반신불수)의 이유로 소송 절차 중단
로베르트 라이 (Robert Ley)	1890-1945	민족사회주의 독일 노동자당(NSDAP)의 조직부장	1, 3, 4	재판 전 자살 (1945. 10. 25)
콘스탄틴 프라이헤어 폰 노이라트 (Konstantin Freiherr von Neurath)	1873-1956	제국외교부장관(1932-38)/체코의 보헤미아와 모라비아 지방총독(1939- 43)	1, 2, 3, 4	15년 구금형 (1957. 5. 16 석방)
프란츠 폰 파펜 (Franz von Papen)	1879-1969	제국총리(1918-33)	1, 2	무죄
에리히 레더 (Erich Raeder)	1876-1960	해군참모총장(1943-45)	1, 2, 3	종신 구금형 (1955년 석방)
요아힘 폰 립벤트롭 (Joachim von Ribbentrop)	1893-1946	제국외교부장관(1938-45)	1, 2, 3, 4	교수형 (1946. 10. 16 집행)
알프레트 로젠베르크 (Alfred Rosen- berg)	1893-1946	동유럽 점령지 행정장관	1, 2, 3, 4	교수형 (1946. 10. 16 집행)
프리츠 자우켈 (Fritz Sauckel)	1894-1946	노동고용 전권책임자	1, 2, 3, 4	교수형 (1946. 10. 16 집행)
얄마르 샤흐트 (Hjalmar Schacht)	1877-1970	제국은행총재(1933-39)/제국경제부장관(1933-37)	1, 2	무죄
발두어 폰 쉬라흐 (Baldur von Schi- rach)	1907-1974	제국청년단장	1, 4	20년 구금형
아르투어 자이스-인크바르트 (Arthur Seyss-Inquart)	1892-1946	네덜란드 총독	1, 2, 3, 4	교수형 (1946. 10. 16 집행)
알베르트 슈페어 (Albert Speer)	1905-1981	군수 및 탄약부 장관	1, 2, 3, 4	20년 금고형
율리우스 쉬트라이혀 (Julius Strei- cher)	1885-1946	반유대주의 주간지 "돌격병(Der Stuermer)"의 발행인	1, 4	교수형 (1946. 10. 16 집행)

*범례: 1. 공격전(攻擊戰)에 관한 음모죄, 2. 반평화적 범죄, 3. 전범죄(戰犯罪), 4. 반인륜적 범죄

시하기도 하였다(Weinke, 2006).

제2차 세계대전에 주요 책임이 있는 민족사회주의자들을 심판대에 세우는 계획은 뉘른베르크 재판이 열리기 얼마 전에 확정되었고, 이론의 여지가 없는 것도 아니었다. 영국의 총리 윈스턴 처칠(Winston Churchill, 1874-1965)은 히틀러 정권의 지도자들을 악질범으로 간주하여 법률의 보호 밖으로 추방하여 총살로 즉결 처분하기를 주장하기도 하였다.

아울러 소련의 독재자 조셉 스탈린(Josef Stalin, 1878-1953)도 1943년 이란의 테헤란(Teheran) 회의에서 독일의 고위직 정치인과 국방군에 소속된 사람 중 범죄행위가 확실한 약 5만여 명을 재판 없이 은밀하게 제거하자고 주장하기도 하였다(Priemel/Stiller, 2013).

이미 1943년 11월 1일 모스크바 선언을 통하여 영국, 미국, 소련은 제2차 세계대전 기간 동안의 독일 히틀러 정권의 전쟁범죄에 대하여 강력하게 책임을 묻고자 하였다. 1945년 6월, 미국의 최고연방법원의 판사로 후에 뉘른베르크 재판의 검사였던 로버트 잭슨(Robert H. Jackson, 1892-1954)은 나머지 연합국인 영국, 프랑스 및 소련에 독일 전범들에 대한 재판을 할 것을 설득하였다. 이어서 1945년 8월 8일 런던 협정(Londonder Abkommen)에서 프랑스가 추가적으로 참여하여 4개국의 승전국이자 연합국은 피고인이나 재판과정 등을 위한 기초적 규정에 합의하였다. 히틀러가 민족사회주의 독일 노동자당의 전당대회를 자주 개최했던 뉘른베르크에서 국제적인 전범에 대한 재판으로 히틀러 정권의 치부가 드러난 것이다(Ferencz, 2006).

미국, 영국, 프랑스 및 소련 등 연합국은 누구를 피고인석에 앉힐 것인지에 대하여 긴 시간 토론하였다. 그렇지 않아도 재판을 회의적으로 바라본 영국은 피고인들을 가능한 적게 하기 위해 히틀러 정권의 총지휘관이었던 헤르만 괴링(Hermann Goering), 외교부장관인 요하임 폰 립벤트롭(Joachim von Ribbentrop), 노동전선 책임자였던 로베르트 라이(Robert Ley)와 1941년까지 부총통이었던 루돌프 헤스(Rudolf Hess)만을 기소하고자 하였고, 최종적으로는 히틀러 정권의 고위층 장관, 간부 및 군 지휘관 등 이른바 주요 전범자들만 고소하는 데 합의하였다. 아울러 당시 민족사회주의적인 경제계 인사들도 전범자 재판 목록에 등재되었는데, 당시 제국은행 총재였던 얄마르 샤흐트(Hjalmar Schacht)와 군수산업체의 회장이었던 구스타프 크룹 폰 보렌 운트 할바흐(Gustav Krupp von Bohlen und Halbach) 등의 피고인에 대해서는 특히 많은 논란이 일었다(von Knieriem, 1953).

또한 피고인석에는 세 자리가 비어있었는데, 먼저 민족사회주의 독일 노동자당의 조직부장과 독일노동전선(Deutsche Arbeitsfront)의 책임자였던 로베르트 라이는 1945년 10월 말경 뉘른베르크 감옥에서 스스로 목숨을 끊음으로써 소송이 취하되었다. 그리고 히틀러의 오른팔이자 민족사회주의 독일 노동자당의 사무국장이었던 마틴 보르만도 종전 즈음에 행방을 알 수 없어 궐석재판을 통하여 교수형이 언도되었다. 이후 1972년 베를린의 어느 공사장에서 그의 시신이 발견되었는데, 전쟁 말미에 이미 사망한 것으로 추정하였다. 그와 더불어 당시 독일 군수산업의 상징이었던 구스타프 크룹 폰 보렌 운트 할바흐 회장도 기소되었는데, 재판은 그의 중한 병환으로 인하여 진행되지 못한 채 중단되었다. 이에 따라서 결국 24명의 전범 피고인 가운데 21명만이 재판정에 출두할 수 있었다(Köhne-Lindenlaub, 1982).

1946년 12월 9일부터 1949년 12월 22일까지 제2차 재판이라고 할 수 있는 이른바 뉘른베르크 계속재판(Nuernberger Nachfolgeprozesse)이 이어졌다. 미군의 점령지인 독일의 뉘른베르크에서 미군이 주도하는 군사재판이 개최되어 국제군사재판소에서 피소되지 않은 전범, 즉 당시 나치 정권에 가담한 의료계, 경찰 및 나치스 친위대, 국방군, 정치계, 경제계 및 법조계 등의 영역에서 184명의 전범가담자들이 기소되었다.

국제군사재판소의 재판부는 〈표 9〉와 같이 미국, 영국, 소련 및 프랑스의 수석판사, 대리판사, 검사가 각 나라별 1명씩으로 구성되었다. 대부분

표 9 뉘른베르크 주요 전범 재판의 재판부 및 검사 명단

판 사				검 사			
성명	출생-사망 연도	국적	직위	성명	출생-사망 연도	국적	직위
프란시스 비들 (Francis Biddle)	1886-1968	미국	수석판사	로버트 H. 잭슨 (Robert H. Jackson)	1892-1954	미국	검사
존 파커 (John J. Parker)	1885-1958		대리판사				
제프리 로렌스 (Geofrey Lawrence)	1880-1971	영국	수석판사/재판장	하틀리 쇼크로스 (Sir Hartley Shawcross)	1902-2003	영국	검사
노먼 버켓 (Normen Birkett)	1883-1962		대리판사				
앙리 돈디유 드 바브르 (Henri Donnedieu de Vabres)	1880-1952	프랑스	수석판사	오귀스트 샹페티에 드 리베 (Auguste Champetier de Ribes)	1882-1947	프랑스	검사
로베르 팔크 (Robert Falco)	1882-1960		대리판사				
이오나 니키첸코 (Lona Nikitchenko)	1895-1967	소련	수석판사	로만 루덴코 (Roman A. Rudenko)	1907-1981	소련	검사
알렉산드 볼코프 (Alexander Volchkov)	1902-1978		대리판사				

의 판사와 검사가 민간인 신분이었는데, 소련만은 현역 군인이 참석하였다(Ueberschär, 1999).

최종적으로 두 차례의 뉘른베르크 재판(Nuernberger Prozess, 1945-1949)에서 총 208명의 정치, 행정, 군, 경제계 출신의 피고인들이 기소되었고, 36명에게 사형이 선고되었다. 앞에서 언급한 바와 같이 아돌프 히틀러를 비롯하여 요셉 괴벨스, 하인리히 힘러 등의 주요 전범자들은 자살을 통하여 처벌을 면했으며, 또 다른 이들은 잠적하거나 도주하기도 하였다. 1차·재판에 해당하는 독일 뉘른베르크에 설치된 국제군사재판소는 오늘날 네덜란드 덴학(Den Haag, 헤이그)에 소재하는 국제형사재판소(International Criminal Court, ICC)로 이어졌다(Smith, 1977).

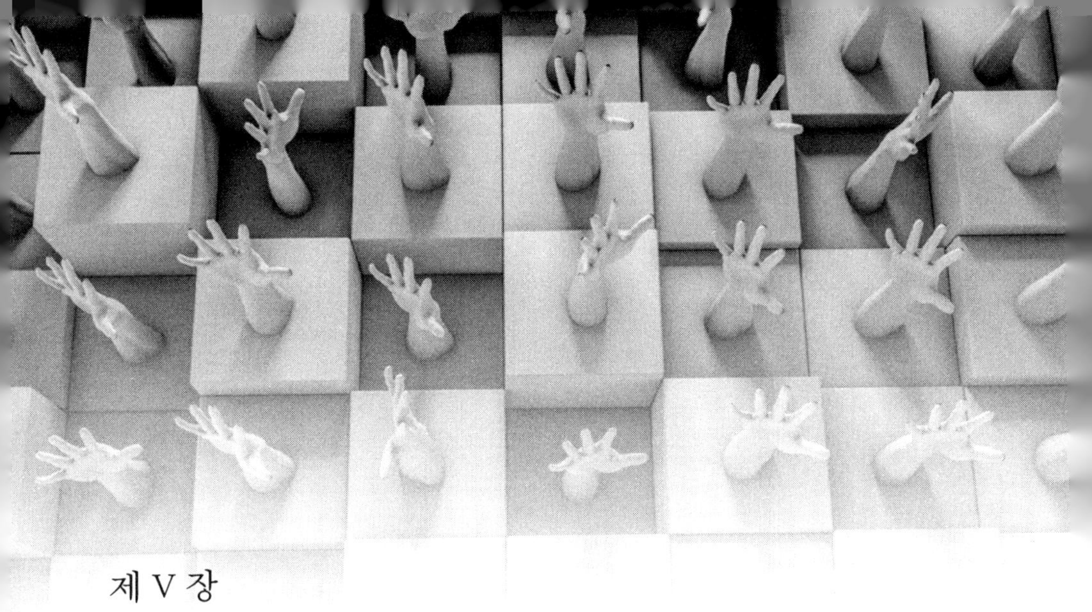

제 V 장

히틀러 및 민족사회주의적 장애인 정책의 시사점

1. 히틀러의 주요 생애와 사건 연표
2. 나치 정권의 장애인 정책에 대한 시사점 소고

제V장
히틀러 및 민족사회주의적 장애인 정책의 시사점

1. 히틀러의 주요 생애와 사건 연표

1889년 4월 20일 오스트리아의 브라우나우(Braunau)에서 출생한 아돌프 히틀러는 실업학교(Realschule)도 졸업하지 못한 채 오스트리아 빈 미술대학에 1907년과 1908년에 각각 지원하였지만 매번 입학을 거부당하였다. 그는 빈에서 주로 자신의 소묘(drawing)나 수채화를 판매하거나 고아 보조금으로 어렵게 생계를 유지하였다. 이 시기에 자신에 대한 외톨이로서의 부정적 세계상과 더불어 유대인에 대한 극심한 증오심이 각인되었을 것으로 본다.

그는 1913년에 오스트리아 군대의 징집의무를 모면하기 위하여 독일의 뮌헨으로 이민을 떠났다. 이듬해인 1914년에 히틀러는 바이에른 군대에 자원입대하여 제1차 세계대전(1914-1918)에서 전방부대의 전령으로 투입되었다. 1919년에는 독일 노동자당(Deutsche Arbeiterpartei, DAP)에 입당함으로써 정계에 입문하였다. 이어서 1920년에 독일 노동자당은 민족사회주의 독일 노동자당(Nationalsozialistische Deutsche Arbeiterpartei, NSDAP)으로 당명을 바꾸었고, 1921년에 히틀러는 당수로 등극하게 된다.

그의 탁월한 연설능력과 단호한 정치적인 안목은 훗날 절대 권력을 장악하는 데 무엇보다도 중요한 요소로 작용하였다.

1923년 11월 9일의 바이마르 공화국 전복을 위한 이른바 히틀러 폭동(Hitler's Putsch) 혹은 히틀러-루덴도르프 폭동(Hitler-Ludendorff-Putsch)이 실패함에 따라서 민족사회주의 독일 노동자당의 활동도 동시에 엄격하게 금지되었다. 아울러 주동자였던 히틀러와 에른스트 룀(Ernst Roehm), 에리히 루덴도르프(Erich Ludendorff) 및 다른 가담자들이 체포되었으며, 1924년 4월에 반란혐의로 5년의 금고형이 선고되었지만, 히틀러는 1924년 12월 20일에 조기출소하게 되었다. 그는 비교적 안락한 수감 생활 중에 『나의 투쟁*Mein Kampf*』을 저술하였고, 이어서 1925년 2월 27일 절대 권력을 위한 강력한 민족사회주의 독일 노동자당이 재건되었다.

당시 독일은 심각한 경제위기 속에 있었으며, 국민들은 제1차 세계대전의 패배감과 무너진 군주제에 대한 상실감을 극복하지 못하였다. 이런 상황에서 히틀러의 자신감 넘치는 언변이나 약속은 불만과 방황 속에 있는 독일 국민들이 국가적인 모든 문제를 해결해줄 수 있는 희망의 지도자로 착각하기에 충분하였던 것이다.

동시에 세계적으로 경제공황이 시작된 1929년에 히틀러는 국내외의 위기상황을 오히려 자신의 정치적 입지를 한층 더 굳히는 데 충분히 이용하였다. 1932년 11월 6일 제국 대통령 선거에서 바이마르 공화국의 파울 폰 힌덴부르크(Paul von Hindenburg)에게 패하기는 했지만, 다음해인 1933년 1월 30일에 결국 그로부터 제국 수상으로 임명받았고, 그 이후로는 국가권력을 점점 독점하기 시작하였다. 히틀러가 제국 수상으로 임명된 날 저녁 민족사회주의자들은 베를린의 정부청사가 있는 구역에서 횃불을 들고 거리를 행진하면서 축하 퍼레이드를 개최하였다. 이때 히틀러는 수상청의 발코니에서 자신의 지지자들에게 열렬한 환호를 받았다.

그 당시 민족사회주의자들을 적극 지지하는 많은 이들은 히틀러가 정치 및 경제적인 위기와 혼란에서 독일을 구할 수 있을 것으로 기대하였다. 히틀러는 본격적으로 사회적 다윈주의(social darwinism)와 반유대주의 사상을 바탕으로 나치스 돌격대나 나치스 친위대 등 조직적인 테러 단체를 통하여 표현 및 집회의 자유를 제한하고 신서(信書)를 공개하지 않는 등 국민의 기본권을 박탈하였다. 또한 노조활동과 독일사회민주당(Sozialdemokratische Partei Deutschlands, SPD) 활동을 전면 금지하였으며, 금서(禁書)들이 대량 소각되기도 하였다.

특히 1933년 2월 27일 저녁에 발생한 베를린의 제국의회 의사당 화재 사건(Reichstagsbrand)은 나치 독일 정권의 수립 과정에서 발생한 핵심사건 가운데 하나였다. 방화범으로 사건 현장에서 체포된 네덜란드 출신의 공산주의자 마리누스 반 데어 룹베(Marinus van der Lubbe, 1909-1934)는 단독범죄 여부가 밝혀지지도 않은 채 공개재판에 따라 1934년 처형되었다.

히틀러와 그 추종자들은 이 사건을 공산주의와 사회민주당원들을 제거할 수 있는 좋은 기회로 여겨, 이들에 의한 국가전복 시도라고 선동하여 정적들을 강제수용소로 대거 이송하여 격리시켰다. 이로써 그들은 독일을 독재국가로 만들기 시작하였으며, 동시에 반유대주의적 정권은 유대인들을 폭력과 협박의 주요 표적으로 전락시켰던 것이다. 히틀러는 이미 유대인에 대한 자신의 혐오적인 감정을 공개적으로 표명하였다.

1934년 힌덴부르크 대통령이 서거한 후에 히틀러는 제국 수상과 대통령직을 통합한 총통으로서 무제한적이고 절대적인 권력을 장악하였다. 그리고 정치적, 사회적으로 모든 야당 세력을 제거하기 위해 고심하였다. 1934년 8월 2일 제국 군대는 히틀러에게 충성을 맹세하였고, 1939년 9월 1일 히틀러의 폴란드 기습 공격 명령과 함께 역사상 최고의 비극인 제2차 세계대전이 시작되었다. 이어서 1941년 12월 7일 독일은 미국에 선전포고를 하였으며, 1943년 히틀러는 독일이 전쟁에서 더 이상 승리하지 못할 것으로 예상하였다. 결국 히틀러는 1945년 3월 19일 이른바 네로명령(Nerobefehl)

을 하달하였는데 연합군이 독일 내부의 사회기반시설을 사용할 수 없도록 파괴 작전을 명령한 것이다.

이처럼 히틀러와 민족주의자들의 정치적인 이념과 야망을 실현하기 위한 수단이었던 제2차 세계대전으로 말미암아 전 세계적으로 약 5천만 명 이상에 이르는 군인과 시민이 목숨을 잃은 것으로 추정되고 있다. 특히 히틀러와 민족사회주의자들에 의한 직접적인 대량 학살로 인하여 총 약 1천 3백만 명이 희생되었는데, 그 가운데는 유대인 민족의 삼분의 일에 해당하는 약 6백만 명이 소위 열등한 인종으로 간주되어 계획적으로 대량 학살을 당했으며, 그중 약 백만 명은 어린 아이들이었다. 또한 소련의 전쟁포로 약 3백만 명, 집시 약 20만 명, 장애인 등이 포함된 강제적 안락사 대상자 약 25만 명, 강제수용소나 강제노역자 혹은 강제 이주민 약 330만 명을 대상으로 국가적인 살해 행위가 자행되었다. 히틀러는 1945년 4월 30일 인생의 오랜 반려자였던 아내 에바 브라운(Eva Braun)과 함께 인류 역사에 지울 수 없는 큰 상흔을 남긴 채 스스로 목숨을 끊음으로써 생을 마감하였다.

히틀러는 집권 기간 동안에 정적으로부터 수많은 암살시도를 받았다. 입증된 테러 시도만 약 42회였는데, 그중에는 목숨을 잃을 뻔한 우발적 사건들도 더러 있었다. 먼저 1938년 11월 9일에 신학생이었던 스위스인 마우리체 바다우트(Maurice Bavaud, 1916-1941)는 뮌헨에서 히틀러를 저격하려고 하였지만, 실패하여 처형을 당하였다. 또한 수공업자였던 게오르크 엘저(Georg Elser, 1903-1945)는 1939년 11월 8일 폭탄 테러 미수 사건으로 법원의 판결도 없이 1945년 4월 9일 살해되었다. 그리고 독일국방군 장교였던 클라우스 센크 그라프 폰 슈타우펜베르크(Claus Schenk Graf von Stauffenberg, 1907-1944)와 공모자인 헨니히 폰 트레스코프(Henning von Tresckow, 1901-1944)가 1944년 7월 20일 히틀러의 비행기에 폭탄 테러를 시도하였지만 실패하였고 다음날 저녁에 함께 처형당하였다.

이러한 죽음의 위기들을 극복한 히틀러는 이를 오히려 자신을 하늘의 섭

리로 선택된 사람으로 여기는 신념을 더 강화하는 계기로 받아들였다. 히틀러의 주요 생애와 그와 관련된 중요한 사건들을 연표로 나타내면 〈표 10〉과 같다.

표 10 히틀러의 주요 생애 및 사건 연표

히틀러의 주요 생애 및 관련 사건		
일자	주 요 내 용	연령
1889. 4. 20	–오스트리아의 오버외스트라이히 주의 브라우나우에서 출생 –아버지: 아로이스 히틀러(Alois Hitler, 1837년생). 세관원이며 아돌프 히틀러 출생 시에 52세 –어머니: 클라라 히틀러(Klara Hitler, 1860년생). 출생 시의 성(姓)은 푈츨(Poelzl)이며, 아돌프 히틀러 출생 시에 29세 –부부간의 연령 차이: 23세	
1900	–남동생인 에드문트 히틀러(Edmund Hitler, 1894-1900) 5세로 사망	10
1903	–아버지 사망	14
1905	–성적 미달로 졸업장 없이 실업계 중등학교인 레알슐레를 떠남	16
1907	–어머니 사망	18
1907-1908	–오스트리아 빈 미술대학에 두 번 탈락함 –부모의 유산 소진 후에 노숙자가 됨 –반유대주의 서적을 탐독함	19
1913년까지	–임시적으로 화가활동을 함	24
1913. 5. 24	–오스트리아-헝가리 군대의 병역의무를 모면하기 위하여 독일 뮌헨으로 이주	24
1914-1918	–1914년 8월 16일 지원병으로 제1차 세계대전에 사병으로 참여 –1914년 전령(傳令) 생활 및 12월 2일 철십자 훈장 수여 –1916년 10월 5일 서부전선에서 다리에 심한 부상을 당함 –1917년 3월 5일 회복 후 다시 부대로 복귀 –1918년 8월 4일 제1급 철십자 훈장 수여 –1918년 11월 11일 휴전 조약 및 제1차 세계대전 종결	25-29
1919	–뮌헨 대학교에서 "정치선동자들"이라는 연설가 과정에 참여(6월) –독일-연합국 간의 베르사유 조약(Treaty of Versailles) 체결(1919년 6월 28일) –유대인 제거가 자신의 목적임을 알리는 정치적 인식이 수립됨(8월) –바이마르 헌법 공포(8월 11일) –독일 노동자당(DAP)에 555번 당원으로 입당(독일 노동자당은 당원번호를 500번에서 시작함으로써 큰 단체로 위장하여 외부적으로 과시하고자 함)	30
1920	–독일 노동자당(DAP)명을 민족사회주의 독일 노동자당(NSDAP)으로 변경	31
1921. 7	임시총회에서 독일 나치당의 당수로 당선(7월 29일)	32

히틀러의 주요 생애 및 관련 사건		
일자	주 요 내 용	연령
	−나치당의 돌격대(SA) 창설	
1923	−프랑스 및 벨기에군이 독일 루르(Ruhr) 지역을 점령하여 독일이 저항함(1월 11일) −대기업가이며 히틀러의 경쟁당인 독일민족국민당(DNVP)의 당원이었던 프리츠 튀센(Fritz Thys- sen, 1873-1951)이 히틀러를 만나 민족사회주의 독일 노동자당(NSDAP)의 재정적 후원을 약속 −히틀러가 바이마르 공화국에 대항해 일으키려 했던 뮌헨 폭동이 발생하였으나 실패(11.8-9) −히틀러가 도주 중 체포(11월 11일)되었고, 수많은 사상자가 발생한 반란이지만 5년 금고형 선고 −반란으로 민족사회주의 독일 노동자당(NSDAP) 해산 명령(11월 23일)	34
1924	−루돌프 헤스(Rudof Hess, 1894-1987)와 함께 『나의 투쟁』 저술(4월). −13개월 수감 후 특사로 사면(12월 20일)	35
1925	−뮌헨에서 민족사회주의 독일 노동자당(NSDAP) 재건(2월 27일) −『나의 투쟁』 1부 출간(7월 18일)	36
1926	−『나의 투쟁』 2부 출간(12월 11일) −히틀러 청년단 창립(7월 3-4일)	37
1927	−바이에른에서의 연설금지 처분의 해제(3월 5일) −연설금지 처분 해제 후 첫 공식적인 연설을 통하여 민족사회주의 독일 노동자당(NSDAP)이 합법적으로 권력을 장악할 것을 약속(3월 9일)	38
1928	−총선거에서 민족사회주의 독일 노동자당이 12의석을 차지함(득표율 약 3%) −프로이센에서 히틀러에 대한 연설금지 처분 해제(9월 28일)	39
1929	−당시 17세였던 에바 브라운과 만남(10월)	40
1930	−민족사회주의 독일 노동자당이 제국의회 선거에서 18.2% 득표율을 보임(9월 14일) −프리츠 튀센(Fritz Thyssen)이 정치 및 경제에 있어서 민족사회주의 독일 노동자당과 협력하기로 함	41
1931	−프리츠 튀센 민족사회주의 독일 노동자당으로 입당(5월 31일) −제국대통령인 파울 폰 힌덴부르크(Paul von Hindenburg, 1847-1934)가 히틀러를 처음으로 면담함 −반(反)바이마르 공화국을 위해 민족사회주의 독일 노동자당(NSDAP), 독일민족국민당(DNVP), 철모 단(Stahlhelm) 등 우익세력을 결집하여 하르츠부르크 전선(Harzburger Front)을 결성	42
1932	−독일 국적 취득(2월 26일) −북독일의 브라운슈바이크(Braunschweig) 지역 정부참사관으로 임명(2월) −대통령 선거에서 힌덴부르크가 재선에 성공하였고, 히틀러는 36.8%의 득표를 얻어 차점자였음(3월 13일) −제국의회 선거에서 민족사회주의 독일 노동자당이 제1당(230석)이 됨(7월 31일) −히틀러가 힌덴부르크 대통령을 만나 부수상으로서의 입각을 거절당함(8	43

히틀러의 주요 생애 및 관련 사건		
일자	주 요 내 용	연령
	월 13일) －민족사회주의 독일 노동자당이 제국의회 선거에서 제1당을 유지했지만 4%P의 의석수를 잃음(196석)(11월 6일)	
1933	－힌덴부르크 대통령이 히틀러를 제국수상으로 임명(1월 30일) －경제계 대표 25명을 비밀리에 회동하여 대규모의 국가적인 투자와 노동자 운동의 분쇄를 약속 －이에 기업가들이 감동하여 히틀러에게 선거 자금 3백만 제국마르크(RM)를 기부(2월 20일) －제국의회에 대한 방화사건 발생함(2월 27일) －공산주의 및 사회민주당(SPD) 등 다른 야당에 대한 대량 체포가 시작됨 －제국의회에서 민족사회주의 독일 노동자당이 43.9%를 득표하여 절대다수의 의석(288석)을 차지함(3월 5일) －제국국민계몽 및 선전부(Reichsministeriums für Volksaufklärung und Propaganda, RMVP)를 신설하고 요셉 괴벨스(Joseph Goebbels)가 책임자로 취임	44
1933	－5,000여 명의 수용능력을 가진 최초의 강제수용소를 뮌헨 근교 다하아우에 설치(3월 21일) －제국의회에서 독일사회민주당(SPD)이 유일하게 반대하는 가운데 전권위임법(Ermaechtigungsge- setz)이 가결되어 히틀러의 독재가 확립됨(3월 24일) －제국의 유대인 가게, 의사와 변호사 등에 대한 보이콧 시작(4월 1일) 및 공직에서 추방(4월 7일) －히틀러가 루돌프 헤스(Rudolf Hess)를 총통대리(부총통)으로 임명 －민족사회주의 독일 노동자당(NSDAP)의 일당독재를 위하여 신당 창립금지법(Gesetz gegen die Neubildung von Parteien)과 유전성 질병 예방법(Gesetz zur Verhuetung erbkranken Nachwuchses) 제정 등으로 강제불임수술이 허용됨(7월 14일) －프랑크푸르트에서 고속 도로(Autobahn) 건설 착수(9월 23일) －국제연맹 및 제네바 군축회의 탈퇴를 선언함과 동시에 독일의 재무장 시작(10월 14일)	44
1934	－나치 정권에서 정치범을 주로 다루었던 특별 법정인 민족재판소(Volksgerichtshof)에서 약 5,200명에 대하여 사형판결을 내림(4월 20일) －나치스 돌격대(SA) 최고 책임자인 에른스트 룀(Ernst Roehm)을 히틀러에 대한 반역혐의로 숙청함에 따라서 나치스 친위대(SS)의 하인리히 힘러(Heinrich Himmler)가 실세로 부각됨(6월 30일) －힌덴부르크 대통령 서거로 히틀러가 대통령 겸 수상인 총통 취임과 국방군의 충성맹세(8월 2일) －총통제에 대한 국민총투표에서 압도적 지지 획득함과 동시에 언론의 자유 폐지(12월 20일)	45
1935	－일반국방의무를 부활시키고 제국군(Reichswehr)을 국방군(Wehrmacht)으로 개명(3월 16일) －독일혈통 및 독일명예보호법 공포(9월 15일)	46
1936	－국방군이 독일의 서부국경의 현상유지 및 상호불가침, 상호의 부전(不戰),	47

히틀러의 주요 생애 및 관련 사건		
일자	주 요 내 용	연령
	분쟁의 평화적 처리를 규정한 로카르노 조약(Verträge von Locarno) 라인란트(Rheinland)로 진입(3월 7일) －동계(2월 6-16일) 및 하계(8월 1-16일) 베를린 올림픽 개최를 정치적으로 이용 －스페인공화국에 선전포고함(7월 25일)	
1937	－아돌프 히틀러 학교(Adolf-Hitler-Schule) 개교(4월 19일) －히틀러의 공군이 스페인의 게르니카(Guernica)를 폭격하여 2,000여 명 사망(4월 26일) －이탈리아 무솔리니(Mussolini)가 베를린을 방문하여 독일과 동맹체결(10월 28일)	48
1938	－자칭 국방군의 총사령관으로 임명(2월 4일) －국방군이 오스트리아로 진군(3월 12일)과 더불어 오스트리아 합병 및 체코 공격개시(3월 13일) －11월 9-10일의 11월의 박해(Novemberpogrome) 혹은 제국 크리스탈의 밤(Reichskristallnacht)으로 유대인 박해(91명 사망, 2,676개의 유대인 교회 및 7,500여 개의 가게가 파괴되었고, 11월 10일에는 30,000여 명 이상의 유대인 남성들이 강제수용소로 끌려감)	49
1939	－국방군의 체코 점령(3월 15일) －히틀러가 폴란드의 단치히(Danzig) 반환을 요구하였지만 거부당함(3월 21일) －10-18세 청소년의 히틀러 청년단(Hitler-Jugend, HJ) 입단 의무화(3월 25일) －히틀러가 국방군 장성들에게 공격계획과 동부유럽의 정복계획인 "생활공간(Lebensraum)" 명시함. －히틀러와 스탈린(Stalin)의 폴란드 및 유럽의 분할 등을 은밀하게 추가적으로 체결한 독-소 불가침 협정(8월 23일) －독일군이 폴란드를 기습 공격함으로써 제2차 세계대전 발발(9월 1일) －뮌헨에서 요한 게오르크 엘저(Johann Georg Elser, 1903-1945)의 히틀러에 대한 폭탄 테러 시도(11월 8일)	50
1940-1941	－덴마크, 노르웨이, 유고슬라비아, 그리스, 네덜란드, 벨기에, 룩셈부르크가 기습 점령을 당하고 프랑스와 전쟁	51-52
1941	－소련에 대한 기습공격(6월 22일) －1세 이상의 유대인에게 노란 별표(다윗의 별)를 달도록 의무화함(9월 1일) －독일의 미국에 대한 선전포고(12월 11일)	52
1942	－유대인의 홀로코스트 프로그램에 관한 회의가 베를린의 반제(Wannsee)에서 개최됨(1월 20일) －유대인을 아우슈비츠 강제수용소로 이송 시작(3월 말)과 동시에 대량 학살이 전개됨(6월) －히틀러가 자칭 최고 재판권 소유자(Oberster Gerichtsherr)로 임명	53
1943	－나치에 대항하여 뮌헨 대학교의 대학생들과 지도교수가 기독교 및 휴머니즘 사상을 기초로 구성한 비폭력 저항 그룹인 백장미단(白薔薇團, Weiße Rose)이 1942년에 결성되어 1943년 2월까지 전단을 만들어 나치스 독재에 대항하다가 숄(Hans Scholl과 Sophie Scholl) 남매가 학교 경비에게	54

히틀러의 주요 생애 및 관련 사건		
일자	주 요 내 용	연령
	발각되면서 일원 전체가 사형당함(2월 22일) –법률가이며 장교였던 파비안 폰 슐라브렌도르프(Fabian von Schlabrendorff, 1907-1980)의 히틀러에 대한 테러 시도(3월 13일) –유대인에 대한 독일 국적 박탈(4월 30일)	
1944	–클라우스 쉔크 그라프 폰 슈타우펜베르크(Claus Schenk Graf von Stauffenberg, 1907-1944) 주도의 히틀러 군사 제거작전 실패(7월 20일) –그리스 및 헝가리 유대인을 아우슈비츠로 강제 이동시킴(4월-6월) –16-60세의 모든 남자를 국민 돌격대(Volkssturm)로 편성 명령(9월 25일)	55
1945	–소련의 붉은 군대(Rote Armee)가 아우슈비츠를 해방시킴(1월 27일) –히틀러가 라디오 방송을 통하여 마지막 연설로 최후의 승리(Endsieg)를 선언함(1월 30일) –히틀러의 이른바 네로명령(Nero-Befehl)을 통하여 독일 전역의 경제 및 군사상 간접적으로 중요한 사회 설비 초토화 작전을 명령함(3월 19일) –베를린의 총통 지하벙커에서 생일 축하받음(4월 20일) –1929년부터 비밀리에 관계를 맺어온 23세 어린 에바 브라운과 총통의 지하벙커에서 결혼식 거행(4월 29일) –에바 브라운은 히틀러의 전속 사진사였던 하인리히 호프만(Heinrich Hoffmann)의 사무실 직원이었으며 에바 브라운이 17세 때부터 만남 –결혼식 하루 후, 33세 부인과 함께 스스로 목숨을 끊음(4월 30일) –독일군이 서부전선(5월 7일) 및 동부전선(5월 9일)에서 무조건 항복 –하인리히 힘러(Heinrich Himmler) 자살 –뉘른베르크 재판(Nuernberger Prozess)이 주요 전범자들을 대상으로 1945년 11월 20일에 시작하여 1946년 10월 1일까지 지속됨 –미군 주도의 2차 뉘른베르크 재판은 주로 나머지 의료계, 경제계, 정치계 및 군인들과 관련된 전범자들을 대상으로 1946년 12월부터 1949년 3월까지 진행되었음	56

2. 나치 정권의 장애인 정책에 대한 시사점 소고

지금까지 독일의 제3제국 시대 중심에 있었던 히틀러와 민족사회주의자들의 주요 정치이념과, 이를 바탕으로 계획하고 실행한 장애인과 관련된 사회정책들을 주로 살펴보았다. 당시 나치스 독재 정권은 특히 사회적 다윈주의와 인종주의(racism) 사상을 중심으로 오로지 "건강한 게르만인"만을 완전하고 이상적인 최고의 인간상으로 인정하였으며, 그들에게만 생존(명)권을 부여했다. 반면에 이러한 당시의 사회적 규범이나 기준에 부합하지 않는, 장애를 가지고 있거나 유전적인 질병 등으로 건강하지 못한 사람 또는 아리아인(특히 게르만족)이 아닌 타 인종 등은 이른바 "살 가치가 없는 목숨", "하등 혹은 열등 인종"으로 간주되어 참혹한 대량 학살의 대상으로 전락하였다.

이와 같은 정치이념과 세계관을 가진 나치 정권은 식민지 개척을 위한 또 다른 이념인 "생활공간이론(Lebensraumtheorie)"을 내세움으로써 1939년 9월 1일 새벽 폴란드를 기습 공격하여 인류역사상 가장 참혹했던 제2차 세계대전을 일으켰다. 그러나 1945년 5월 8일 독일군의 무조건적인 항복으로 피비린내 나는 제2차 세계대전은 마침내 종결되었으며, 이후 독일은 승전국인 연합국들에 의하여 동독과 서독으로 각각 분할 통치를 받기에 이르렀다. 이후 1949년 5월 23일 서독은 독일연방공화국(Bundesrepublik Deutschland, BRD)이라는 국호와 함께 기본법인 헌법을 발표함으로써 독립적인 국가로 출발하였다.

인류 역사상 씻지 못할 국가적인 과오를 저지른 서부독일이었던 독일연방공화국은 정부 수립과 동시에 공포한 헌법 제1조 제1항에 "인간의 존엄성은 저촉될 수 없다. 이것을 지키고 보호하는 것이 모든 국가권력의 의무이다"라고 밝히면서 무엇보다도 기본적인 모든 인간의 보편적인 존엄성을 명시하였다. 그리고 제3조 3항에는 "누구라도 자신의 성별, 가문, 인종, 언어, 고향과 출신, 신앙, 종교적 혹은 정치적 신념 때문에 불이익을 받거나 우대받지 아니한다. 아무도 자신의 장애로 인하여 불이익을 받지 아니한다"라고 선언하여 각 개인의 기본권인 인권을 철저히 보장하고 있다.

이와 같이 독일의 나치 정권과 제2차 세계대전 등 고통스러운 과거의 역사를 통하여 얻을 수 있는 가장 중요한 시사점은 그 무엇보다도 모든 인간은 기본적으로 절대적이고 무조건적인 존엄성을 가진 존재임을 인정하고 보장하는 보편적 가치관의 정립이라 할 것이다. 이러한 필수적인 인간관이 정치, 경제, 사회, 문화, 예술 등 모든 학문적인 영역이나 사회적 태도 및 국가의 정책적인 분야에서 기본적으로 인정되고 실현되지 않는다면 개인과 개인뿐만 아니라, 더 나아가서는 개인과 국가 혹은 국가와 국가 간에 인류 역사의 흐름 가운데서 반복적으로 인간성에 대한 비극적인 참상과 갈등이 초래될 것은 자명한 일일 것이다.

"인간존엄성(human dignity)"이라는 용어는 주로 도덕, 윤리, 사회 혹은 법적인 관점에서 다루어지는 개념으로서 한 개인은 근본적으로 가치 있는 존재이며 존중받고 윤리적인 대우를 받을 권리를 가진 존재로 이해함을 의미한다. 독일 괴팅겐 대학교 공법(公法) 교수와 헌법재판소 판사를 역임했던 크리스티안 쉬타르크(Christian Starck, 1937-현재)와 헌법 학자들에 따르면 인간존엄성은 고대철학이나 기독교적인 세계관에 뿌리를 두고 있으며, 동시에 인권(人權, human right)의 의미를 포함하고 있다(Gerhardt, 2004).

독일의 훔볼트(Humboldt) 대학교 교수였으며 철학자인 헤르베르트 슈네델바흐(Herbert Schnaedelbach, 1936-현재)는 인간존엄성의 개념을 유대교와 더불어 헬레니즘 철학을 대표하며 금욕이나 인간애 및 정의 등의 윤리학을 강조한 스토아 철학(Stoicism)에서 본질적 의미가 기인하는 것으로 보았다. 또한 이것은 법철학적인 차원에서 독일 헌법 제1조 1항에 "인간의 존엄성은 저촉될 수 없다. 이것을 지키고 보호하는 것이 모든 국가 권력의 의무이다"라고 밝히는 바와 같이 인권을 인간 존엄성을 최고의 가치로 법조문화하였던 것이다(Schaber, 2012).

인간존엄성 사상은 이미 역사적으로 오랜 뿌리를 가지고 있는데, 유대교나 기독교 사상에서도 찾을 수 있다. 성경의 구약 가운데 인간창조의 과정에서 창세기 1장 27절의 "하나님이 자기 형상 곧 하나님의 형상대로 사람을 창조하시되 남자와 여자를 창조하시고"를 바탕으로 기초적으로 인간이 다른 동·식물들과의 분명한 차별성을 의미하는 "하나님의 형상을 닮은 인간(Gottesebenbild)" 사상을 꼽을 수 있으며, 이와 더불어 도출되는 만인의 평등성도 포함된다. 물론 인간에 대한 평등성 사상은 무엇보다도 모든 신자들을 중심으로 하나님 앞에서의 평등성으로 이해되지만, 기독교의 신약 역사에서 최초의 신학자이며 그리스도의 사도였던 바울(Paulus von Tarsus, A.D. 10-A.D. 60)은 신약 갈라디아서에서 이 사상을 급진전적인 표현을 통하여 확장하는데, 즉 "너희는 유대인이나 헬라인이나 종이나 자유인이나 남자나 여자나 다 그리스도 예수 안에서 하나이니라"라고 선포하였다. 이것은 이후에 16세기 종교개혁의 근본적인 가르침 가운데 하나인 "만인제사장(priesthood of all believers)" 사상을 통하여 존엄성과 아울러 평등의 개념으로 더욱더 확산되었다.

이어서 철학적인 관점에서 인간존엄성의 개념은 특히 17세기와 18세기에 유럽의 계몽주의 사상에서 구체적으로 표현되었다. 예를 들어, 독일의 자연법철학자이자 역사가였던 사무엘 폰 푸펜도르프(Samuel von Pufendorf, 1632-1694)는 다음과 같이 선포하고 있다(Rothhaar, 2015).

> 인간이 가장 존엄한 존재이다. 이는 이성(理性)의 빛과 능력을 통하여 사물을 판단하고 결정할 수 있으며, 또한 예술에 대하여 훤히 꿰뚫어 알 수 있는 최고의 영혼을 가졌기 때문이다.

그는 인간의 존엄성 사상을 인간이 가진 영혼, 이성 및 결정에 대한 자유사상과 연관 지었던 것이다.

또한 독일의 철학자이자 교육학자였던 임마누엘 칸트(Immanuel Kant, 1724-1804)는 "인간은 목적적 존재 그 자체이며, 결코 목적을 위한 수단이 되어서는 안 된다"라고 주장하였다. 그는 인간존엄성의 기본원칙은 먼저 타인에 대한 존중을 비롯하여 각자의 권리에 대한 인정 및 원칙적인 만인 평등성을 인정하는 데서 비롯되는 것으로 보았다. 칸트는 인간은 목적 그 자체이어야 하며, 따라서 결코 다른 목적을 달성하기 위한 수단의 일종으로 악용되어서는 안 된다고 강조하였다. 만일 인간이 다른 목적을 위한 수단의 일종으로 전락할 때, 예를 들어, 노예나 억압 상태 혹은 기만이나 사기 등으로 이용될 경우에 인간존엄성은 손상되는 것으로 보았다(Hesselberger, 2003).

그러나 1933년 1월 30일 히틀러와 민족사회주의자들은 권력을 장악한 후에 바이마르 공화국의 헌법을 점차적으로 폐기하였을 뿐만 아니라, 다른 정당의 설립금지 등 새로운 법령들로 대체하였다. 특히 나치스 독재정권은 보편적인 인간존엄성의 인정 대신에 인종주의와 반유대주의, 식민지 개척의 합리화를 위한 생활공간(Lebensraum) 이론 및 사회적 다윈주의 등의 세계관으로 철저히 무장하여, 특히 제2차 세계대전 중에 수많은 인명을 잔혹하게 학살하였다. 히틀러 치하에서 인간멸시의 정점은 6백만 명에 이르는 유럽의 유대인들에 대한 민족말살 참사인 홀로코스트(Holocaust)였다.

이러한 암흑의 역사를 경험한 독일연방공화국은 오늘날 특히 연방헌법 제1조 제1항에 절대적인 인간의 존엄성에 대한 국가적 보장을 비롯하여 제3조 및 제4조에는 인권 및 평등권 등에 대하여 확고하게 명시하고 있음을 알 수 있다. 그뿐만 아니라 각 주(州)의 헌법에서도 기독교 사상과 인본주의적 철학을 바탕으로 기본적으로 인간존엄성을 비롯하여 장애인 차별금지, 신념이나 종교의 자유 등을 거듭 보장하고 있다.

이러한 헌법정신을 바탕으로 독일의 각 주(州)별 학교법(Schulgesetz)에도 학교의 사명이나 과제 혹은 교육의 목적 등이 철저히 규정되어 있다. 예를 들어, 바이에른 주의 학교법 제1부 제2조(학교의 과제)에 의하면 학교는 지식이나 기능을 전수하고 능력을 발달시킬 뿐만 아니라, 책임감이 따르는 자유의 영위, 관용, 평화 주의적 사고방식, 타인에 대한 존중심을 함양하고 타인의 문화와 종교적 가치에 대한 존중심을 가르칠 것을 명시하고 있다.

또한 히틀러 정권의 "Aktion T-4" 프로그램을 통하여 대량 안락사를 자행할 때 지휘 본부가 자리했던 도시인 베를린의 학교법 제1부 제1조(학교의 사명)를 살펴보면 다음과 같다(김기홍, 2015).

> 학교교육의 목적은 인성을 함양하는 데 있는바, 나치의 이념과 타인에 대하여 독재를 하기 위하여 시도하는 모든 정치적인 선동에 대하여 단호히 맞서는 능력을 함양하고, 민주주의, 평화, 자유, 인간존엄성, 남녀의 동등성을 바탕으로 하며 자연과 환경과의 조화 가운데 국가적이며 사회적인 삶을 영위하는 능력을 키운다

아울러 브란덴부르크(Brandenburg)의 학교법(Schulgesetz) 제1부 제2장(학교의 사명) 제4조(교육의 목적과 기본원칙)의 제(5)항에도 유사한 맥락으로 다음과 같이 밝히고 있다.

> 나치즘의 원인과 위험성과 더불어 독재를 위한 정치적 선전을 인식하게 하고 저지하도록 한다. 자신의 문화뿐만 아니라 다른 사람들의 문화를 이해하고 다양한 문화와 민족의 평화로운 공동체적 삶에 기여하도록 한다. 아울러 모든 사람들의 평등성과 존엄성을 지지하도록 한다.

이처럼 인간의 존엄성, 자유 및 평등 정신을 함양하는 것이 학교교육의 목적이자 기본원칙임을 확고하게 정립함으로써 과거의 나치즘과 같은 반인간적이며 비교육적인 사상의 부활에 대한 경계심을 고취하고 더불어 이에 대한 저항정신이 함께 포함되어 있음은 매우 중요한 점임을 알 수 있다(김기홍, 2015).

그러나 오늘날 현대 사회의 형태가 점점 공업화, 정보화, 과학화, 첨단화됨에 따라서 사회적 규범이나 기준도 오로지 경제성, 합리성 혹은 생산성 등의 가치관을 중심으로 형성되어 인간의 절대적이고 무조건적인 기본 가치와 존재 의미 등 인간의 존엄성이 이로 인하여 훼손되거나 위협받지 않을까 우려스러운 생각을 여전히 떨칠 수 없다.

따라서 모든 사회가 각 사람은 유일무이(唯一無二)한 존재이며, 또한 절

대적이고 무조건적인 존엄성과 평등성의 기본 가치를 지닌 존재임을 철저하게 상호 인정할 때만 비로소 진정으로 더불어 살아가는 인간다운 인간 공동체를 형성하고 유지할 수 있음은 아무리 강조하여도 지나치지 않을 것이다. 다시 말하자면, 무엇보다도 가정교육을 비롯하여 학교교육 및 사회교육 전반에 걸쳐 우리 모두가 자신뿐만 아니라 타인들의 존재 의미나 가치가 가장 근본적으로는 세상의 어떤 무엇과도 바꿀 수 없는 존엄하고 귀중한 생명임을 늘 자각하고 철저히 의식한다면 인간에 대한 우리의 사고나 감정이나 행동이 좀 더 신중하고 엄숙할 것이라 기대하는 바이다.

도판 출처

45쪽 아돌프 히틀러, https://de.wikipedia.org/wiki/Adolf_Hitler#/media/File: Bundesarchiv_Bild_183-H1216-0500-002,_Adolf_Hitler.jpg

60쪽 에바 브라운, https://de.images.search.yahoo.com/search/images;_ylt=Awr4xLBk5MFajjMAbwYzCQx.;_ylu=X3oDMTByZDNzZTI1BGNvbG8DZ3ExBHBvcwMyBHZ0aWQDBHNlYwNzYw--?p=eva+braun&fr=yfp-t

66쪽 리하르트 바그너, https://de.wikipedia.org/wiki/Richard_Wagner

70쪽 파울 폰 힌덴부르크, https://de.wikipedia.org/wiki/Paul_von_Hindenburg

72쪽 갈고리 십자형 깃발, http://www.zukunft-braucht-erinnerung.de/das-hakenkreuz-geschichte-eines-ns-symbols/

77쪽 유대인 거주 지역, https://www.merkur.de/politik/lange-kampf-ghetto-renten-658533.html

81쪽 다윗의 별, http://www.zukunft-braucht-erinnerung.de/judensterne/

83쪽 유대인의 교회당 방화테러, https://de.wikipedia.org/wiki/Novemberpogrome_1938

96쪽 나치스 친위대의 상징, https://de.wikipedia.org/wiki/Schutzstaffel

96쪽 나치스 돌격대의 상징, https://de.wikipedia.org/wiki/Sturmabteilung

100쪽 다흐아우 강제수용소, https://www.br.de/nachrichten/80-jahre-konzentrationslager-dachau-100.html

101쪽 아우슈비츠 강제수용소, http://www.spiegel.de/einestages/kz-auschwitz-lageplan-zeigt-die-strukturen-des-lagers-a-1014562.html

101쪽 강제수용소의 화장터 소각로, https://auschwitzundich.ard.de/auschwitz_und_ich/auschwitzgeschichte101_embedded-true_p-7.html

103쪽 굶주린 소련군 전쟁포로, https://de.wikipedia.org/wiki/Hungerplan

104쪽 강제수용소의 인체실험용 해부실, https://de.wikipedia.org/wiki/Menschenversuche_in_nationalsozialistischen_Konzentrationslagern

107쪽 베를린 티어가르텐 4번지의 기념비, https://de.wikipedia.org/wiki/Aktion_T4
109쪽 히틀러 청년단의 사격 훈련, https://de.wikipedia.org/wiki/Hitlerjugend
111쪽 히틀러식 경례, https://genius.com/4814447
123쪽 NAPOLA의 물리학 수업, https://de.wikipedia.org/wiki/Nationalpolitische_Erziehungsanstalt
135쪽 페터 페터젠, http://jenaplan.de/kurzbiografie-peter-petersen/
142쪽 베를린 안전 교육소의 지리 수업, https://de.wikipedia.org/wiki/Kinderlandverschickung
169쪽 도르트문트(Dortmund) 지역의 아동전문부서, http://www.gelsenzentrum.de/kindereuthanasie_juergen_sommerfeld_gelsenkirchen.htm
176쪽 1933년의 콜룸부스하우스, https://de.wikipedia.org/wiki/Columbushaus
177쪽 칼빈딩, https://de.wikipedia.org/wiki/Karl_Binding
177쪽 알프레트 호헤, https://de.wikipedia.org/wiki/Alfred_Hoche
179쪽 하인리히 힘러, https://de.wikipedia.org/wiki/Heinrich_Himmler
183쪽 안락사 대상자 수송 차량, https://de.wikipedia.org/wiki/Gemeinn%C3%BCtzige_Krankentransportgesellschaft
185쪽 샤워실로 위장된 가스실 입구, https://de.wikipedia.org/wiki/Gaskammer_%28Massenmord%29#/media/File:Dachau_brausebad.jpg
187쪽 멸절 수용소에 설치된 소각장, https://de.wikipedia.org/wiki/KZ_Dachau#/media/File:Nuevo_crematorio,_Campo_de_concentraci%C3%B3n_de_Dachau,_Alemania,_2016-03-05,_DD_28.jpg
190쪽 요셉 괴벨스, https://de.wikipedia.org/wiki/Joseph_Goebbels
198쪽 하르트하임의 안락사 시설, https://www.mauthausen-memorial.org/de/Gusen/Das-Konzentrationslager/Vernichtung/Aktion-14f13
201쪽 칼 브란트, https://de.wikipedia.org/wiki/Karl_Brandt_(Mediziner)
207쪽 레벤스보른의 휘장, https://de.wikipedia.org/wiki/Lebensborn
208쪽 레벤스보른 시설, https://www.mdr.de/zeitreise/lebensborn-heime-sex-fuer-fuehrer-volk-und-vaterland100.html
209쪽 레벤스보른 시설에서 출생한 아이들, https://www.lastella.blog/super-bambini-nati-un-progetto-nazista-dimenticati-tutti-programma-lebensborn/

222쪽 클레멘스 아우구스트 그라프 폰 갈렌, https://www.heiligenlexikon.de/BiographienC/Clemens_August_Galen.html

227쪽 디트리히 본회퍼, https://www.planet-wissen.de/geschichte/nationalsozialismus/dietrich_bonhoeffer_getarnter_kurier_des_widerstands/

235쪽 뉘른베르크 법정 건물의 외부, https://www.historisches-lexikon-bayerns.de/Lexikon/N%C3%BCrnberger_Prozesse

236쪽 뉘른베르크 재판 법정 내부, https://www.welt.de/kultur/history/gallery149064931/Die-Prozesse-gegen-die-Hauptkriegsverbrecher.html

* 이 외의 도판들은 저자가 직접 촬영한 자료임.

참고 문헌

김기홍(2014). 장애아교육학. 개정판. 서울: 집문당.

김기홍(2015). 통합교육적 관점에서 본 독일연방공화국의 주별 「학교법」상 교육목적. 서울: 집문당.

김진웅·손영호·정성화(1997). 서양사의 이해. 서울: 학지사.

린드먼, 앨버트 S. 저. 장문석 역(2017). 현대유럽의 역사. 경기도 고양: 삼천리.

최재정(2003). 20세기 초 독일의 '개혁교육학 운동'의 성립과 전개-'전원기숙사운동'을 중심으로. 연세교육연구, 16(1), 79-103.

Ackermann, J.(1970). Heinrich Himmler als Ideologe. Göttingen: Musterschmidt.

Ackermann, J.(2005). Dietrich Bonhoeffer-Freiheit hat offene Augen. Eine Biographie. Gütersloh: Gütersloher Verlagshaus.

Alisch, M.(2010). Heinrich Himmler. Wege zu Hitler; das Beispiel Heinrich Himmler. Frankfurt am Main: Lang.

Aly, G.(1989). Aktion T4: 1939-1945. Die "Euthanasie"-Zentrale in der Tiergartenstraße 4. Berlin: Edition Hentrich.

Aly, G.(1998). Endlösung. Völkerverschiebung und der Mord an den europäischen Juden. Frankfurt am Main: Fischer.

Aly, G./Ebbinghaus, A./Hamann, M./Pfäfflin, F./Preissler, G.(1985). Aussonderung und Tod. Die klinische Hinrichtung der Unbrauchbaren. Berlin: Rotbuch Verlag.

Ayaß, W.(1995). "Asoziale" im Nationalsozialismus. Stuttgart: Klett-Cotta.

Bahar, A.,/Kugel, W.(2001). Der Reichstagsbrand. Wie Geschichte gemacht wird. Berlin: edition q im Quintessenz Verlag.

Bajohr, F./Wildt, M. (2009). Volksgemeinschaft. Neue Forschungen zur Gesellschaft des Nationalsozialismus. Frankfurt am Main: Fischer.

Bärsch, C.-E.(2002). Die politische Religion des Nationalsozialismus. Die religiösen Dimensionen der NS-Ideologie in den Schriften von Dietrich Eckart, Joseph

Goebbels, Alfred Rosenberg und Adolf Hitler. 2., überarb. Aufl., München: Fink.

Baumann, A./Heusler, A.(2013). Kinder für den "Führer", Der Lebensborn in München. 1. Auflage. München: Schiermeier.

Bautz, F. W.(1990). Galen, Clemens August Graf von. In: Biographisch-Bibliographisches Kirchenlexikon(BBKL). Band 2, Hamm: Bautz.

Beddies, T./Hübener, K.(2004). Kinder in der NS-Psychiatrie. (Schriftenreihe zur Medizin-Geschichte des Landes Brandenburg, Bd. 10). Berlin: Be.bra-Wissenschafts-Verlag.

Beer, M.(1987). Die Entwicklung der Gaswagen beim Mord an den Juden, in: Vierteljahrshefte für Zeitgeschichte, Heft 3, Jg. 35, 1987, S. 403-417.

Beevor, A.(2014). Der Zweite Weltkrieg. München: Bertelsmann.

Beiner, F.(2011). Janusz Korczak-Themen seines Lebens. Eine Werkbiographie. Gütersloh: Gütersloher Verlagshaus.

Benz, W./Distel, B.(2005). Der Ort des Terrors. Geschichte der nationalsozialistischen Konzentrationslage. Muenchen: C. H. Beck

Benzenhöfer, U.(2006). Zur Genese des Gesetzes zur Verhütung erbkranken Nachwuchses. Münster: Klemm & Oelschläger.

Benzenhöfer, U.(2009). Der gute Tod? Geschichte der Euthanasie und Sterbehilfe. 2. Auflage. Göttingen: Vandenhoeck & Ruprecht.

Bethge, R.(2004). Dietrich Bonhoeffer: Eine Skizze seines Lebens. Gütersloh: Gütersloher Verlaghaus.

Beyer, R.(1934). Gesetz zur Verhütung erbkranken Nachwuchses mit der Durchführungsverordnung vom 5. Dezember 1933. Leipzig: Reclam.

Bierbaum, M.(1964). Galen, Clemens Augustinus Graf von. In: Neue Deutsche Biographie (NDB). Band 6, Berlin: Duncker & Humblot.

Bleckmann, B.(2009): Die Germanen. Von Ariovist zu den Wikingern. München: C. H. Beck.

Boberach, H.(1982). Jugend unter Hitler, Düsseldorf: Droste.

Bock, G.(1985). Sterilisationspolitik im Nationalsozialismus. Die Planung einer heilen Gesellschaft durch Prävention. In: Klaus Dörner(Hrsg.): Fortschritte der Psychiatrie im Umgang mit Menschen. Wert und Verwertung im 20. Jahrhundert. Rehburg-Loccum: Psychiatrie-Verlag.

Bock, G.(2010). Zwangssterilisation im Nationalsozialismus. Studien zur Rassenpolitik und Geschlechterpolitik. TU Berlin, Habil. 1984. Münster: Monsenstein und Vannerdat.

Bolz, A.(2001). Nationalsozialismus und Gemeinschaftserziehung. Leipzig: GNN Schkeuditz.

Bracher, K. D.(1997). Die deutsche Diktatur. Entstehung, Struktur, Folgen des Nationalsozialismus. Berlin: Ullstein,

Braß, C.(2004). Zwangssterilisation und "Euthanasie" im Saarland 1935-1945. Paderborn: Ferdinand Schöningh.

Brömer, R.(2005). Sozialdarwinismus. In: Werner E. Gerabek, Bernhard D. Haage, Gundolf Keil, Wolfgang Wegner(Hrsg.): Enzyklopädie Medizingeschichte. Ber- lin/New York: De Gruyter.

Broszat, M.(1969). Der Staat Hitlers. Grundlegung und Entwicklung seiner inneren Verfassung. München: Deutscher Taschenbuch-Verlag.

Broszat, M.(1994). Die Machtergreifung. Der Aufstieg der NSDAP und die Zer- störung der Weimarer Republik. 5. Auflage, München: Deutscher Taschenbuch-Verlag.

Bruendel, S.(2003). Volksgemeinschaft oder Volksstaat. Die "Ideen von 1914" und die Neuordnung Deutschlands im Ersten Weltkrieg. Berlin: Akademie.

Bryant, T.(2011). Himmlers Kinder. Zur Geschichte der SS-Organisation "Lebensborn e.V." 1935-1945. Wiesbaden: Marix.

Buchheim, H.(1955). Bonhoeffer, Dietrich. In: Neue Deutsche Biographie (NDB). Band 2, Berlin: Duncker & Humblot.

Bunnenberg, C.(2009). Christmas Truce. Die Amateurfotos vom Weihnachtsfrieden 1914 und ihre Karriere. In: Gerhard Paul (Hrsg.): Das Jahrhundert der Bilder. Band I: 1900 und 1949. Göttingen: Vandenhoeck & Ruprecht.

Burleigh, M.(2002). Tod und Erlösung. Euthanasie in Deutschland 1900-1945.

Zürich: Pendo Verlag.

Busch, E.(2004). Die Barmer Thesen. 1934-2004. Göttingen: Vandenhoeck und Ruprecht.

Büttner, A./Groschek, I.(1999). Jüdische Schüler und "völkische" Lehrer in Hamburg nach 1918. In: Zeitschrift des Vereins für Hamburgische Geschichte. Bd. 85, 1999, S. 101-126.

Buurman, O.(1934). Das Gesetz zur Verhütung erbkranken Nachwuchses und seine Forderung an den Pfarrer. Potsdam: Vereinsdruckerei.

Cervik, K.(2001). Kindermord in der Ostmark: Kindereuthanasie im National- sozialismus 1938-1945. Muenster: LIT Verlag.

Dahm, V./Feiber, A. A./Mehringer, H./Möller, H.(2008). Die tödliche Utopie. Bilder, Texte, Dokumente, Daten zum Dritten Reich. 5., vollständig überarbeitete und erweiterte Auflage. München: Stiftung z. wissenschaftlichen Erforschung d. Zeitgeschichte.

Darnstädt, T.(2015). Nürnberg-Menschheitsverbrechen vor Gericht. München/Berlin: Piper.

Deiseroth, D.(2009). Der Reichstagsbrand-Prozess-ein rechtsstaatliches Verfahren? In: Kritische Justiz 42, H. 3, S. 303-316.

Deuerlein, E.(1962). Der Hitler-Putsch. Bayerische Dokumente zum 8./9. November 1923. Eingeleitet u. hrsg. von Ernst Deuerlein. Quellen und Darstellungen zur Zeitgeschichte. Band 9. Stuttgart: Deutsche Verlags-Anstalt.

Detzel, R.(1992). Das Gesetz zur Verhütung erbkranken Nachwuchses vom 14. Juli 1933. Seine Entstehungsgeschichte. Universität Heidelberg Diss.

Diehl-Thiele, P.(1969). Partei und Staat im Dritten Reich. Untersuchung zum Verhältnis von NSDAP und allgemeiner innerer Staatsverwaltung 1933-1945 (= Münchener Studien zur Politik. Band 9). München: C. H. Beck.

Dithmar, R.(1989). Schule und Unterricht im Dritten Reich. Neuwied: Luchterhand.

Dornberg, J.(1998). Der Hitlerputsch - 9. November 1923. 2. Auflage. München: Langen Müller.

Dreier, H.(2002). Wirtschaftsraum-Großraum-Lebensraum. Facetten eines belasteten Begriffs, in: Horst Dreier/Karl Kreuzer/Hans Forkel (Hrsg.): Raum und Recht. Festschrift 600 Jahre Würzburger Juristenfakultät. Berlin: Duncker & Humblot.

Ebbinghaus, A., Kaupen-Haas, H., Roth, K. H.(1984). Heilen und Vernichten im Mustergau. Hamburg: Konkret-Literatur-Verlag.

Eilers, R.(1963). Die nationalsozialistische Schulpolitik. Eine Studie zur Funktion der Erziehung im totalitären Staat. Koeln u. a.: Westdeutscher Verlag.

Ellger-Rüttgardt, S.(1981). Heinrich Kielhorn und die Entwicklung des Hilfsschulwesens in Deutschland. In: U. Bleidick (Hrsg.): Heinrich Kielhorn und der Weg der Sonderschulen. Braunschweig: Waisenhaus-Buchdruckerei und Verlag.

Ellger-Ruettgardt, S.(1987). "Die Kinder, die waren alle so lieb...". Weinheim/Basel: Dt. Studien-Verlag.

Ellger Rüttgard, S.(2006). Geschichte der sonderpädagogischen Institutionen. In: Einführungskurs Erziehungswissenschaft Band 3: Einführung in die Geschichte der Erziehungswissenschaft und Erziehungswirklichkeit. Nr. 3. Opladen/Bloomfield Verlag Barbara Budrich.

Ellger-Ruettgardt, S.(2008). Geschichte der Sonderpaedagogik. Muenchen: Ernst Reinhardt Verlag.

Essner, C.(2002). Die 'Nürnberger Gesetze' oder Die Verwaltung des Rassenwahns 1933-1945. Paderborn: Schöning.

Fabry, P.-W.(1979). Mutmassungen ueber Hitler. Urteile von Zeitgenossen. Koenigstein: Arhenaeum.

Faulstich, H.(1998). Hungersterben in der Psychiatrie 1914-1949. Freiburg im Breisgau: Lambertus.

Ferencz, B.(2006). Von Nürnberg nach Rom. Rückblick. Ein Leben für die Menschenrechte. In: Aufbau. Das jüdische Monatsmagazin. 72. Jg., Nr. 2. Zürich, Februar 2006.

Fest, J.(1972). Hitler, Adolf. In: Neue Deutsche Biographie(NDB). Band 9, Berlin: Duncker & Humblot.

Fest, J.(1973). Hitler. Eine Biographie. Hamburg: Spiegel.

Fieber, H. J.(2006). Widerstand in Berlin gegen das NS-Regime 1933 bis 1945. Ein biografisches Lexikon. Berlin: Trafo Verlag.

Fischler, H.(2005). Zum Zeitablauf der Reichstagsbrandstiftung. Korrekturen der Untersuchung Alfred Berndts. In: Vierteljahrshefte für Zeitgeschichte 4/2005, S. 617-632.

Foitzik, J.(1986). Zwischen den Fronten. Zur Politik, Organisation und Funktion linker politischer Kleinorganisationen im Widerstand 1933 bis 1939/1940. Bonn: Verlag Neue Gesellschaft.

Frei, N.(2007). Der Führerstaat. Nationalsozialistische Herrschaft 1933-1945. 8. Auf- lage. München: Deutscher Taschenbuch-Verlag.

Frewer, A./Eickhoff, C.(2000). "Euthanasie" und die aktuelle Sterbehilfe-Debatte. Die historischen Hintergründe medizinischer Ethik. Frankfurt am Main: Campus.

Friedlander, H.(1997). Der Weg zum NS-Genozid. Von der Euthanasie zur Endlösung. Berlin: Berlin Verlag.

Fuchs, R.(1936). Die Nachkommen von Schizophrenen und das Gesetz zur Verhütung erbkranken Nachwuchses. Erlangen-Bruck: Windsheimer.

Fuchs, P./Rotzoll, M.(2007). "Das Vergessen der Vernichtung ist Teil der Vernichtung selbst". Lebensgeschichten von Opfern der nationalsozialistischen "Euthanasie". Göttingen: Wallstein.

Ganssmüller, C.(1987). Die Erbgesundheitspolitik des Dritten Reiches. Planung, Durchführung und Durchsetzung. Albert-Ludwigs-Universität Freiburg, Köln: Böhlau.

Gerhardt, G.(2004). Die angeborene Würde des Menschen. Aufsätze zur Biopolitik. Berlin: ParErga.

Giesecke, H.(1993). Hitlers Pädagogen. München: Juventa-Verlag Weinheim.

Gilbert, M.(1982). Endlösung. Ein Atlas. Die Vertreibung und Vernichtung der Juden. Reinbek bei Hamburg: Rowohlt TB.

Gisela, B.(1993). Rassenpolitik und Geschlechterpolitik im Nationalsozialismus(=

Geschichte und Gesellschaft. Bd. 19, Nr. 3). Göttingen: Vandenhoeck & Ruprecht.

Glaser, H.(2014). Adolf Hitlers Hetzschrift "Mein Kampf". Ein Beitrag zur Mentalitätsgeschichte des Nationalsozialismus., München: Allitera.

Göppinger, H.(1990). Juristen jüdischer Abstammung im Dritten Reich. Entrechtung und Verfolgung, 2. Auflage, München: Verlag C. H. Beck.

Görtemaker, H.(2010). Eva Braun. Leben mit Hitler. Muenchen: C. H. Beck.

Grenving, H./Neihoff, D.(2002). Praxisorientierte Heilerziehungspflege. Bausteine der Erziehungswissenschaften. Troisdorf: Bildungsverlag EINS.

Greving, H./Ondracek, P.(2005). Heilpaedagogik. Handbuch. 1. Aufl., Troisdorf: Bil- dungsverlag EINS.

Grode, W.(1987). Die "Sonderbehandlung 14f13" in den Konzentrationslagern des Dritten Reiches. Ein Beitrag zur Dynamik faschistischer Vernichtungspolitik. Frankfurt am Main: Lang, 1987,

Gruchmann, L.(1983). "Blutschutzgesetz" und Justiz. Zur Entstehung und Auswirkung des Nürnberger Gesetzes vom 15. September 1935. In: Vierteljahrshefte für Zeitgeschichte. Band 31, Nr. 3, 1983, S. 418-442.

Grünbaum, R.(2010). Deutsche Einheit. Ein Überblick 1945 bis heute. 2. überarbeitete Auflage, Berlin: Metropol.

Grüttner, M.(1995). Studenten im Dritten Reich, Paderborn: Verlag Ferdinand Schöningh

Haeberlin, U.(1985). Allgemeine Heilpaedagogik. Bern/Stuttgart: Haupt.

Haeberlin, U.(1992). Allgemeine Heilpaedagogik. 3. Aufl. Bern/Stuttgart: Haupt.

Häupl, W.(2006). Die ermordeten Kinder vom Spiegelgrund. Gedenkdokumentation für die Opfer der NS-Kindereuthanasie in Wien. Wien/Köln/Weimar: Böhlau Verlag.

Hamm, M.(2005). "Lebensunwert": zerstörte Leben. Zwangssterilisation und "Euthanasie". Frankfurt a. M.: Verlag für akademische Schriften.

Hänsel, D.(2006). Die NS-Zeit als Gewinn für Hilfsschullehrer, Bad Heilbrunn: Klinkhardt..

Haffner, S.(1978). Anmerkungen zu Hitler. Frankfurt a. M.: Fischer.

Hamm, M.(2005). "Lebensunwert": zerstörte Leben. Zwangssterilisation und "Euthanasie". Frankfurt a. M.: Verlag für akademische Schriften.

Hayatie, W.(2010). Von der NS-"Euthanasie" zum Facharzt in Uetersen: der Mediziner Dr. Kurt Borm. In: Sönke Zankel (Hrsg.): Uetersen und die Nationalsozialisten: Neue Forschungsergebnisse von Schülern des Ludwig-Meyn-Gymnasiums. Kiel: Schmidt & Klaunig.

Heigl, P.(2001). Nürnberger Prozesse-Nuremberg Trials. Nürnberg: Carl.

Heilemann, H.(2001). Gewalt gegen psychisch Kranke. Gestern-heute-und morgen? Zum Gedenken an die Opfer des Nationalsozialismus unter den psychisch Kranken und geistig behinderten Menschen (Schriftenreihe der Bundesdirektorenkonferenz Psychiatrischer Krankenhäuser, Band 5). Regensburg: Roderer Verlag.

Herbert, S.(1985). Die Reichskristallnacht in Deutschland nach Augenzeugenberichten(Bad Neustadter Beiträge zur Geschichte und Heimatkunde Frankens) (in German). Bad Neustadt a. d. Saale: Rotter Druck und Verlag.

Herbert, U.(2014). Geschichte Deutschlands im 20. Jahrhundert. München: C. H. Beck.

Herbst, L.(1996). Das nationalsozialistische Deutschland 1933-1945. Frankfurt am Main: Suhrkamp, 1996

Herbst, Ludolf(2010). Hitlers Charisma. Die Erfindung eines deutschen Messias. Frankfurt. a. M.: S. Fischer.

Hesselberger, D.(2003). Das Grundgesetz. Kommentar für die politische Bildung.(= Schriftenreihe der Bundeszentrale für politische Bildung. 409). 13., aktuali- sierte Auflage. Bonn: Bundeszentrale für politische Bildung.

Heyder, B.(1996). Die Reichsärzteordnung von 1935 und ihre Folgen für den ärztlichen Berufsstand in den Jahren der nationalsozialistischen Diktatur(= Berichte aus der Rechtswissenschaft). Aachen: Shaker.

Hoeck, M.(1979). Die Hilfsschule im Dritten Reich. Berlin: C. Marhold.

Hübner, F.(1988). Die "Barmer Theologische Erklärung" von 1934 als bleibende

Herausforderung für die Nordelbische Evangelisch-Lutherische Kirche und die Ökumene, in: Klauspeter Reumann(Hrsg.): Kirche und Nationalsozialismus. Beiträge zur Geschichte des Kirchenkampfes in den evangelischen Landeskirchen Schleswig-Holsteins, Neumünster: Karl Wachholtz.

Janka, F.(1997). Die braune Gesellschaft. Ein Volk wird formatiert. Stuttgart: Verlag der Evangelischen Gesellschaft.

Jasper, G.(1986). Die gescheiterte Zähmung. Wege zur Machtergreifung Hitlers 1930-1934. Frankfurt am Main: Suhrkamp.

Junginger, H.(2011). Die Verwissenschaftlichung der "Judenfrage" im Nationalsozialismus. Veröffentlichungen der Forschungsstelle Ludwigsburg, Reihe Forschung. Darmstadt: WBG.

Jungk, S.(1991). Volksschulreform und Volksschullehrerfortbildung 1918-1933. Ein Beitrag zur Sozialgeschichte der Lehrerschaft am Beispiel des Deutschen Lehrervereins. Frankfurt am Main: dipa-Verlag.

Kaelber, L./Reiter, R.(2011). Kinder und "Kinderfachabteilungen" im Nationalsozialismus. Gedenken und Forschung. Frankfurt a. M.: Lang.

Kaltenborn, C. J.(1985). Dietrich Bonhoeffer. 4. Auflage, Berlin(Ost): Union Verlag.

Kastner, K.(2005). Die Völker klagen an. Der Nürnberger Prozess 1945-1946. Darmstadt: Primus.

Kater, M. H.(2002). Ärzte als Hitlers Helfer. München; Piper TB.

Kaul, F. K.(1973). Nazimordaktion T4. Ein Bericht über die erste industriemäßig durchgeführte Mordaktion des Naziregimes. Berlin: VEB Verlag Volk und Gesundheit.

Kershaw, I.(2011). Das Ende. Kampf bis in den Untergang. NS-Deutschland 1944/45. München: DVA.

Kinast, A.(2010). "Das Kind ist nicht abrichtfähig." Euthanasie in der Kinderfachabteilung Waldniel 1941-1943.(= Rheinprovinz. 18). Köln: SH-Verlag.

Klee, E.(1983). "Euthanasie" im NS-Staat. Die "Vernichtung lebensunwerten Lebens". Frankfurt: S. Fischer.

Klee, E.(1985). Dokumente zur "Euthanasie". Frankfurt a. M.: Fischer Taschenbuch

Verlag.

Klee, E.(1985b). "Euthanasie" im NS-Staat. Die "Vernichtung lebensunwerten Lebens". Lizenzausgabe, ungekürzte Ausgabe. Frankfurt am Main: Fischer-Taschenbuch-Verlag.

Klee, E.(1986). Was sie taten-Was sie wurden. Frankfurt am Main: Fischer Taschenbuch Verlag.

Klee, E.(1997). Auschwitz, die NS-Medizin und ihre Opfer. 3. Auflage. Fischer, Fischer: Frankfurt am Main.

Klee, E.(2004). "Euthanasie" im NS-Staat. 11. Auflage. Frankfurt am Main: Fischer-Taschenbuch.

Klee, E.(2005). Das Personenlexikon zum Dritten Reich. Wer war was vor und nach 1945. Frankfurt/Main: S. Fischer.

Klocke, I.(1978). Kardinal von Galen. Der Löwe von Münster. München: Pattloch.

Kłodziński,.(1987). Die "Aktion 14f13". Der Transport von 575 Häftlingen von Auschwitz in das "Sanatorium Dresden". in: Götz Aly (Hrsg.): Aktion T4 1939 -1945. Die "Euthanasie"-Zentrale in der Tiergartenstraße 4. Berlin: Edition Hentrich,

Klose, W.(1982). Generation im Gleichschritt. Die Hitlerjugend. Ein Dokumentarbericht. Im Anhang aktualisierte und um ein Nachwort erweiterte Neuausgabe, Muenchen u. a.: Stalling.

Klüver, M.(2007). Die Adolf-Hitler-Schulen. Beltheim-Schnellbach: Verlag Bublies.

Kobi, E.-E.(1983). Grundfragen der Heilpaedagogik. Eine Einfuehrung in heilpaedagogisches Denken. Bern: Haupt.

Kobi, E.-E.(2004). Grundfragen der Heilpaedagogik. Eine Einfuehrung in heilpaedagogisches Denken. 6. Aufl. Bern: Haupt.

Kock, G.(1997). "Der Führer sorgt für unsere Kinder"-Die Kinderlandver schickung im Zweiten Weltkrieg. Paderborn/München: Schöningh.

Kogon, E./Langbein, H., Ruekerl, A.(1986). Nationalsozialistische Massentoetungen durch Giftgas. Frankfurt. a. M.: Fischer Taschenbuch Verlag.

Kohl, W.(1997). Die Pyramiden von Hartheim. "Euthanasie" in Oberösterreich 1940 bis 1945. Steinmaßl,/Grünbach: Edition Geschichte der Heimat.

Köhler, H.(2002). Deutschland auf dem Weg zu sich selbst. Eine Jahrhundertgeschichte. Stuttgart: Hohenheim-Verlag.

Köhne-Lindenlaub, R.(1982). Krupp, Gustav Krupp von Bohlen und Halbach. In: utsche Biographie(NDB). Band 13, Berlin: ncker & Humblot.

Kolb, E.(2013). Die Weimarer Republik. München: R. Oldenbourg Verlag.

Koop, V.(2007). Dem Führer ein Kind schenken. Die SS-Organisation "Lebensborn" e. V., Köln: Böhlau.

Kramer, H.(1996). "Gerichtstag halten über uns selbst". Das Verfahren Fritz Bauers zur Beteiligung der Justiz am Anstaltsmord, in: Hanno Loewy, Bettina Winter (Hrsg.): NS-"Euthanasie" vor Gericht. Fritz Bauer und die Grenzen juristischer Bewältigung. Frankfurt a. M.: Campus.

Kretschmar, G.(1983). Dietrich Bonhoeffer. In: Heinrich Fries, Georg Kretschmar (Hrsg.): Klassiker der Theologie, Band 2: Von Richard Simon bis Dietrich Bonhoeffer. München: C. H. Beck.

Krumeich, G.(2010). Nationalsozialismus und Erster Weltkrieg. Essen: Klartext.

Kühl, S.(1997). Die Internationale der Rassisten. Aufstieg und Niedergang der internationalen Bewegung für Eugenik und Rassenhygiene im 20. Jahrhundert. Frankfurt am Main u. a.: Campus.

Kuropka, J.(2015). Galen. Wege und Irrwege der Forschung. Münster: Aschendorff Verlag.

Kurt, P./Irene, R.(1988). Kristallnacht: Zum Pogrom 1938. Köln: Pahl-Rugenstein.

Lahm, B./Seyde, T./Ulm, E.(2008). 505 Kindereuthanasieverbrechen in Leipzig. Leipzig: Plöttner Verlag.

Lamey, A.(2008). Kind unbekannter Herkunft: Die Geschichte des Lebensbornkindes Hannes Dollinger, Augsburg: Wißner.

Landgrebe, W.(1986). Dietrich Bonhoeffer. Wagnis der Nachfolge. 6. Auflage. Gießen: Brunnen.

Lange, K.(1965). Der Terminus "Lebensraum" in Hitlers "Mein Kampf". In: Vierteljahrshefte für Zeitgeschichte. Jahrgang 13, 1965, Heft 4, S. 426-437.

Larass, C.(1992). Der Zug der Kinder. KLV-Die Evakuierung 5 Millionen deutscher Kinder im 2. Weltkrieg. Frankfurt am Main: Ullstein.

Lein, C.(2016). Unentschuldbare Schwäche. Der deutsche Arzt Karl Brandt: Das Leben und Wirken von Hitlers Leibarzt. München: Grin-Verlag.

Lemme, H.(1937). Die Verhütung erbkranken Nachwuchses. Doppelheft, 16. Auflage. Berlin: Reichsdruckerei.

Lenzen, M.(2003). Der Sozialdarwinismus. In: Manuela Lenzen: Evolutionstheorien in den Natur- und Sozialwissenschaften. Frankfurt am Main: Campus-Verlag.

Ley, M.(1997). "Zum Schutze des deutschen Blutes …". "Rassenschandegesetze" im Nationalsozialismus. Bodenheim: Philo.

Liebers, K.(2008). Kinder in der flexiblen Schuleingangsphase. Perspektiven fuer einen gelingenden Schulart. Wiesbaden: VS Verlag fuer Sozialwissenschaften.

Lilienthal, G.(2003). Der "Lebensborn e.V." Ein Instrument nationalsozialistischer Rassenpolitik. Neuausgabe. Frankfurt: Fischer-TB.

Longerich, P.(2015). Hitler. Biographie. München: Siedler.

Marsh, C.(2015). Dietrich Bonhoeffer. Der verklärte Fremde. Eine Biografie. Gütersloh: Gütersloher Verlagshaus.

Mazower, M.(2009). Hitlers Imperium. Europa unter der Herrschaft des Nationalsozialismus. Übers. Martin Richter. Muenchen: C. H. Beck.

Meister, M.(1997). "Deutsche Erzieherin! Du hast die künftigen Mütter des Volkes zu formen!" Die Pädagogin Auguste Reber-Gruber(1892-1946). In: Hiltrud Häntzschel, Hadumod Bußmann(Hrsg.): Bedrohlich gescheit. Ein Jahrhundert Frauen und Wissenschaft in Bayern. München: Beck.

Merkel, C.(2007). "Tod den Idioten!" Eugenik und Euthanasie in juristischer Rezeption vom Kaiserreich zur Hitlerzeit. Berlin: Logos.

Merkens, L.(1988). Einfuehrung in die historische Entwicklung der Behindertenpaedagogik in Deutschland unter integrativen Aspekten. Muenchen/Basel: Reinhardt.

Mertens, A.(2006). Himmlers Klostersturm. Der Angriff auf katholische Einrichtungen im Zweiten Weltkrieg und die Wiedergutmachung nach 1945.

Paderborn u. a.: Schöningh.

Meusch, M.(2005). "Aktion Brandt". In: Werner E. Gerabek, Bernhard D. Haage, Gundolf Keil, Wolfgang Wegner(Hrsg.): Enzyklopädie Medizingeschichte. Berlin/New York: De Gruyter.

Michalka, W.(2002). Deutsche Geschichte 1933-1945. Dokumente zur Innen- und Außenpolitik. Frankfurt a. M.: Fischer-Taschenbuch-Verlag.

Moeckel, A.(1988). Geschichte der Heilpaedagogik. Stuttgart: Klett-Cotta.

Mommsen, H.(1966). Beamtentum im Dritten Reich. Mit ausgewählten Quellen zur nationalsozialistischen Beamtenpolitik, Stuttgart: Dt. Verl.-Anst.

Montanus, K.(1995). Die Putbusser. Kadetten unter dem Hakenkreuz. Ein Napola-Schüler erzählt. R. G. Frankfurt am Main: Fischer Verlag.

Mosen, G./Lohs, A./Hagemaier, R./Knapp, R/Sackarendt, B.(2001). Bildstoerung! Der lange Weg vom Tollhaus zur Werkstatt fuer Behinderte. Eine Ausstellung ueber die Geschichte des Umgangs mit behinderten Menschen. Katalog zur Ausstellung, 2. Aufl., Frankfurt a. M., Bundesarbeitsgemeinschaft Werkstaetten fuer Behinderte e. V.

Mühl-Benninghaus, S.(1996). Das Beamtentum in der NS-Diktatur bis zum Ausbruch des Zweiten Weltkrieges, Düsseldorf: Droste Verlag.

Müller, S/Ortmeyer, B.(2016). Die ideologische Ausrichtung der Lehrkräfte 1933-1945. Herrenmenschentum, Rassismus und Judenfeindschaft im Nationalsozialistischen Lehrerbundes. Eine dokumentarische Analyse des Zentralorgans des NSLB. Weinheim: Beltz Juventa.

Müller, S. S. W.(2010). Theorien sozialer Evolution. Zur Plausibilität darwinistischer Erklärungen sozialen Wandels. Bielefeld: transcript-Verlag.

Muerner, C.(1996). Philosophische Bedrohungen. Kommentare zur Bewertung der Behinderung. Frankfurt a. M.: Lang.

Nagel, A. C.(2012). Hitlers Bildungsreformer. Das Reichsministerium für Wissenschaft, Erziehung und Volksbildung 1934-1945. Frankfurt am Main: Fischer-Taschenbuch-Verlag.

Nedoschill, J.(2001). Kindereuthanasie im Nationalsozialismus: Die Kinderfachabteilung Ansbach in Mittelfranken. In: Zs. Praxis der Kinderpsychologie und Kinderpsychiatrie. 50, 2001, S. 192-210.

Neulen, H.-W.(1987). Europa und das Dritte Reich. Einigungsbestrebungen im deutschen Machtbereich 1939-1945. München: Universitas.

Neumann, R.(1960). Ausflüchte unseres Gewissens. Dokumente zu Hitlers "Endlösung der Judenfrage" mit Kommentar und Bilanz der politischen Situation. Hannover: Verlag für Literatur und Zeitgeschehen.

Noakes, J.(1986). "Wohin gehören die 'Judenmischlinge'?" Die Entstehung der ersten Durchführungsverordnung zu den Nürnberger Gesetzen. In: Ursula Bütttner u. a. (Hrsg.): Das Unrechtsregime …, Band 2: Verfolgung, Exil, Belasteter Neubeginn. Hamburg: Christians.

Orth, K.(1999). Das System der nationalsozialistischen Konzentrationslager. Eine politische Organisationsgeschichte. Hamburg: Hamburger Edition, 1999.

Pätzold, K./Weißbecker, M.(1995). Adolf Hitler. Eine politische Biographie. Leipzig: Militzke.

Paul, G.(1994). Ungehorsame Soldaten. Dissens, Verweigerung und Widerstand deutscher Soldaten(1939-1945). St. Ingbert: Röhrig Universitäts-Verlag.

Pestalozzi, J.-H.(1927). Saemtliche Werke, Bd. 1, Berlin/Leipzig: de Gruyter.

Peters, U. H.(2011). Nazipsychiatrie, Aufstieg und Fall. Koeln: ANA Publishers.

Petzoldt, V.(2001). Kontinuitaeten und Diskontinuitaeten in der historischen Entwicklung der Heil- und Sonderpaedagogik und ihre Zuspitzung in der Zeit des Nationalsozialismus. Regensburg: Roderer.

Piper, E./Rosenberg, A.(2007). Hitlers Chefideologe. 1. Auflage. Muenchen: Pantheon Verl.

Piper, E.(2007). Kurze Geschichte des Nationalsozialismus von 1919 bis heute. Hamburg: Hoffmann und Campe.

Portmann, H.(1947). Der Bischof von Münster-Das Echo eines Kampfes für Gottesrecht und Menschenrecht. Münster: Aschendorff.

Portmann, H.(1948). Kardinal von Galen-Ein Gottesmann Seiner Zeit. Münster: Aschendorff.

Priemel, K. C./Stiller, A.(2013). NMT: Die Nürnberger Militärtribunale zwischen Geschichte, Gerechtigkeit und Rechtschöpfung. Hamburg: Hamburger Edition. Przyrembel, A.(2003). "Rassenschande". Reinheitsmythos und Vernichtungslegiti- mation im Nationalsozialismus. Göttingen: Vandenhoeck und Ruprecht.

Pyta, W.(2015). Hitler. Der Künstler als Politiker und Feldherr. Eine Herrschafts-analyse. Muenchen: Siedler.

Preuss-Lausitz, U.(2005). Entwicklungslinien und Zukunftsperspektiven der Integrationspaedagogik. In: Sonderpaedagogische Foerderung. 01/2005, 70-80.

Radlmaier, S.(2001). Der Nürnberger Lernprozess-Von Kriegsverbrechern und Starreportern. Frankfurt am Main: Eichborn.

Raßloff, S.(2003). Flucht in die nationale Volksgemeinschaft. Das Erfurter Bürgertum zwischen Kaiserreich und NS-Diktatur Koeln: Böhlau.

Reiter, R.(1993). Tötungsstätten für ausländische Kinder im Zweiten Weltkrieg. Zum Spannungsverhältnis von kriegswirtschaftlichem Arbeitseinsatz und nationalsozialistischer Rassenpolitik in Niedersachsen(Veröffentlichungen der Historischen Kommission für Niedersachsen und Bremen. Hannover: Hahn.

Richardi, H.G.(1991). Hitler und seine Hintermänner: Neue Fakten zur Frühgeschichte der NSDAP. München: Süddeutscher Verlag.

Richter, P.(1933). Über das Gesetz zur Verhütung erbkranken Nachwuchses. Was jeder von der Aufartung im völkischen Staat wissen muß. Auf der Grundlage des Gesetzes vom 14. Juli 1933 bearbeitet. Bonn: Stollfuß.

Rißmann, M.(2001). Hitlers Gott. Vorsehungsglaube und Sendungsbewußtsein des deutschen Diktators. Zürich/München: Pendo.

Ristow, E.(1935). Erbgesundheitsrecht. Berechtigung, Bedeutung und Anwendung des Gesetzes zur Verhütung erbkranken Nachwuchses mit einem Anhang der Gesetze, Verordnungen und wichtigsten Runderlasse. Stuttgart: Kohlhammer.

Rothhaar, M.(2015). Die Menschenwürde als Prinzip des Rechts. Eine rechtsphilosophische Rekonstruktion. Tübingen: Mohr Siebeck Verlag.

Ruault, F.(2006). "Neuschöpfer des deutschen Volkes". Julius Streicher im Kampf gegen "Rassenschande". Frankfurt am Main: Lang.

Rudnick, M.(1985). Behinderte im Nationalsozialismus. Weinheim/Basel: Beltz.

Rudnick, M.(1990). Aussondern-Sterilisation-Liquidieren. Die Verfolgung Behinderter im Nationalsozialismus. Berlin: Edition Marhold.

Sammet, K.(2006). Weygandt, Wilhelm. In: Hamburgische Biografie, Bd. 3, hrsg. von Franklin Kopitzsch und Dirk Brietzke. Göttingen: Wallstein.

Sandke, C.(2008). Der Lebensborn e.V. Eine Darstellung der Aktivisten des Lebensborn e. V. im Kontext der nationalsozialistischen Rassenideologie. Saarbrücken: VDM Verlag.

Sandner, P.(2003). Verwaltung des Krankenmordes. Der Bezirksverband Nassau im Nationalsozialismus. Gießen: Psychosozial-Verlag.

Sardina, A. M.(2002). Widersprüchlichkeiten der NS-Erziehungskonzeptionen und die Nationalpolitischen Erziehungsanstalten(NAPOLA). Staatsexamensarbeit. Universität Hamburg.

Schaber, P.(2012). Menschenwuerde. Ditzingen: Reclam.

Schäfer, H.(1997). Napola: die letzten vier Jahre der Nationalpolitischen Erziehungsanstalt Oranienstein bei Diez an der Lahn 1941-1945. Frankfurt/Main: Fischer.

Schilter, T.(1998). Unmenschliches Ermessen. Leipzig: Kiepenheuer.

Schmidt, A.(2007). Braune Brüder im Geiste? Volk und Rasse bei Wagner und Hitler-Ein kritischer Schrift-Vergleich. Marburg: Tectum.

Schmidt, G.(2012): Selektion in der Heilanstalt 1939-1945. Neuausgabe mit ergänzenden Texten, herausgegeben von Frank Schneider. Berlin: Springer.

Schmitz, H.(1999). Adolf Hitler in der Geschichte. Bonn: Bouvier.

Schmitz-Köster, D./Vankann, T.(2012). Lebenslang Lebensborn. Die Wunschkinder der SS und was aus ihnen wurde. München: Piper.

Schmuhl, H. W.(1987). Rassenhygiene, Nationalsozialismus, Eutanasie. Goettingen: Vandenhoeck u. Ruprecht.

Schmuhl, H. W.(2010). "Sozialdarwinismus, Rassismus, Eugenik/Rassenhygiene", in: Philipp Sarasin, Marianne Sommer (Hrsg.): Evolution. Ein interdisziplinäres

Handbuch, Stuttgart: Metzler, J. B.

Schneider, C./Stillke, C./Leineweber, B.(1996). Das Erbe der Napola. Versuch einer Generationenengeschichte. Hamburg: Hamburger Edition HIS Verlagsgesellschaft.

Schumacher, M.(1991). MdR, die Reichstagsabgeordneten der Weimarer Republik in der Zeit des Nationalsozialismus : Politische Verfolgung, Emigration und Ausbürgerung 1933-1945. Eine biographische Dokumentation. Bearb. von Katharina Lübbe und Martin Schumacher in Verbindung mit Wilhelm Heinz Schröder. Düsseldorf: Droste.

Schwanninger, F.(2008). "Wenn du nicht arbeiten kannst, schicken wir dich zum Vergasen." Die "Sonderbehandlung 14f13" im Schloss Hartheim 1941-1944, in: Brigitte Kepplinger et al.(Hrsg.): Tötungsanstalt Hartheim, Linz: Verlag OÖ. Landesarchiv.

Segev, T.(1995). Die Soldaten des Bösen. Zur Geschichte der KZ-Kommandanten. Reinbek bei Hamburg: Rowohlt.

Seidler, F. W.(1987). Die Organisation Todt. Bauen für Staat und Wehrmacht 1938 -1945. Koblenz: Bernard & Graefe.

Simon, J.(1993). Die Erbgesundheitsgerichtsbarkeit im OLG-Bezirk Hamm. In: Justizministerium des Landes Nordrhein-Westfalen(Hrsg.): Justiz und Nationalsozialismus(=Juristische Zeitgeschichte, Band 1). Düsseldorf.

Smith, B.(1977). Jahrhundert-Prozess. Frankfurt am Main: S. Fischer.

Steegmann, R.(2010). Das Konzentrationslager Natzweiler-Struthof und seine Außenkommandos an Rhein und Neckar 1941-1945. Berlin: Metropol.

Steinert, M.(1994). Hitler. Muenchen: Beck.

Steinweis, A. E.(2013). Kristallnacht 1938. Ein deutscher Pogrom. Stuttgart: Reclam.

Stutzkowsky, C.(2003). Sonderpädagogik im Dritten Reich. Der Umgang mit Menschen mit Behinderung im Nationalsozialismus und heute. München: GRIN Verlag.

Süß, D.(2008). "Volksgemeinschaft" und Vernichtungskrieg. Gesellschaft im nationalsozialistischen Deutschland. In: Dietmar Süß, Winfried Süß(Hrsg.): Das Dritte Reich. Eine Einführung. München; Pantheon.

Thamer, H.-U(1994). Verführung und Gewalt. Deutschland 1933-1945. Berlin: Siedler.

Thamer, H.-U., Erpel, S.(2010). Hitler und die Deutschen. Volksgemeinschaft und Verbrechen. Dresden: Sandstein.

Thesing, T./Vogt, M.(1996). Paedagogik und Heilerziehungspflege. Ein Lehrbuch, Freiburg: Lambertus.

Thimm, W.(1994). Das Normalisierungsprinzip: eine Einfuehrung., 5. Aufl. Kleine Schriftenreihe. Bd. 5. Marburg: Lebenshilfe-Verlag.

Tietz, C.(2013). Dietrich Bonhoeffer: Theologe im Widerstand. München: C. H. Beck.

Tödt, I.(2009). "Gute Mächte". Bonhoeffer-Darstellungen (FEST, Reihe A, Nr. 53). Heidelberg: Forschungsstätte der Evangelischen Studiengemeinschaft.

Trautmann, M./Daldrup, C./Marliani-Eyll, V.(2012). Endlich hat einer den Mut zu sprechen. Münster: dialog Verlag.

Ueberschär, G. R.(1999). Der Nationalsozialismus vor Gericht. Die alliierten Prozesse gegen Kriegsverbrecher und Soldaten 1943-1952(=Fischer-Taschenbücher. Die Zeit des Nationalsozialismus 13589). Frankfurt am Main: Fischer-Taschenbuch-Verlag.

Van Soer, J.(1983). Rotbuch. Marinus van der Lubbe und der Reichstagsbrand. Hamburg: Edition Nautilus.

Von Knieriem, 1953). Nürnberg. Rechtliche und menschliche Probleme. Stuttgart: Klett.

Vorländer, H.(1988). Die NSV. Darstellung und Dokumentation einer nationalsozialistischen Organisation. Boppard am Rhein: Harald Boldt Verlag.

Waldenegg, G. C. B.(2003): Antisemitismus. Eine "gefährliche Vokabel"? Diagnose eines Wortes. Wien: Böhlau.

Weber, T.(2011). Hitlers erster Krieg. Der Gefreite Hitler im Weltkrieg-Mythos und Wahrheit. Berlin: Propyläen.

Weil, G.(1990). Semitische Völker. in Carl von Rotteck, Carl T. Welcker(Hrsg.): Das Staats-Lexikon. Frankfurt am Main: Keip.

Weinke, A.(2006). Die Nürnberger Prozesse(=Beck'sche Reihe 2404 C. H. Beck Wissen). München: Beck.

Werner, B.(2000). Sonderpädagogik im Spannungsfeld zwischen Ideologie und Tradition. In: Johann Borchert (Hrsg.): Sonderpädagogik. Vierteljahreszeitschrift über aktuelle Probleme der Behinderten in Schule und Gesellschaft. 30. Jahrgang, 2000, S.16-29.

Westermann, S./Kühl, R./Ohnhäuser, Tim, 2011). NS-"Euthanasie" und Erinnerung: Vergangenheitsaufarbeitung, Gedenkformen, Betroffenenperspektiven(=Medizin und Nationalsozialismus. Band 3). Münster: LIT Verlag.

Wind, R.(1990). Dem Rad in die Speichen fallen. Die Lebensgeschichte des Dietrich Bonhoeffer. Weinheim: Beltz & Gelberg.

Winkler, H.-A.(2011). Geschichte des Westens. Die Zeit der Weltkriege 1914-1945. München: Beck.

Wippermann, W.(1989). Der konsequente Wahn. Ideologie und Politik Adolf Hitlers. Gütersloh: Bertelsmann Lexikon Verlag.

Zelle, K. G.(2010). Hitlers zweifelnde Elite: Goebbels-Göring-Himmler-Speer. Paderborn: Schöningh.

중앙일보. http://news.joins.com/article/21932170, 2017년 9월 18일 인출.

아돌프 히틀러와 에바 브라운 친인척 가계도. https://de.wikipedia.org/wiki/Hitler_(Familie), 2018년 4월 2일 인출.

독일 민족사회주의의 강제수용소 체계. http://www.bpb.de/geschichte/nationalso- zialismus/ravensbrueck/60677/das-system-der-nationalsozialistischenkonzentra-tionslager?p=all, 2018년 5월 1일 인출.

찾아보기

(ㅈ)

(ㅊ)

(ㅋ)

저자소개

김기흥 金起興

동아대학교 문과대학 독어독문학 전공
독일 쾰른대학교(Universitaet zu Koeln) 특수교육과 졸업(학사)
독일 쾰른대학교(Universitaet zu Koeln) 특수교육대학원 졸업(석사)
독일 쾰른대학교(Universitaet zu Koeln) 특수교육대학원 졸업(박사)
인제대학교 사회복지대학원 졸업(석사)
전 가야대학교 초등특수교육과 교수(2002~2005)
현 부산교육대학교 유아교육과 교수(2006~현재)

〈주요논문 및 저서〉

- 장애인에 대한 사회적 태도. 지체장애인에 대한 한국과 독일대학생의 태도연구(역서, 2003, 홍익재)
- 지체부자유학교의 직업교육실태 및 개선방안(2004)
- 우리나라의 장애인차별금지 및 권리구제 등에 관한 법률안과 독일의 장애인평등법의 비교 연구(2005)
- 독일의 건강장애학생을 위한 환아 학교의 교육 및 수업운영체제에 관한 연구(2005)
- 장애아(인)에 대한 대학생들의 태도에 관한 연구: 부산 · 경남지역 소재 대학교를 중심으로(2006)
- 우리나라와 독일의 건강장애학생을 위한 병원학교의 운영체제에 관한 비교 연구(2007)
- 특수학교에 재학 중인 장애아동 부모의 통합교육에 관한 인식(2009)
- 특수학급에 재학 중인 장애아 부모들의 통합교육에 대한 인식(2010)
- 한 · 일 다문화 가정 장애자녀의 양육 및 교육에 대한 일본인 어머니들의 인식 및 지원 요구(2012)
- Schulische Inklusion von Schuelern mit Behinderung im Primarbereich der Bundesrepublik Deutschland im Vergleich zu Suedkorea(2013)
- 특수학교에 재직 중인 특수교사들이 바라본 일반학교에서의 통합교육과 특수학교 교육에 대한 인식(2014)
- 특수학교에 재직 중인 특수교사들의 통합교육에 관한 인식(2016)
- 독일의 특수학교 교사들의 통합교육에 대한 인식-뒤셀도르프, 쾰른 및 부퍼탈 지역을 중심으로(2017)